高等学校供应链管理专业核心课程教材

供应链信息管理

盖建华　孟庆春　赵培忻　主编

中国财富出版社有限公司

图书在版编目（CIP）数据

供应链信息管理/盖建华，孟庆春，赵培忻主编．--北京：中国财富出版社有限公司，2024.11.--ISBN 978－7－5047－8309－7

Ⅰ.F252.1；G203

中国国家版本馆 CIP 数据核字第 2025PC8172 号

策划编辑	雷晓玲	**责任编辑**	雷晓玲	**版权编辑**	武　玥
责任印制	梁　斌	**责任校对**	杨小静	**责任发行**	敬　东

出版发行	中国财富出版社有限公司		
社　　址	北京市丰台区南四环西路 188 号 5 区 20 楼	**邮政编码**	100070
电　　话	010－52227588 转 2098（发行部）		010－52227588 转 321（总编室）
	010－52227566（24 小时读者服务）		010－52227588 转 305（质检部）
网　　址	http：//www.cfpress.com.cn	**排　　版**	宝蕾元
经　　销	新华书店	**印　　刷**	北京九州迅驰传媒文化有限公司
书　　号	ISBN 978－7－5047－8309－7/F·3834		
开　　本	787mm×1092mm　1/16	**版　　次**	2025 年 8 月第 1 版
印　　张	17.25	**印　　次**	2025 年 8 月第 1 次印刷
字　　数	368 千字	**定　　价**	59.80 元

高等学校供应链管理专业核心课程
教材编委会

总　序

进入21世纪以来，经济全球化作为世界经济运行的趋势，使资本、技术、劳动力、信息等要素实现了全球优化配置和流通。作为现代服务业的重要组成部分，供应链与物流产业发挥着支撑国民经济运行和发展的重要作用，已成为衡量一个国家现代化发展水平和综合国力的重要标志。党的十八大以来，我国现代物流产业进入发展快车道，供应链与物流产业地位稳步提升。2020年全球范围内新型冠状病毒感染疫情的暴发、2022年的俄乌冲突对全球产生了广泛的影响，全球产业链供应链加速重构。因此，加强供应链与物流管理理论、技术和方法的研究与学习，具有重要的现实意义。

随着国家经济、社会的发展，我国高等教育展示出新的发展形势。一是高等教育的作用从基础支撑转向支撑与引领并重；二是高等教育从大众化阶段进入普及化阶段，成为每个人职业生涯的“基础教育”；三是高等教育从相对单一的类型结构转变为更加合理、体系完备的类型结构，多样化将成为我国高等教育发展的显著特点；四是随着我国综合国力的增强，我国高等教育将走向世界舞台，在全球范围内发挥作用。

为适应我国经济发展需要，加快培养企业急需的供应链管理人才，推动供应链管理人才队伍建设，中国物流与采购联合会、教育部高等学校物流管理与工程类专业教学指导委员会积极推动供应链管理专业的本科目录申报工作。2017年，第一所开设供应链管理专业的本科院校开始招生，2018年备案院校为8所，2019年达到17所，2020年供应链管理专业正式进入教育部本科专业目录。截至2021年，全国有20个省（自治区、直辖市）的55所高校设立了供应链管理专业，基本覆盖了我国大部分地区。供应链管理专业作为新文科建设中的一个新设立的专业，在专业建设中需要面向国际、面向未来，站在战略高地，抓住机遇、突出亮点，做到供应链、价值链、产业链紧密结合。同时，要尊重各高校的自主办学权，主动打破学科边界，课程与实践都要展现新文科专业的创新本质。

针对我国经济发展特点、高等教育的新形势，以及全国高校供应链管理专业的设立情况，本套教材编委会提出了七个方面的总体要求。一是坚持正确的政治导向，培养新时代的物流与供应链人才；二是立足中国特色社会主义的伟大实践，服务国家战略的客观需要；三是适应新时代社会经济发展的现实需要，同时做到战略引领；四是服务全球经济的转型发展，应对新科技革命的必然需要；五是创新教材内容与教学方式，适应新文科发展趋势；六是强化实践与创新能力的培养，拓展教材的适用领域和参考价值；七是完善质量评价与控制体系，保持教材的可持续发展。

作为我国第一套自主编写的供应链管理专业系列教材，期望能紧密贴合《物流管理与工程类专业教学质量国家标准》，综合集成培养方案、课程体系、师资队伍、教学条件、质量保障体系五个方面，为推进我国供应链管理专业知识体系的构建，助力我国供应链管理人才的培养贡献力量。

2022 年 10 月 20 日

前　言

在数字经济时代，供应链管理的复杂性与动态性已远超传统模式。随着全球化贸易的深化、消费者需求的碎片化以及技术革命的持续迭代，企业亟须通过供应链信息管理重构核心竞争力。这一领域不仅涉及对供应链全流程数据的整合与分析，更强调以系统性思维构建供应链信息管理体系，通过透明化、协同化和智能化手段，实现降本增效、风险可控和敏捷响应的战略目标。在此背景下，理解供应链信息管理基础的理论框架，掌握其支撑技术并搭建高效系统，已成为企业数字化转型的必由之路。

供应链信息管理中台与控制塔作为技术架构的核心创新，正推动供应链管理模式发生根本性变革。供应链信息管理中台通过统一数据标准、打通业务孤岛，依托物联网（IoT）、人工智能（AI）与实时数据分析技术，为供应链各环节提供实时共享的决策支持；供应链控制塔则以动态监控、智能预警和协同优化为核心功能，成为供应链全局可视与敏捷调控的“智慧大脑”。二者的结合，不仅解决了传统供应链信息传递滞后、响应割裂的痛点，更为制造型供应链信息管理与平台型供应链信息管理提供了差异化的技术赋能路径。

在实践层面，制造型供应链信息管理聚焦生产计划优化、库存精准控制与柔性制造能力，依托工业互联网与智能制造技术实现从“大规模生产”向“个性化定制”的跃迁；而平台型供应链信息管理则基于电子商务、共享经济等新业态，借助大数据与算法匹配构建开放式生态网络，实现多方协同与资源高效配置。与此同时，智慧供应链信息管理通过人工智能、区块链与数字孪生技术的深度融合，进一步推动供应链从“自动化”向“认知化”演进。例如，通过预测性分析预判供应链中断风险，或利用智能合约优化跨境支付与物流协同。

值得关注的是，跨境供应链信息管理正成为全球化企业的战略焦点。面对关税政策多变、物流链路复杂及文化差异等挑战，企业可以依托供应链信息管理系统构建跨国协作框架。例如，通过区块链技术实现跨境贸易单据的数字化与可信存证，或利用云平台整合全球供应商数据以提升协同效率。此外，在碳中和目标的驱动下，智慧化与绿色化深度融合已成为趋势。例如，通过碳足迹追踪系统优化物流路径，或在供应链决策中嵌入环境成本评估模型。

本书旨在系统解析供应链信息管理的理论体系与技术实践，从基础概念到前沿应用，从制造场景到全球贸易，全面覆盖供应链信息管理的核心维度。本书通过剖析中台架构与控制塔的技术逻辑，对比不同供应链类型的差异化策略，并结合跨境与智慧化转型的供应链发展趋势，试图为供应链信息管理实践提供一套兼顾战略规划与落地执行的解决方案，助力构建更具韧性、可持续性与创新力的未来供应链网络。本书适合作为高等院校供应链管理、物流管理、管理科学与工程等专业的教材，也可作为物流和供应链管理领域从业者的参考用书。

本书由山东大学的盖建华、孟庆春、赵培忻担任主编，山东建筑大学的李明及山东大学的齐军领、孙虹、王凯平、谢京辞、盛东方、张向伟、杨海军、李扬、刘欣婧等参与了本书的编写工作。

由于编者水平所限，书中难免存在疏漏与不足之处，恳请广大读者批评指正。

编　者

2025 年 4 月

目 录

第一章　供应链信息管理概述

❖教学目标

1. 掌握供应链信息管理的特点。
2. 掌握供应链信息流的作用。
3. 了解供应链信息管理系统的功能和价值。
4. 了解供应链信息管理的发展趋势。

❖引导案例

上汽通用汽车有限公司（SAIC-GM）是由美国通用汽车公司和上海汽车集团股份有限公司联合投资建立的。作为世界上规模巨大的汽车制造商，美国通用汽车公司拥有先进的弹性生产线，能够在一条流水线上同时生产不同型号、不同颜色的车辆，每小时可生产 27 辆汽车。在如此强大的生产力支持下，SAIC-GM 在国内较早推行订单生产模式，根据市场需求控制产量。同时，SAIC-GM 的生产用料供应采用标准的 JIT（Just in Time，准时制或及时制）运作模式，由国际著名的美国莱德物流公司为其设计，实行零库存管理，即所有汽车零配件（CKD）的库存都存在于运输途中，不占用大型仓库，而仅在生产线旁设立 RDC（再配送中心），维持 288 台套的最低安全库存。这就要求采购、包装、海运、进口报关、检疫、陆路运输等一系列操作之间的衔接必须十分紧密。中国远洋运输（集团）总公司（COSCO）承担了该公司进口 CKD 的运输任务，负责到上海交货地的全程门到门运输，以及进口 CKD 的一关三检、码头提箱和内陆运输。

上汽通用汽车有限公司在物流供应链方面的具体要求如下。

1. 缩短备货周期，降低库存

SAIC-GM 物流供应链安全运作的前提是市场计划周期大于运输周期，只有这样，CKD 运输量才能根据实际生产需要决定。而目前 CKD 的运输周期是 3 个月，计划市场周期为 1 周，所以只能通过扩大 CKD 的储备量来保证生产的连续性，这样造成库存费用很高。COSCO 的木箱配送服务虽然为其缓解了很大的仓储压力，但并非长久之计，还要通过各种办法改进订货方式、包装等，以缩短备货周期，真正实现零库存。

2. 改进信息服务

提供和协助 SAIC-GM 收集、整理、分析有关的运作信息，以改善其供应链。因为 SAIC-GM 的整车配送、进口 CKD 和其他零配件的供应，由不同服务商分别执行运输，但缺乏统一的信息整合，服务商之间的信息无法有效沟通。如通过整车配送，以协助 SAIC-GM 的销售部门改善营销预测的准确性和提前量，根据改善的预测信息来确定随后的生产和原料采购（进口）计划，可使每批进口 CKD 的品种构成更为合理化，从而可相应减少在途和上海 RDC 中不必要的库存积压。

第一节　信息管理与供应链信息管理

一、信息管理

信息管理是人类综合采用技术的、经济的、政策的、法律的和人文的方法和手段对信息流（包括非正规信息流和正规信息流）进行控制，以提高信息利用效率、最大限度地实现信息效用价值为目的的一种活动。

简单地说，信息管理就是人对信息资源和信息活动的管理，是人们收集、加工、输入和输出信息的总称。信息管理的过程包括信息收集、信息传输、信息加工和信息储存，它是科学技术的发展、社会环境的变迁、人类思想的进步所造成的必然结果和趋势。

二、供应链信息管理

供应链信息管理即对供应链信息流的管理。供应链信息流是指整个供应链上信息的流动，它是一种虚拟形态，包括供应链上的供需信息和管理信息，它随着物流的运作而不断产生。因此，有效的供应链信息管理的主要作用在于及时在供应链中传递需求和供给信息，提供准确的管理信息，使供应链成员都能得到实时信息，以形成统一的计划与执行任务，从而更好地为最终顾客服务。

21 世纪，科学技术的不断进步和经济的不断发展，带来了全球化的信息网络和全球化的市场，围绕新产品的市场竞争变得日趋激烈。企业传统的“纵向一体化”管理模式越来越不适应需求多样化、产品更新速度快的要求，如何缩短交货期、提高产品质量、改进服务已成为企业迫切需要解决的问题。“横向一体化”供应链管理模式正是适应这些要求发展起来的。供应链是指在生产及流通过程中，围绕核心企业的核心产品或服务，通过信息流、物流、资金流控制，从采购原材料开始，到制成中间产品及最终产品，最后由销售网络把产品送到消费者手中的将供应商、制造商、分销商、零售商、最终用户（顾客）连成一个整体的功能网链结构。由定义可以看出，供应链是现代物流的深入发展，是一种更先进、更综合的组织模式。“横向一体化”的供应链是一条从供应商到制造商再到分销商的贯穿所有企业的“链”，各相邻节点企业之间是一种需求与供应的关系。

供应链中主要有“四流”：物流、商流、资金流、信息流。物流是物资的流通过程，是一个发送物资的程序，方向主要是由供应商经由分销商、零售商等指向顾客。商流是买卖的流通过程，是接受订货、签订合同等的商业流程。资金流是货币流通的过程，方向主要是由顾客经由零售商、分销商等指向供应商。信息流是物流及交易信息的流通过程，信息在供应商与顾客之间双向流动。供应链管理是指通过协调物流、商流、资金流和信息流，将供应商、制造商、分销商、零售商直到最终用户连成整体的管理模式，主要包含四个领域——供应、生产计划、物流、需求。供应链管理主要是计划、控制从供应商到顾客的物流和信息流。

信息对供应链的运作至关重要，因为它提供了供应链管理者赖以决策的事实依据。没有了信息，决策者就无法了解顾客的需要、库存数量及什么时候应当生产更多的产品并发运出去。总之，没有了信息，决策者只能盲目地制定决策，供应链就不可能将产品高效地送到顾客的手中。而拥有了信息，决策者就能进行科学决策以改善企业及整个供应链的运营。从这个意义上来说，信息是供应链中最重要的管理要素。一个完整的供应链的环节包含了核心节点企业、为核心节点企业进行物资供应的供应商、承销或最终使用产品的下游单位。

在供应链管理环境下，信息广泛存在于供应链的各个环节，并在不同节点企业之间实现共享，以协调和保证供应链的有效运作。在此基础上，可以将供应链信息管理定义为：供应链信息管理就是通过供应链信息系统，实现对供应链的数据处理、信息处理、知识处理的过程，使数据向信息转化，信息向知识转化，最终形成企业价值。

三、信息在供应链管理中的地位和作用

供应链中的信息连接着供应链中的各个节点企业，信息的传递形成信息流。信息流承担着商流、物流和资金流之间信息沟通和传递的功能，是商流、物流和资金流的共同支撑力量。信息流是公路和桥梁，是商流、物流和资金流的载体，没有信息的沟通和传递，商流、物流和资金流将无法顺畅运行。

信息控制着商流、物流、资金流的方向、大小和速度。畅通、及时、准确的信息从根本上保证了商流、物流和资金流的高质量与高效率运行。总之，信息流在供应链“四流”中起到“融会贯通”的作用。

四、信息技术在供应链管理中的应用现状

1. 国内研究现状

近些年来，企业的日常运营和发展对于信息化的需求和依赖日益增强，主要体现在以下几个方面。

首先，企业的经营管理理念开始转变，从过去的单纯财务部门及应用需求逐渐转变为企业级全面运用需求，从注重经济利益和财务信息逐步扩大到关注企业的日常运营、客户关系、内部管理及供应商、供货商、人力资源等方面的管理。

其次，当前日益加剧的市场竞争使得各大企业越来越重视企业与企业之间的关系和发展，企业之间可以借助信息化技术实现上下游企业之间的业务协同和合作。近些年来，我国一些发展较为全面的企业纷纷意识到供应链信息化管理的重要性，开始运用这种先进的理念进行日常运营和管理，并取得了一定的成绩。部分国际性跨国公司也开始认识到供应链信息管理的重要性，在中国市场运作中采用供应链管理模式并取得了初步的成效。

最后，我国的相关学者逐渐加强与国外的交流，对供应链研究信息和知识进行探索和创新，结合我国当前实际运作的情况，不断丰富研究成果。近些年来我们可以明显地看出，虽然我国经济发展越来越迅速，但是在供应链信息化管理运营程度上与其他先进国家相比还存在一定的差距，我们必须精准地认识到这一现实，采取多种方式不断缩小与其他国家的差距，注重学术界的内部交流，定期召开相关的研讨会，充分发挥互联网信息技术的作用，进行相关的专业讨论，不断激发相关学者的学习热情。

2. 国外研究现状

随着社会和时代的发展，当前经济全球化趋势越来越明显，为了实现行业和企业之间的互补共存，扩大企业的生存空间，信息的利用及资源的共享就显得尤为重要，互联网、多媒体技术开始在供应链管理过程中发挥着越来越大的作用。日本著名企业丰田汽车公司在其全球供应链运作过程中建立的知识共享机制，使供应链中的各个节点可以共享其中的显性知识及隐性资源，并且取得了非常明显的成功。国外对于供应链信息管理的研究主要侧重于以下几个方面：供应链中的知识学习、供应链信息管理的基本理论、供应链企业之间的知识吸收能力、供应链知识管理的实现、供应链之间信息和资源的共享等。在研究方法上大多采用实证研究及理论研究相互结合的方式，结合具体案例分析得出理论成果。

3. 我国在实施供应链管理过程中信息技术应用的现状

供应链管理是在当代社会和经济不断发展、市场竞争不断加剧背景下产生的。供应链管理对各种竞争力和资源进行集成和互补，对供应链中的各个企业进行同步化、集成化的现代化管理，从而能够使各个企业在市场竞争中占据一席之地，不断提高自身的竞争能力，是一种非常现代化的经营管理模式。

我国在实施供应链管理过程中，对信息技术的应用存在以下几个方面的问题。

（1）信息技术应用的积极性不高。

虽然近些年来我国各行各业的企业发展有了明显的突破和创新，但是部分企业在经营理念和经营手段的选择上过于陈旧和老套，未能正视供应链管理为其发展带来的积极意义和收益，在实际运营过程中不愿意与相关企业进行信息技术上的共享及资源的合理配置，不愿意牺牲自己的小部分利益去换取产业链的最大利益，企业之间缺乏基本的信任，缺乏合作意识和共赢意识，总想最大限度地为自己规避风险，而不管供应链中的其他企业，致使供应链管理过程中信息技术的应用难以取得良好的效果。

（2）信息技术应用水平较落后。

近年来，我国的经济有了一定的发展，人民生活水平也有了一定的提高，但是由于起步较晚，供应链管理理念在我国各个行业、各个企业之间的应用并不广泛，对于一些落后的老式企业，新型理念和管理手段的推行总是阻力重重。以物流条码技术推广过程为例，有一部分企业能够正视该项技术给企业发展带来的便利和收益，而部分企业则认为物流企业不需要建立应用系统，因为条码印制要耗费大量的人力、物力、财力。因此，物流条码的不规范也给后期的配送和出售带来了极大的困难，增加了运营难度，浪费了大量的时间和成本，增加了企业运营过程中的损失。

（3）没有更好地利用网络开展相关的经营活动。

虽然近几年来我国的互联网技术发展迅速，但是有一大部分企业并未在网络上开设相关的网站，并没有对当前广阔的网络资源进行合理的优化和使用，没有借助网络开展相关的商务活动以提升企业的知名度和综合实力。甚至有部分企业忽略自身的网站建设，网站的主页信息长期不更新，使网站有名无实，对比美国等国家的相关企业，我国企业的网络活跃程度远远不够。

（4）各大企业电子商务发展进程缓慢。

近些年来，随着社会和时代的发展，全球经济发展越来越迅速，互联网信息技术的发展也使得全球的电子商务正处于快速的上升时期，电子商务在世界经济总量中占据重要地位。但是我国的市场经济发展却并不成熟，部分企业存在信息技术不配套、缺乏支付系统和保障制度等问题，在电子商务的推行和应用过程中并不积极。

第二节　供应链信息管理的特点和重要性

一、供应链信息管理的特点

1. 供应链信息来源多样化

供应链信息除了包括企业内部的各种信息，还包括供应链各参与企业共享的各类信息。企业竞争优势的获得需要供应链各参与企业之间相互协调合作，协调合作的手段之一是信息及时交换和共享。

2. 供应链信息量大

物流信息随着物流活动及商品交易活动的展开而大量产生。多品种、少批量生产和多频次、小数量配送使库存、运输等物流活动的信息大量增加。零售商广泛应用POS（Point of Sale，销售时点系统）读取销售时点的商品品种、价格、数量等即时销售信息，并对这些销售信息进行加工整理，通过EDI（Electronic Data Interchange，电子数据交换）向相关企业传送。随着企业间合作倾向的增加和信息技术的发展，供应链信息的信息量在今后将会越来越大。

3. 供应链信息覆盖范围广

供应链环境下的信息来源于供应链各参与企业，信息的来源、处理和传输跨越了不同部门和企业。供应链信息管理充分关注供应链各个层次的决策，提供的信息由基层作业部门向管理层及决策层传递，提高了信息传递的效率。

4. 供应链信息更新快

在供应链管理环境下，信息产生于各个运作环节。多品种、少批量生产，多频次、小数量配送等运作模式广泛使用，要求供应链信息不断更新，而且更新的速度越来越快。

5. 供应链信息强调客户服务

在供应链中，供应商、制造商、分销商、零售商均与顾客发生着信息交流，体现出为顾客提供个性化服务的特性。

二、供应链信息管理的重要性

信息是供应链管理成功的关键，拥有更多、更有效的信息能够使管理者做出更加有效的决策。成功的供应链管理是基于整个链条的，应把供应链当作一个整体考虑，而不是只考虑某个阶段。通过对供应链信息的收集、处理、传输和应用，供应链管理者就有可能根据整个供应链的情况，考虑影响整个供应链的所有因素从而制定战略决策，使得供应链整体运作效率提高。基于供应链一体化的管理和决策方式使供应链整体运作效率提高，提升了供应链的盈利能力，供应链节点企业也在这一过程中获益。供应链信息管理的对象可以分成以下几个部分，这种分类分别对应供应链中的不同阶段。

（1）供应源信息。它指能在多长的订货期内，以什么样的价格，购买到什么产品，产品能被送到何处，包括订货状态、订单更改及支付安排等信息。

（2）生产信息。它指能生产什么样的产品，生产数量是多少，在哪些工厂进行生产，需要多长的供货期，需要进行哪些权衡，成本是多少，批量订货规模有多大。

（3）配送和销售信息。它指哪些货物需要运送到什么地方，运送数量是多少，采用什么方式运送，价格如何，在每个地点的库存是多少，供货期有多长。

（4）需求信息。它指哪些人将要购买什么货物，在哪里购买，购买数量是多少，价格是多少等。

供应链管理者运用这些信息做出关于供应链的各种重要决策。设定库存水平需要来自顾客的下游信息、可利用供应商的信息，以及现有库存水平的信息、成本和收益的有关信息。运输策略的制定需要了解顾客、供应商、线路、成本、时间及运输数量等信息。设施决策既需要了解供需信息，又需要了解供应商内部的生产能力、收益及成本的相关信息。

制定供应链决策时，有用的信息具有以下特征。

（1）信息必须是正确的。若信息没有准确描述供应链的真实状况，我们很难基于此做出科学决策。这并不是要求所有信息都百分之百正确，而是要求所有得到的信息描述的事实至少没有方向性的错误。

（2）信息必须是及时的。准确的信息常常存在，但如果这些信息已经过时，也是不适用的。要做出科学的决策，管理者需要的是及时、准确的信息。

（3）信息必须是能够利用的。企业里通常会有大量与企业无关的信息，因此企业必须考虑哪些信息应该保留，以使宝贵的资源不要浪费在收集无用的数据上。

总之，大量、有效的信息能帮助决策者对供应链做出更有效的决策。供应链的各节点企业在决策时应符合“刺猬理论”，即在不影响整体发展趋势的情况下，坚持自己的原则，不断推陈出新，并通过一系列的管理方法和管理手段，在适应供应链需求的同时实现供应链和企业利益的双重最大化。因此，信息管理是供应链管理成功的关键。

第三节　供应链信息管理的作用

通过建立强大的信息网络，利用先进的信息技术，供应链的参与各方不仅能及时有效地获得客户的需求信息，对信息做出及时响应，满足客户的需求，还能缩短从订货到交货的时间间隔，提高企业的服务水平。

一、供应链信息流的作用

信息流是供应链管理的核心要素。传统的管理对象包括人、财、物等实物，然而随着社会的发展，信息作为一种特殊的管理对象逐渐占据核心地位。信息流管理就是要对贯穿供应链全过程的信息流进行控制、协调，以期达到有效流动，使各节点企业实现信息无缝衔接，最终达到价值增值的目的。充分利用先进的信息技术，构建信息流动的“高速公路”，“链条”中的各方能及时有效地获取其相邻企业的各种需求信息，并快速做出正确的反应，满足企业的需要，快速供货，提高企业的服务水平。

1. 信息的有效流动直接关系着企业的决策与运营

在许多企业中，尤其是组织结构复杂的大企业，各种信息流错综复杂、纵横交错，如何获取、传递、分析这些信息并最终形成各种决策，从而支持企业战略目标的实现变得至关重要。供应链中的信息包括供应源信息、生产信息、配送信息、销售信息和需求信息。畅通、敏捷、有效的信息加速了决策的速度，提高了决策的质量。信息是供应链运营中重要的驱动要素。信息包括供应链中采购、库存、运输、销售及顾客的资料。事实证明，有效信息的增长带来了利润的成倍增长。此外，信息联系着供应链的不同阶段，使各个阶段相互协调，对各个阶段的日常运营来说十分重要，例如，利用需求信息制订生产计划，使工厂能够用高效率的方式生产出满足需求的产品。信息就像发动机，带动供应链这台机器高速运转。

2. 信息共享是消除需求信息不确定性的有效方法

作为下游终端的用户，其对商品的需求是起伏不定的，当下游需求发生变化时，由于供应链的固有属性，这种变化的信号就会沿着供应链自下而上逐渐放大，即“牛鞭效应”。这种现象产生的原因是销售信息流动时伴随其他相关动态信息的不确定性。信息共享即集中需求信息使供应链中所有的企业都能直接得到最终用户的实际需求信息，增加了供应链中各节点企业的透明度，减少了重复建设和重复运作中人、财、物等资源的浪费，大幅降低了供应链中各节点企业的库存，相应地减少了供应链上的不确定性。

3. 信息交流能强化企业的核心竞争力

现代信息技术的发展使信息可存储于电子介质、光介质上，电子信息的传输和管理变得更迅速有效，信息使用也变得更加容易、快捷与经济，核心企业通过信息技术手段可以增强和用户、供应商、第三方物流等各方面的协调和沟通，更好地为用户提供服务，强化同供应商的关系，强化企业的核心竞争力。此外，信息流管理对于压缩整个供应链的响应时间、提升企业供应链的竞争优势有着十分重要的作用。

信息和信息管理是供应链每个阶段的关键要素，是从战略制定阶段到规划运营阶段制定决策的关键因素。例如，信息及信息分析在供应链战略形成过程中就起着举足轻重的作用，如在最近的生产周期中应该生产什么产品。管理者必须明白如何分析信息以做出科学决策。供应链的多种决策问题都需要以信息获取为基础，以有效的信息管理为支撑，以实现供应链决策的优化和供应链运作的协调，如库存决策、运输决策等。

（1）库存决策。最优的库存策略的选择，需要掌握大量的信息，并对信息进行加工，以获取与决策相关的主要信息，如需求类型、库存成本结构、订货成本等。通过收集详细的需求、成本及供应商信息等，制定自己的库存策略。

（2）运输决策。供应链环境下的运输决策受多种因素的影响，如运输网络、线路、方式的选择，以及成本、顾客分布和商品规模信息。企业可以运用信息管理获得与供应商行动的高度一致性，这种一致性能使多个运输环节实现对接，以达到降低库存和运输成本的目的。

二、供应链信息管理系统的价值

（1）通过系统操作实现信息贯通，数据流配合物流无损传输，可实现实时监控。

（2）平台全电子化操作打破了原先绝大部分订单需要手动操作的局面，优化精简工作流程，大幅缩短订单处理时间，降低订单处理成本，提高产品的传输效率和周转速度。

（3）供应链协同管理使供应链上的各类实体可以实时共享信息，有助于降低整体供应链的库存水平，减少资金积压，加快资金流动。

（4）消除由信息不连通造成的误差，为支付结算提供有效依据。

（5）通过供应链管理平台，制造商、供应商、分销商、零售商等供应链上的各类实体都能保持良好的合作关系，围绕平台的核心商业价值，降低运营成本及风险，提高自身的综合实力和核心竞争力，实现商业圈的繁荣和共赢。

第四节　供应链信息管理的发展趋势

一、加强供应链信息管理的对策

1. 加强供应链信息管理标准化工作，解决信息流接口问题

标准化是供应链信息管理的基础性工作，标准化不仅包括信息分类与代码、数据接口等技术层次的问题，也包括项目的立项、开发过程控制、验收管理环节等的标准化。当前企业信息化建设多缺乏统一的规则，并且由于技术、业务、需求、经费和管理等方面的原因，各系统的开发平台不同，操作系统不同，特别是数据库管理系统千差万别，彼此之间很难实现互通互联，从而形成一个个“信息孤岛”。

解决这些问题可以从以下几个方面入手：统一信息代码，为系统功能和结构建立统一的业务标准；确保信息要求与关键业务指标一致；对信息系统定义、设计和实施建立连续的实验、检测方法；实现供应商和用户之间的计划信息的集成；制定统一的供应链协议，使供应链管理工作程序化、标准化和规范化。各个企业之间不同的“接口”是供应链信息沟通的独木桥，难以满足纷繁复杂的交易信息和交易互动的需要。这样的“接口”在很大程度上制约了企业信息系统的整合，影响信息的沟通和时效。我们可以用软件总线的方式解决信息交换问题，所有系统、模块都遵循一种通行的模式和能够被大家接受的协议，并且系统由可独立定义的功能组件组成，各功能组件按照设定的流程在软件总线上连接在一起，模块之间、系统之间通过软件总线，基于统一且可约定的协议和规则实现交互。

2. 改善信息有效流动的环境

供应链的形成和运行都要以契约网络和信用机制作保障。作为一种迎合任务或市场机遇的企业联盟，供应链需要通过大量的双边规范形成一种“准市场虚拟企业”，大量的双边规范构成契约网络。供应链信息共享需要一定的契约网络来保证其顺利进行，但同时也强调伙伴之间信任关系的建立和发展，强调各节点企业对共同任务的重视，有了信用机制，各节点企业才愿意共享信息，愿意在与对方交往中交流信息并为信息传递提供便利。因此，在契约的基础上充分重视信用机制的建立，从而可以形成一个契约/信用网络，这才是供应链信息有效流动的关键。

3. 构建信息流平台

借助先进的信息技术，建立供应链管理运行的支持系统和平台，通过信息集成来

减少协调过程中的不确定性。组建平台时要考虑成员交易、交流的规模与习惯，避免华而不实的平台，也不可以完全摒弃传统的方式，因为并非每个企业都配备高素质的信息人才，各企业可以考虑如何充分利用公共信息设施。

平台构建主要是信息流运作模型构建。信息流运作模式包括链式和网式两种结构。链式信息流是自上而下的信息流，前馈信息是以订单形式出现的市场信息，存在协调性差、反馈时间长等弊端。网式信息流运作模式解决了这些问题，但是每个节点企业又要面对较多的信息通道，加重了节点的信息处理负担。最好的解决方法是克服两者的缺点，综合两者的优点，重组信息流运作模式。核心企业可以构建集中信息平台，通过辐射型信息流模式，实现供应链上的信息协调，缩短订单处理时间、研发时间，消除供应、生产、分拨中的无效等待时间。核心企业和各节点企业之间有可视化资源共享信息系统，在由需求拉动的供应链上有自动化协调控制系统。

4. 引进先进信息技术，实现企业之间的信息共享

激烈的市场竞争和用户需求的提升，使原来处于竞争关系的企业意识到只有全面合作、努力提高对用户的整体服务水平，才能增强企业的竞争力，使彼此都获得最大的利益。要实现高度的合作，对于供应链的主要参与者来说，必须共享信息。引进先进信息技术，可实现供应链信息一体化。例如，采用 POS 技术，及时将零售企业销售数据传输到供应商的信息中心；运用 EDI 技术进行上下游企业之间的数据交换，特别是零售企业与加工企业之间业务上的整合；采用 GIS（地理信息系统）对运输车辆、运输信息进行跟踪。

二、供应链信息管理的展望

随着大数据、物联网、人工智能等信息技术的不断发展，供应链信息管理还要不断优化、整合才能符合我国市场经济发展的方向。各个行业、各个企业的经营者也需不断转变经营理念，改变传统老旧的经营方式，不断提升企业内部的信息技术水平，将信息技术与供应链管理模式完美地融合在一起，提升企业的综合竞争能力。

1. 未来供应链信息管理会趋向平台化

现在的企业供应链比较单一，就是一条线，随着社会的发展和消费的升级，不同供应链信息之间可能会相互融合，不同行业供应链可能会相互整合成供应网，企业只有充分掌握市场信息的变化，才能做出最佳的决策，从而更好地推动我国经济的发展。

2. 未来供应链信息管理更加智能化

供应链上每天产生大量的数据，采集和加工这些数据并使之成为有用的信息耗费

了很多企业的大量人力、财力。现代信息技术发展迅速，很多信息技术在供应链信息管理上已经很成熟，像信息编码技术、自动识别与数据采集技术、电子数据交换技术等。未来的供应链信息管理会更加智能化，企业工作可以更加高效。

3. 未来供应链信息管理会趋于精细化

现在供应链信息管理还是比较笼统，比如一些企业对供应链上下游的信息了解得不精确，“牛鞭效应”还是存在，造成企业还是存在很高的风险。未来的供应链信息管理会趋于精细化、量化，从而降低企业的风险。

❖课后习题

1. 供应链信息管理的特点有哪些?
2. 供应链信息流的作用是什么?
3. 供应链管理的关键之一是在于实现企业内部及企业之间资源的集成，由此意义出发，分析 Internet（互联网）在供应链管理中的重要地位。

❖拓展阅读

供应链变革之路：聚合供应链的数字化管理模式与实际应用案例分析

曾几何时，供应链管理是一项非常烦琐且复杂的工作。因为传统的供应链模型主要采用的是人工管理和手动操作，这个过程中充斥着大量的纸质文件和琐碎流程。而且传统的供应链管理方式以企业为单位，各个企业之间基本独立，存在“信息孤岛”、流向错乱等诸多不足，已经无法满足当今商业环境的需求。然而，数字化的浪潮带来了彻底的变革。

随着科学技术的发展，大数据、云计算、人工智能等先进技术不断赋能传统行业。对供应链来说，数字化已经成为发展的新趋势，数字化供应链管理模式应运而生。利用数字技术对供应链进行优化和管理，以提高供应链的效率及透明度，已经成为许多企业提高效益、降低风险的有效举措。而随着供应链数字化和智能化的不断发展，又出现了一个新的概念——聚合供应链。

聚合供应链是数字化供应链管理的一种重要模式。企业可以通过整合供应商和客户信息、统一标准化数据格式，构建一个从原材料到最终客户的完整供应链网络。这就如同一个庞大的生态圈，不同主体可以在此交换信息、共享数据。聚合供应链通过整合多个供应商的资源和能力，为企业提供更优质、更高效的供应链服务。

聚合供应链采用数字化管理模式，强调各方的协作与协同。企业间数据交换、技术标准统一，采用分布式管理架构及共享平台构建一个聚合的网络，让采购、生产、运输等环节更为高效。下面将从理论和实际应用案例分析“聚合供应链的数字化管理模式”，看看这种新模式如何改变供应链管理，探讨数字化带来的供应链管理大变革。

一、聚合供应链的数字化管理模式

聚合供应链的数字化管理模式是一种运用先进的信息技术手段，通过整合企业内外部资源，优化供应链流程，提高供应链效率和效果的管理模式。这种模式的核心是“聚合”，即将分散的供应链资源、信息和流程聚合起来，形成一个统一、高效、灵活的供应链系统。

聚合供应链的数字化管理主要体现在以下两个方面。

一是基于数字化的云平台。企业需要搭建公共的云平台，通过 API（Application Programming Interface，应用程序接口）整合供应链各个主体的数据。供应商和客户可以使用 App（应用程序）、小程序等连接至此平台，共同管理订单、库存、采购等信息。

二是依靠物联网和大数据。通过物联网将生产线、仓库、物流车辆等节点互联，随时获取数据，配合大数据分析得到关键信息，提高供应链的可视化水平，优化供应链管理。

数字化管理模式帮助企业实现供应链的实时监控、智能优化和预测决策，以提供更好的客户体验，提高竞争优势。通过整合多个供应商的资源，可以实现规模效应和专业化分工，提高供应链效率，降低供应链成本，分散供应链风险。这种模式的实施需要企业不仅有强大的数据处理能力，还要有适应数字化变革的组织文化和管理思维。

二、聚合供应链数字化管理模式的优势

数字化管理模式为聚合供应链带来了一系列的优势。首先，实时监控能力大幅提升，生产、运输等各个环节的信息尽在掌握中。其次，准确的预测分析有助于合理规划生产和库存，降低成本。再次，数据驱动的决策使管理者能够更快速地做出应对市场变化的调整。最后，数字化还使得供应链各环节之间的协同更加紧密，加速了整个流程。

聚合供应链数字化管理模式的优势具体来说有以下几个方面。

无缝整合：聚合供应链的数字化管理模式能够将各个环节有机地连接起来，实现供应链的无缝整合，从而提高运营效率。

数据驱动：聚合供应链依托数字化技术，能够实时收集、分析和利用大数据，从而更好地预测市场需求、优化库存管理和物流配送。

可视化水平高：通过数字化管理模式，企业可以实时监控整个供应链的运作情况，及时发现问题并采取相应措施，提高供应链的可视化水平。

可追溯性：数字化管理模式可以随时追踪产品的生产、运输和销售等全过程，提高质量管理和风险控制能力，增强消费者对产品、服务的信任度。

灵活应对：聚合供应链的数字化管理使企业能够更加灵活地应对市场变化和需求波动，以便及时调整生产和供应计划，提高供应链的整体反应速度。

成本控制：聚合供应链的数字化管理模式，能够通过优化物流和仓储等环节，减少失误，降低企业的运营成本、库存成本、运输成本等，拓展利润空间。

客户体验：数字化管理模式为企业提供了更多的机会了解客户需求，并实现个性化定制，提升客户体验，增强客户满意度。

合作协同：通过数字化管理模式，企业能够与供应链伙伴实现更紧密的协同合作，共同推动供应链效能的提升。

创新驱动：聚合供应链的数字化管理模式鼓励企业不断创新，探索新的商业模式和技术应用场景，提升竞争力。

环境友好：数字化管理模式可以优化资源利用和能源消耗，减少对环境的影响，实现可持续发展。

三、聚合供应链数字化管理模式的实际应用案例

随着经济全球化和信息技术的快速发展，各行各业都在不断探索和创新。让我们通过一些真实的例子来看看聚合供应链数字化管理模式是如何在各个行业中实际应用的。

（一）零售业的数字化探秘

1. 亚马逊：从零售商到供应链巨头

亚马逊很早就采用聚合供应链数字的化管理模式，通过大数据、AI（人工智能）和云计算等技术，亚马逊将其庞大的商品、物流、用户和商家数据聚合在一起，形成一个巨大的数字化供应链系统。这个系统不仅帮助亚马逊实现了实时库存管理、动态定价、个性化推荐等功能，还帮助其提供无与伦比的客户体验。

2. 京东：数字化管理打造无缝的零售体验

国内电商平台京东则通过聚合供应链数字化管理模式，打造了一个“无界零售”体验。京东的供应链系统覆盖了采购、仓储、物流、售后等全程，实现了商品的实时追踪、订单的秒级确认和商品的小时级配送。这种无缝的零售体验极大地增强了用户体验，也大大提高了客户的满意度和忠诚度。

3. 拼多多：社交电商模式引领零售业的新风口

数字化不仅改变了传统供应链的管理方式，还催生了全新的商业模式。拼多多以社交电商的模式，通过数字平台将供应链各方连接起来，实现了更快速、更直接的商品流通，引领了零售业的创新潮流。通过大数据分析和人工智能技术，准确预测消费者需求，优化库存管理，实现了商品的及时交付和高效配送。

（二）制造业的数字化变革：海尔集团的智能工厂

在制造业领域，海尔集团率先倡导数字化转型，打造了一系列智能工厂。通过数

字化管理，海尔集团实现了生产过程的可视化监控和实时优化，大幅提高了生产效率，同时也为客户提供了更加个性化的定制服务。

（三）农业供应链的数字化革命：达能集团的智慧农场

数字化管理不局限于零售业、制造业，农业供应链同样也在积极探索。达能集团的智慧农场通过传感器、无人机等技术，实现了对农作物生长环境的精准监控，提高了农产品的产量和质量。

（四）医疗物流的数字化进步：迈向智能医疗时代

医疗领域对供应链的要求更加严苛，数字化管理在此领域也展现出巨大的潜力。通过数字化管理，药品和医疗器械的流通变得更加安全、高效，为患者提供了更好的医疗体验。

（五）环保产业的数字化创新：垃圾分类的智能化之路

数字化管理在环保领域也发挥着积极作用。通过物联网技术，垃圾收运过程得以实时监控，提高了资源利用效率，推动了垃圾分类事业的可持续发展。

随着科技的不断进步，供应链管理正在经历一场大的革命，数字化深刻改变了各行各业的运作方式。从制造业到农业，从零售业到医疗，数字化带来了前所未有的变革和机遇。它不仅优化了供应链各环节的运营，还在跨境贸易、物流运输等方面推动了一系列的创新，不同领域都在数字化管理的推动下取得了令人瞩目的成就。

四、聚合供应链：引领供应链的未来

聚合供应链采用了先进的信息技术，通过实时数据分析、智能算法优化，为企业提供全面的供应链解决方案。无论是物流、仓储、采购，还是销售、服务，聚合供应链都能帮助企业实现高效、灵活的管理，提供更优质的客户体验。通过整合多个供应商的资源和能力，为企业提供一体化供应链综合服务，展示了数字化时代下供应链管理的全新可能性。

全面整合热门渠道资源，连接知名电商、品牌商品、数字权益等场景。不仅能够帮助企业搭建“一站式”供应链体系，实现系统互联互通，还提供聚合供应链 API 服务，为企业提供开放对接能力，帮助企业快速引入聚合供应链资源，打造超级商品库，获得“集成外部商业资源”的技术能力。

聚合供应链不仅专注于供应链协作效率提升，而且始终致力于数字化管理模式的创新与应用。通过大数据、云计算技术打造供应链端到端的可视化、智能化平台，凭借先进的物联网技术、智能分析平台和高效的协同模式，将数字化管理推向了一个新的高度。可以说，聚合供应链正引领着数字化时代的供应链革命。

供应链管理作为影响企业核心竞争力的关键因素之一，从传统的线性供应链模式到聚合供应链数字化管理模式，各企业都在不断探索如何提高效率、降低成本，并满足消费者日益增长的需求。聚合供应链数字化管理模式为我们带来了前所未有的机会，不论是亚马逊还是京东，都在聚合供应链数字化管理模式中找到了自身的方向，实现了企业的转型升级。

毋庸置疑，在当今快节奏的商业环境中，供应链管理数字化转型已经成为企业迈向成功的关键。而聚合供应链数字化管理模式将成为企业提升竞争力、提供优质客户体验的重要工具。正如聚合供应链所展示的那样，聚合供应链数字化管理模式的应用塑造着未来供应链的面貌，让企业可以借助先进的技术手段，优化流程、提升效率，实现创新和突破。

如同这个数字化时代向我们展现的，变革和创新永远不会止步。聚合供应链的数字化管理模式只是数字时代的一个缩影，未来还有更多的可能等待我们去发现和探索。从企业到个人，每个人都可以在数字时代的浪潮中找到适合自己的位置，创造更加美好的未来。让我们携手走向数字化时代的大门，共同创造更加高效和智能的供应链管理新局面。相信在未来，聚合供应链将继续引领行业的数字化转型浪潮，助力更多企业走向成功。

第二章　供应链信息管理基础

❖教学目标

1. 掌握供应链信息的基本概念、分类和特征。
2. 掌握供应链信息需求及供应链信息管理的模式。
3. 掌握供应链信息共享的基本概念、模式，了解信息共享的重要性及价值。
4. 掌握供应链协同的层次，了解供应网络信息协同的类型。

❖引导案例

M公司是一家跨国的汽车传动总成制造商。在汽车制造的产业链条中，M公司这样的配套供应商与总装厂之间结成紧密的合作伙伴关系。他们的产品生产是根据市场预测和企业计划进行的，他们只需要知道生产什么，然后按照计划进行大批量生产。

然而，汽车制造业的个性化生产趋势越来越明显，M公司面临着严峻的挑战。客户的期望值越来越高，而个性化又意味着他们的大宗订单将会消失，交货期成为最关键的要素。个性化生产直接改写了汽车制造业的生产模式，小批量、快节奏的供货要求，让M公司这样的零配件总成制造商感受到了制造业紧追客户需求多样化的步伐在加快。

M公司总裁Mark先生具有敏锐的市场触觉，洞悉了M公司存在的问题及改革方向。Mark先生意识到客户越来越高的期望值；意识到个性化生产会导致大宗订单的消失和交货期的不稳定，应知道何时生产以及如何灵活采购；意识到信息技术方面的投入能够提高准时交货率，有利于降低库存和运营费用；意识到物流环节的重要性，制造环节与物流环节如果不能信息共享、达到同步，就不能解决制造什么和何时制造的问题。

M公司面对汽车制造业个性化生产日益明显的趋势，勇于接受挑战，满足客户多样化的需求。为此，M公司引进具有整合供应商信息的SCM（供应链管理）系统，建立市场监测及反馈系统并与供应链各环节信息共享。

在以往的市场消费监测和信息反馈中，一般由人工在收集一段时间的信息后一级一级地向供应链上的各环节汇报，这样的信息获取方式不仅在信息的时效上存在很大的滞后性，而且各环节在信息的准确率上也存在很大的差异。由于信息的时效和准确率上存在问题，供应链上各个环节容易出现信息混乱，进而容易产生生产计划混乱。引进具有整合供应商信息的 SCM 系统，建立市场监测及反馈系统并与供应链各环节信息共享是解决这种问题的最好办法。有了整合供应商信息的 SCM 系统后，不论是 M 公司还是供应链上其他环节的供应商都不必花费大量时间去整合各种琐碎的订单要求，可以及时准确地掌握总装厂发来的客户订单，从而可以制订相应的生产计划。

过去的工厂间同步是通过大量的会议、人员访问、沟通与协调实现的，由于传统的制造模式是大批量制造的，所以留给沟通与协调的时间还比较充裕。但是随着个性化需求的增多，这种以往通过大量的会议、人员访问、沟通与协调实现工厂间同步的方式已经不能满足需求了，而引进具有整合供应商信息的 SCM 系统，建立市场监测及反馈系统并与供应链各环节信息共享，可以让公司快速地了解客户的需求，并根据信息下达生产计划，生产计划不仅能传送至制造车间，还能同时传送至相关的供应商，以便他们同步做出反应。

数据和知识的及时共享是实现有效供应链管理的一个重要因素，供应链管理的一个关键方面是能够基于准确的信息快速做出战略决策。没有在正确的时间将正确的信息传递到正确的地方，就不会有采购订单、运输信息、支付行为及协调互通的市场营销和销售工作，就会导致供应链运营失败。因此，在供应链利益相关方之间进行信息交流，对维持供应链的有效运作是至关重要的。

在供应链中，正向和逆向信息流都是必要的。供应链中正向信息流包含的信息类型多种多样，如提前发货通知、订单状态信息和可用库存信息。而逆向信息流可以将市场需求及客户偏好等信息从分销商、零售商或消费者手中传递给供应链上游的成员。正向和逆向的信息流对供应链的平稳运行都是必不可少的。

第一节　供应链信息

人类社会的生存和发展离不开接收信息、传递信息、处理信息和利用信息。在信息社会中，在各种生产、科学研究和社会活动中，无处不涉及信息的交换和利用。

一、供应链信息分类

1. 信息的类型

信息，指音讯、消息、通信系统传输和处理的对象，泛指人类社会传播的一切内容。人通过获得、识别自然界和社会的不同信息来区别不同事物，得以认识和改造世界。在一切通信和控制系统中，信息是一种普遍联系的形式。

信息论奠基人香农（Shannon）认为信息是用来消除随机不确定性的东西。控制论创始人诺伯特·维纳（Norbert Wiener）认为信息是人们在适应外部世界，并使这种适应反作用于外部世界的过程中，同外部世界进行互相交换的内容和名称。经济管理学家认为信息是提供决策的有效数据。

（1）以信息内容的真实性为依据，信息可以分为完全真实信息和有限真实信息。

①完全真实信息。完全真实信息是指供应链成员获得的信息与信息源发出时的情况完全相同，未发生任何形式的失真和时滞，可以真实地描述信息源当时的状态，如销售时点数据等。

②有限真实信息。有限真实信息是指信息从信息源发出后，在信息传播过程中受到噪声或人为因素的影响，使信息发生了失真，即信息所指对象的状态与真实状态之间存在一定的差距。

（2）以认识主体为依据，信息可分为客观信息（关于认识对象的信息）和主观信息（经过认识主体思维加工的信息）。

（3）以主体的认识能力和观察过程为依据，信息可分为实在信息、先验信息和实得信息。

（4）以信息的逻辑意义为依据，信息可分为真实信息、虚假信息和不定信息。

（5）以信息的生成领域为依据，信息可分为自然信息、社会信息和思维信息。

（6）以信息的应用部门为依据，信息可分为工业信息、农业信息、军事信息、政治信息、科技信息、文化信息和经济信息等。

（7）以信息的记录符号为依据，信息可分为语声信息、图像信息、文字信息和数据信息等。

（8）以信息的载体性质为依据，信息可分为文献信息、光电信息和生物信息等。

（9）以信息的运动状态为依据，信息可分为连续信息、离散信息和半连续信息等。

2. 供应链信息的类型

供应链信息是供应链流程运转和管理层做决策的基础。供应链上的硬件、软件与人力资源信息都可被收集、分析和应用。企业需要信息来规划生产、管理库存、安排运输、组织采购，甚至做定价管理与收益管理。这些信息应该易于获得，并能够在企业内外部实现无缝流通，以确保供应链管理者能够做出适当决策。

数据与信息略有差异。信息是在数据中提取的，是决策的依据。支离破碎的数据往往是无用的。数据需要在一定的条件下才能转化为信息，而这正是信息系统的作用所在。

供应链规划和决策的广泛性不仅会影响信息需求，还会影响信息的需求方式及信息在供应链中的流通方式。内部信息流可以用来辅助跨部门协作并优化整个企业的表现。例如，市场营销、运营、财务和物流专业人员都需要提供信息并从中获取信息。未能建立内部信息流通机制的企业，易引发职能条块分割的情况，从而做出短视决策，导致企业表现欠佳。

企业与供应链合作伙伴之间也应实现信息的无缝流通，以促进同步且一致的决策及流程制定。一致的客户需求信息流通可帮助制造商和供应商进行有效的上游生产和购买决策。共享有关供应商产能、生产进度和库存可用性的信息，有助于下游流程的协调和有效执行。

企业还需向物流服务提供商提供有关客户需求、库存水平和交货时间等上下游信息，这些信息有助于物流服务提供商对所需的人员和设备资源进行合理调配，以保证产品的及时流通。此外，金融机构会参与有关付款和交易的信息流通，而政府机构则需要有关贸易数据和监管合规性的信息。图 2-1 展示了供应链参与者之间供应链信息流通的情况。

供应链上的信息按照内容可以分为以下类型。

（1）生产信息。

企业的生产决定其对上游企业产成品的需求，也影响对下游企业原材料的供给。

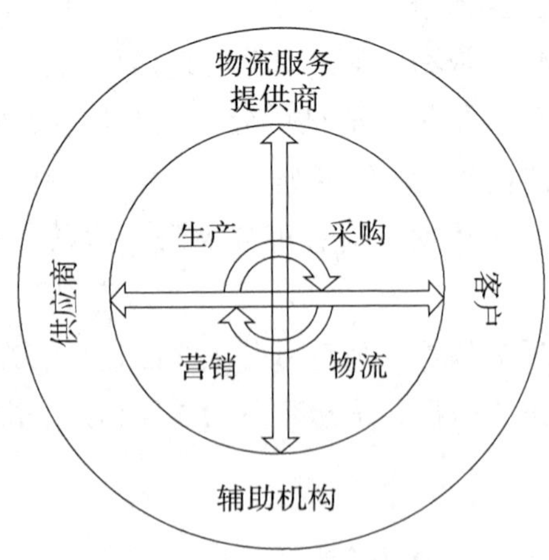

图 2-1　供应链参与者之间供应链信息流通的情况

在供应链中，下游企业需要根据上游供应商的生产决定自己的库存和生产情况。美国各大汽车生产商都可以直接查询他们在几大钢铁公司的订单完成情况，确保对自己的供货不出现短缺。有时供应商的生产波动会给整个行业带来严重后果，这在石油、钢铁等资源型行业中表现得最为突出。同样，下游企业的生产又决定它对供应商的需求，从而影响供应商的需求和生产计划。

（2）库存信息。

供应链管理要实现既定目标前提下的成本最小化，库存管理显得尤为重要。需求波动及生产、运输中的偶然故障等因素带来的不确定性是无法避免的。为了应对这种不确定性，传统做法是建立安全库存，依赖间断性的库存缓冲环节保证商品供应过程中的物流畅通。于是，供应商为了防止出现影响连续生产的缺货，建立产成品安全库存；制造商为了防止出现影响连续生产的缺货，建立原材料安全库存。然而，在供应链上，上游供应商的产成品对应下游制造商的原材料，双方都对同一物料建立安全库存是重复性浪费。如果相邻节点上的企业共同合作管理库存，可以大大减少库存成本。库存信息对上下游企业安排生产计划也起着重要作用。宝洁公司（P&G）与沃尔玛（Walmart）零售集团的协议中包含 P&G 可以方便地管理 Walmart 遍布全球各地零售商店里的产品库存，从而知道自己产品受欢迎的程度，以便合理安排生产。

（3）销售信息。

传统企业管理的供应效率十分低下。这表现在零售商向分销商订购的商品数量高于市场上实际的销量，批发商集中各分销商订购数量后向制造商发出的订购数量又要加码，而制造商制订生产计划时往往误认为销售情况很好而再加码，制造商向原材料供应商的订购数量又增大了。这种层层加码、越往上游订购量越大的现象就是“牛鞭效应”，如图 2-2 所示。“牛鞭效应”往往会造成生产过剩、库存积压、成本升高、效益低下。供应链中的“牛鞭效应”已经引起越来越多企业和研究人员的重视。它表明来自下游企业的订货信息经常是在歪曲市场的实际情况，因而误导上游企业的决策。这种不真实还会在沿着供应链向上游前进的过程中不断放大。

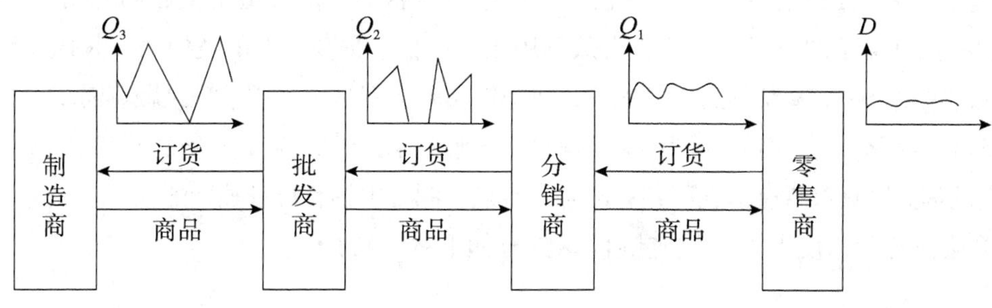

图 2-2 “牛鞭效应”

（4）技术进步信息。

消费者得到的最终产品的每一次更新进步都是供应链上所有企业共同努力的结果，因为在供应链环境下，每个企业都只专注于小范围内的核心业务。如果一两家企业的技术进步得不到其他企业相应的支持，则无法形成最终产品或服务。例如，在日新月异的电子计算机行业里，技术进步的信息必须及时传递。Intel（英特尔）公司往往提前发布其下一代即将推出的CPU（Central Processing Unit，中央处理器）的性能和技术特点，以便主板生产商开发支持这种CPU的主板，对硬盘、显示卡等生产商也是同样的。当各个专业供应商都有相适应的高性能产品推出后，电子计算机整机供应商才能将它们组合成下一代产品推向市场。

（5）其他信息。

①质量信息。产品质量是决定市场竞争力的关键因素。在供应链里，上游企业的供货质量直接影响下游企业的产品质量。供应链中各企业都应使用兼容的质量体系和工具。无论一个企业的产品质量出现何种较大的波动，都应当及时通知上下游以做出适当对策。

②销售预测信息。每个企业都在做预测，并且按对未来的销售预测向供应商订货。各企业预测的依据不同，结果会出现差异。

二、供应链信息的特征

只有高质量且可用的信息才能为供应链中的参与者创造实际价值。有关信息技术的一个说法是“无用输入无用输出”，这种说法在某种程度上是正确的，因为供应链信息系统不具有筛选劣质信息的功能。劣质信息往往导致错误的决策及其他意想不到的结果。因此，信息必须是高质量的，这样才能支持有效的分析和决策。

供应链中的信息种类繁多，每个供应链节点都面临着不同的渠道，例如，零售商的信息渠道涉及顾客、供应商、企业外部环境、竞争对手和合作伙伴。不同渠道的信息又多种多样。例如，供应商的信息包括生产信息、订单状态信息、库存信息、产品信息、供应能力信息、促销信息、财务信息、技术进步信息等。供应链上的信息指导着物流的运动。在激烈竞争的市场环境下，有效利用正确的信息提高企业的竞争力，是供应链上每个企业的策略之一。从某种意义上来说，供应链实际上就是一个用于满足顾客需求的信息驱动事务链。因此，为了有效控制供应链信息，了解和掌握供应链信息的特征是有必要的。供应链上的信息既具有所有信息所共有的基本特点，同时也具有自身独特的性质。

单从信息的角度考虑，供应链信息具有如下基本特征。

1. 准确性

供应链信息必须准确、真实。恰当的数据收集方式是准确无误反映供应链真实情况的前提，这也有助于企业制定具有逻辑性的供应链策略。信息不准确将妨碍供应链管理者对真实情况做出评估，并可能导致库存短缺、运输延误、客户不满意及财务处罚等。

2. 可获得性

必须将准确的信息及时提供给供应链管理者以供其履行职责。随着企业资源规划系统的普及和云计算的出现，及时提供准确信息听起来很容易实现，但实际上供应链遇到了特殊的挑战。供应链信息可能会由外部企业控制，信息被传送至多个地点，并包含在不同的系统中，因此企业需要应对相应的技术挑战并解决信任问题。

3. 相关性

供应链管理者必须能够获得相关信息，以便进行与供应链相关的分析和决策。获得的信息应避免阐述不必要的细节，因为不相关的数据会拖延进度，掩盖重要问题，并使决策者压力倍增。信息最好来自定制信息查询、异常报告和分段分析，是简洁而具有针对性的。

4. 及时性

只有在信息具有及时性并且在合理的时间范围内可用时，信息才有意义。高度同步且由需求驱动的供应链在很大程度上依赖实时数据为其提供跨链可见性和响应能力。通过及时的信息流通，管理员可以监控供应链活动，并通过纠正措施快速对异常情况做出响应。及时的信息流通有利于防止小问题升级为全面的危机。

5. 可传递性

为了方便及时地获取信息，并依据信息进行合作决策，信息应该易于从一个地点转移到另一个地点。互联网和云计算平台的辅助使得信息传输变得相对容易、便捷且安全，不过企业也要采取预防措施以确保敏感数据的安全。

6. 可靠性

报告和交易数据集包含的信息必须具有可靠和权威的来源，其提供的数据也必须合理、完整、准确且未经修改，以达到预期目的。如果数据集提供的信息不完整或者只是人为预估的数据，则需要对缺失数据和相关的假设进行清晰的解释，以便供应链管理者能够相应地调整其分析内容及决策。

7. 可用性

信息只有在可以被用来做出更好的决策时才有价值。供应链管理者需要对信息需求进行定义，并捕获适当的数据。不要浪费时间捕获不可用的无关数据。此外，信息只有在可以无缝共享，并从一种格式转换为另一种格式而又不会造成数据丢失的情况下才是可用的。

8. **统一性**

供应链管理者及其合作伙伴须就信息的使用和决策的制定达成一致。供应链中不同的企业如果利用各自的信息做出决策，将丧失供应链的一致性，并导致供应链运转效率低下。

总的来说，这八个特征为供应链管理者的高效决策提供了高质量的信息支持。这也解释了为什么企业需要投资建设供应链信息系统，并花费大量的精力实现供应链中各个企业的互联互通。

三、供应链中信息的特殊性

供应链中信息的特殊性主要体现在以下几个方面。

1. **动态性**

动态性即同一信息所包含的信息量在不同时期会有所变化。由于信息从产生到该信息所指示的事件实际发生过程中，关于该事件发生与否的各种信息不断增加与排除，概率分布逐渐发生变化，其所含有的信息量也随之改变。由于供应链的环境特性，信息的动态变化在供应链中表现得极为迅速。

2. **可共享性**

同一条信息扩散后可被不同的信宿所使用，甚至用在不同的方面，因此是可共享的。作为同一级的信息，其信息量在使用过程中互不影响、互无冲突，这种共享性是可能同时实现的，并且不会因多次使用而出现自然损耗。而物质资源的拥有则具有唯一性，至少同一时间点上具有唯一性。信息的这一特性对增强供应链内部企业间的合作起到了非常积极的作用。

3. **可伸缩性**

可伸缩性即通过对信息的分析、归纳和总结使信息更加集中、简明，本质、特点更加突出、更加符合信息使用者对信息的需求。同时，也可能通过对信息的挖掘使信息资源得到扩大与充实。供应链中信息种类繁多、变化迅速、传递频繁，因此，合理的分析和处理可极大地提高信息的利用率，充分挖掘其内在价值。

4. 传递特殊性

信息作为抽象化的物质，具有特殊的运输方式，常需要转化成某种特殊符号进行传递，如文字、图形等。在供应链中，信息的传递通常是伴随物流、资金流、作业流的传递同时开展的，传递的及时与准确直接影响整个供应链的绩效表现。

5. 信息的流动跨越不同部门和企业

同一信息既需要在企业内部进行流动，同时也可能需要在部分企业之间进行流动。

6. 强调为客户服务

横向信息传递的最终目的是提供客户真正需要的服务和信息。

7. 信息量大

供应链中的信息随着物流活动及商品交易活动的展开而大量产生。另外，供应链自身越复杂，供应链上企业之间的交易就越多，产生的信息量也越大。

8. 物流信息的更新速度快

随着物流和库存等的快速变化，信息也进行了更新。在现代竞争方式下，顾客的需求更新较快，这使得信息的更新速度更快了。

9. 来源多样化

供应链中的信息不仅包括企业内部的物流信息（如生产信息、库存信息、市场信息和需求信息等），还包括企业间的物流信息和与物流活动有关的基础设施的信息。企业竞争优势的获得需要供应链各参与企业相互协调合作。协调合作的手段之一是信息即时交换和共享。许多企业把物流信息标准化和格式化，利用 EDI 在相关企业间进行传送，实现信息共享。另外，物流活动往往利用道路、港湾、机场等基础设施，因此，为了高效率地完成物流活动，必须掌握与基础设施有关的信息，例如，在国际物流过程中必须掌握报关信息、港湾相关信息等。

10. 核查性

供应链上的信息在传递过程中可能存在传递的误差，错误的信息将导致错误的决策。所以，在使用信息前需要核查信息的真假，确保信息无误。

四、传统供应链中的信息问题

在传统供应链中，信息流的传递和处理存在以下问题。

1. 不共享

一方面，信息共享增加了企业的成本，因为各种软硬件系统需要大量直接的投入，以及在管理上投入相当高的转换成本；另一方面，供应链是随着市场机遇的产生而形成的，信息共享意味着部分机密信息的公开，增加了企业的经营风险。由于以上原因，传统供应链中信息共享基本是不能够实现的，“信息孤岛”现象严重。结果，一方面信息的不准确性很大，容易产生决策错误；另一方面信息不透明现象严重，导致整个供应链无法实现同步化。

2. 信息失真严重

供应链中不仅存在“牛鞭效应”这种经典的信息失真，也存在其他类型的信息失真。传统供应链节点企业之间的关系是交易关系，所考虑的主要是眼前的既得利益，因此不可避免地出现交易企业之间为了自身的利益而篡改正确信息牺牲他人利益的情况。这将导致供应链中的个别企业短期利益很高，但长期来看该供应链是一个不稳定的、没有市场竞争力的供应链。

3. 信息传递方式不合理

传统供应链中信息是逐级传递的，任何非相邻的两级都无法直接进行沟通，而且信息通过任何一级时都被加工处理了。实际和理论都证明，这种传递方式存在严重的不合理性：整个供应链各级都容易发生信息失真的连锁性；会出现信息传递延时现象，任何一级获得的信息都要经过一段时间的处理才能传递给上游。信息获得的滞后会导致各个环节反应的延迟和异步，从而导致整个供应链对市场变化反应迟钝、效率低下。

信息流在传递和处理过程中存在的上述问题，将会增强供应链中的不确定性。而供应链的不确定性反过来又会对信息流产生负面的影响，主要表现为：供应链上存在大量的不确定性，这种不确定性使信息在传递过程中发生大量的波动，造成信息放大、扰动和截流等失真现象，从而影响信息在供应链上产生的价值。

五、供应链信息的地位和作用

信息流通常是指人们在进行任何活动时互通情况的通信联系，从古代的烽火、旗语、口语到现代的广播、电视、期刊、报纸及网络传播等都是信息流的具体表现形式。

信息交流是人类社会中亘古及今渗透一切社会活动的现象。它使文明社会的历史不断延伸和发展。人类的一切交往活动都基于信息交换，语言、动作、表情还有现在的互联网都是信息交流的载体，信息以各种方式依附于一定的载体，在各个信源与信宿之间流动，信息的流动形成了信息流，可以说整个人类社会就处在一个无限庞杂、相互交错的信息流动的空间中，正常运转也依赖于信息流的畅通无阻。供应链中的信息是指产品需求、订单传递、生产状况、交货状态、运输状况等信息。

21 世纪，信息日益成为一个国家、组织及企业的重要资源。激烈的市场竞争迫使企业与其上游的供应商和下游的用户组成一个关系密切的供应链。对供应链管理来说，要想实现高效的管理，有效、及时的信息是必不可少的。因此，信息在供应链管理中起着神经系统的作用。

供应链通过节点企业之间的合作，实现物流、信息流、资金流在整个链条上的高效流动，发挥出强大的整体竞争优势。物流和资金流都是一种单向的实物流程，伴随这些流程的进行，必然有信息的产生，并且发生相应的变化。信息流是双向的，对物流、资金流起到反映、监督、控制的作用，也是供应链中流动最频繁、流量最大、变动最快的一支。信息作为供应链上各个环节的沟通载体，对企业间的合作、资源的有效利用起着十分重要的作用。信息流在供应链的运作中起着协调和控制作用，快速集成的信息流可以使供应链中每一个实体及时响应实际的客户需求并调整实际的物流（资金流）。所以，供应链中信息流的基础性地位是毋庸置疑的。

信息作为供应链上各环节的沟通载体，起着连接、整合和提高整个供应链效率的作用。

（1）信息是供应链集成的“黏合剂”。在信息社会中，信息是供应链中各企业的生命。供应链是一个多层次、多组织的结构，信息是供应链各组织成员间密切配合、协同工作的“黏合剂”。企业在战略明确、目标正确、信息系统健全的情况下，才能实现有效的供应链管理。信息管理对于任何供应链都是必需的。

（2）信息共享是实现供应链管理的基础。供应链的协调运行建立在各个节点企业的高质量的信息传递与共享的基础上。如果没有信息的传递与共享，整个供应链将无法正常运作。因此，有效的供应链管理离不开信息化的支撑。

（3）信息集成是提升供应链竞争力的重要因素。未来的竞争模式将发生改变，不再是独立的企业与企业之间的竞争，而是企业所在的供应链与供应链之间的竞争。供应链各个环节将借助信息技术（IT）有效地集成在一起。信息作为供应链中的重要一环，与供应链的集成化程度、基于 IT 平台的供应链战略联盟、供应链的快速反应等众多的核心竞争因素密切相关，它将在供应链管理的竞争中发挥着不可替代的作用。

虽然信息对供应链管理起着相当重要的作用，但是如果信息延滞和信号失真等，会给企业的经营决策带来误导，给企业造成重大损失，影响供应链的稳定性。

由以上分析可以看出，信息在供应链中起着重要作用，信息流运行的好坏对供应链的运作产生直接影响。已有研究表明：有效的信息共享和快速的信息交换可以大幅减少供应链节点企业的库存，并减少供应链上的“牛鞭效应”。如何设计合理的信息流模式，已成为供应链管理中的一个重要问题。

第二节　供应链信息管理

一、供应链信息需求

供应链中几乎每一个决策和流程都是由信息驱动的，如根据销售时点数据做出产品补货的决策，根据客户的交货要求选择运输方式，根据库存水平报告做出采购决策，等等。从本质上讲，信息是将供应链联结起来的“黏合剂”，能够促进供应链的规划和执行。如果没有信息作为纽带，管理者将失去对库存、需求、供应商及客户信息的了解与掌控，导致盲点的产生，并失去协作机会，管理者只能基于猜测和内部信息做出决策。

供应链具有信息密集性，各级管理者在关键的供应链活动中都需要信息的辅助。根据博扎思（Bozarth）和汉德菲尔德（Handfield）的说法，信息主要用于战略决策、战术规划、例行决策及事务处理。

战略决策的重点是制订符合企业愿景和经营理念的长期供应链计划，所需的信息通常是非结构化的，并且可能因项目而异。例如，对于一个战略性的网络设计项目，管理者需要从各种来源处获取各种各样有关供应、需求和运营成本的数据。相比之下，新产品的开发决策将需要设计、产能和供应能力方面的信息，这些信息将被用于评估战略备选方案，并使用决策支持工具进行假设分析。

战术规划侧重于对供应链活动的组织和协调。信息应具有易获取性，能够辅助规划流程，并且形式灵活，可以由不同的供应链参与者将其修改为与自身系统兼容的格式。例如，制订销售和运营计划时就需要有关需求模式、促销计划、供应能力、库存及其他相关数据的信息。这有助于每个企业通过分配关键资源（包括人员、材料、产能、资金及时间资源）来优化计划。

例行决策需要运营信息的辅助，并基于规则进行。这对信息的标准化要求较高，但系统可以轻松使用信息生成标准化解决方案。例如，自动运输路线指南需要企业提供有关产品始发地、目的地、产品特征、重量、尺寸及服务水平的信息，才能推荐合适的运输方式和承运商。决策者需要在采取行动之前对系统建议的解决方案进行审查，并在需要时进行更改。

事务处理时主要使用来自供应链数据库、客户档案、库存记录和相关资源的基本信息。信息应准确、及时且经过标准化处理，这样系统才能以高度自动化的方式处理事务。例如，企业应获取在线客户订单中的信息，并将其与可用产品的库存水平进行比较，在无须人工干预的情况下快速处理订单，提高执行效率。

1. 系统层面的供应链信息需求

供应链在全球范围内得到广泛应用，需要从策略、方法、过程与执行的视角分析信息需求。

（1）策略——可衍生出长期决策，有助于推动企业实现其价值使命，并制订实现这一价值使命的策略性计划，如研制新产品、开拓新市场、规划产能等。

（2）方法——规划协调供应链关键环节、客户与供应商在同一时间的具体运作。这类规划侧重于战术决策，如库存水平和劳动力水平，从规划上给出指导但不会应用到实际业务中。

（3）过程——支持基于规则的决策制定过程，通常用于短期项目中客户对准确率与及时性要求较高的情况。

（4）执行——通常是基于事务处理的维度，用于记录、追踪事务处理数据与管理物料和费用信息的流动。系统的事务处理周期缩短、自动化程度高、业务流程规范。

2. 宏观层面的供应链信息需求

从宏观层面，按照供应链及其功能技术需求将供应链信息需求分解为以下模块。

（1）供应商管理信息——确保供应商提供合理的报价与合约条款。供应商管理涉及的范围可宽可窄，大到战略收购，小到复杂项目的物资购买谈判。

（2）内部供应链管理信息——涉及原料采购、生产制造及发货运输等环节中的各项活动。

（3）客户关系管理信息——企业管理和分析客户生命周期过程中用户交互数据时用到的方法、策略及技术，其目的是改善企业客户关系，维系现有客户，促进销量增长。

（4）分销渠道管理信息——涉及层次复杂的分销体系中的各个环节。分销渠道管理取决于行业属性及产品的种类，运输、分销及第三方物流公司等也是影响因素。

（5）事务性管理信息——涉及日常生产业务中各种基本数据的处理，如订单信息和库存信息的管理。

信息交互模式如图 2-3 所示。信息交互模式可以定义人们解决问题和制定决策所需要的信息量。基于信息处理的目的，有的人直接利用数据解决问题，有的人从同一批数据中提取解决问题所需的信息。同样，信息交互模式可用于从现有数据中追溯知识的源头，或基于专业的判断获取特定的数据当作参考。

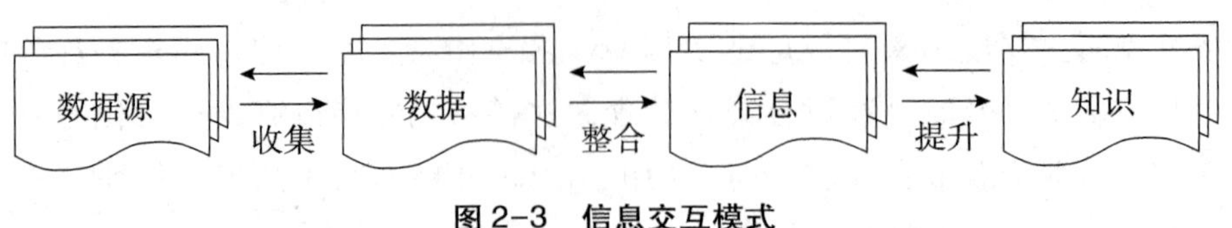

图 2-3 信息交互模式

信息系统发挥的作用是收集、处理与传递信息，以便决策制定者在需要的时候参考，做出合理判断。以往，信息系统通过电子信息交换平台或者互联网等常用媒介处理可传递的数据。而信息技术的突破使得数据共享平台更为多样化，如视频会议软件和线上决策支持系统等，这都有利于管理者将隐性知识转化为显性知识并及时分享给企业员工。

因此，企业应用的信息技术对业绩表现有直接影响，不论是企业部门之间的配合还是与外部客户间的往来，都会因信息技术的升级而增强彼此的合作。

二、供应链信息管理模式

在供应链管理中，信息被看作与商品、资金一样的可以传输和流动的企业要素。信息流是信息在供应链上各节点流动的过程，以及为达到最优效率而对信息进行控制的过程。一个成功的供应链信息系统应该使企业内形成优化的作业流程，使企业间形成无缝的连接。一般来说，企业管理的基本结构可分为三个层次，从上至下分别为决策层、管理层与操作层，其中操作层是各类信息形成的主要环境。信息的采集、传递和加工处理的过程，就是信息流的形成过程。目前，主要有以下几种信息流运作模式：直链式信息传递模式、直链式跨级信息传递模式、网状信息传递模式和集成式信息流运作模式。

1. 直链式信息传递模式

由于供应链是由供应商、制造商、分销商、零售商和最终顾客组成，这种链状物理结构使得信息交换主要发生在相邻的节点上，即信息呈直链式传递。直链式信息传递模式如图 2-4 所示。

图 2-4 直链式信息传递模式

信息在最终顾客、零售商、分销商、制造商、供应商间逐级双向传递，这种模式也是供应链信息流的原始运作模式。随着信息技术的飞速发展，供应链的管理手段、方式发生了巨大的变化，在这种情况下，直链式的信息流显现出巨大的局限性。

（1）信息延滞。各节点反应不同步，信息传递效率低。除了起始环节，其他环节要得到需求信息都必须经过至少一个环节的传递，信息流会发生延滞，从而导致整个供应链对市场变化反应迟钝。

（2）信息失真。信息传递的准确性受影响，出现“牛鞭效应”。

（3）非相邻节点间的信息沟通难以进行，整体协调性差；不能适应供应链的大型化、复杂化的要求。

另外，直链式的信息流架构降低了系统的灵活性，难以满足现代供应链对高度动态性的要求。

2. 直链式跨级信息传递模式

为了克服直链式信息传递模式可能导致的“牛鞭效应”，下游的零售商将原来不公开的 POS 系统单品管理数据提供给供应商、制造商和分销商，实现需求信息在供应链上的共享。供应链的信息运行模式也因此演变为直链式跨级信息传递模式，如图 2-5 所示。

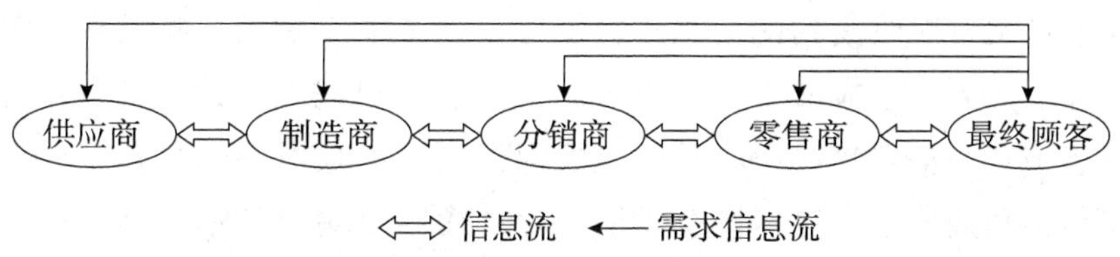

图 2-5 直链式跨级信息传递模式

这种跨越式的信息传递模式虽然从某种程度上减少了“牛鞭效应”的影响，但是它只改善了需求信息的传递，仍无法摆脱直链式信息传递模式的主要缺陷。

3. 网状信息传递模式

日益激烈的市场竞争要求供应链上每一个节点都具有灵活的反应性，为此，供应链上的节点不仅希望能够及时了解前后相邻节点的生产情况，还希望能够了解链中非相邻节点的生产情况。信息技术的快速发展，尤其是 Internet 的普及和基于 Internet 的电子商务技术的运用，使节点间可以方便地建立起信息通道。这时，供应链中的信息传递模式演变成一种网状信息传递模式，如图 2-6 所示。

该模式的特点是供应链上各环节对信息的流向及内容有决定权，能灵活掌握信息需求及信息传播的时间、地点和方式，基本上克服了直链模式的缺点，加强了供应链中各级企业之间的联系。但它也引发了新的问题：企业不能从整体上把握信息的流向及内容，每个节点要面对如此多的信息通道，信息处理成本明显增加。同时，信息交

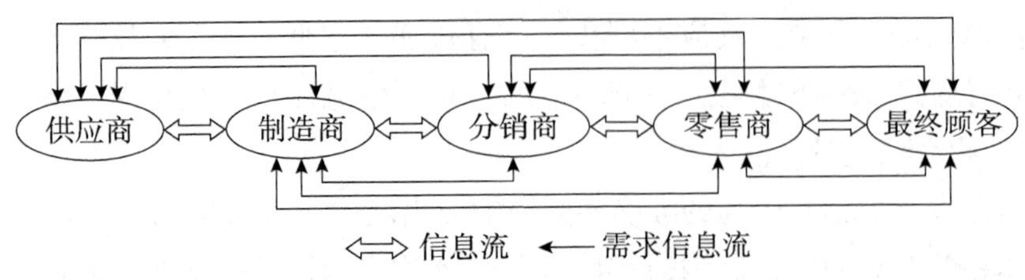

图 2-6　网状信息传递模式

流还是以两个节点为基本单位，整体协调性没有得到根本改善。另外，由于缺乏宏观调控能力，易导致信息流的混乱及无序，管理效率下降，甚至导致管理失控。

4. 集成式信息流运作模式

集成式信息流运作模式（见图 2-7）是一种与传统信息流模式完全不同的新模式。该模式提出建立一个独立于供应链之外的信息集成中心，其主要功能有：信息存储、信息处理、信息收集与发送。供应链中各节点的主要信息，包括需求信息、库存信息、生产计划、促销计划、需求预测和运输计划等，被收集于此，形成信息共享源。同时，信息集成中心还负责对收集到的信息进行加工，并把加工后的信息发送到需要这些信息的节点企业。此外，供应链中的所有节点与信息中心建立高速的信息通道，这个信息通道保证各节点与信息集成中心的信息实时互通，实现所有信息在整个供应链上实时共享。可以说集成式信息流运作模式是一种“瘦客户端”的信息处理模式（这里的客户指供应链上的节点企业），它把节点的大部分信息处理功能独立出来，由信息集成中心承担。

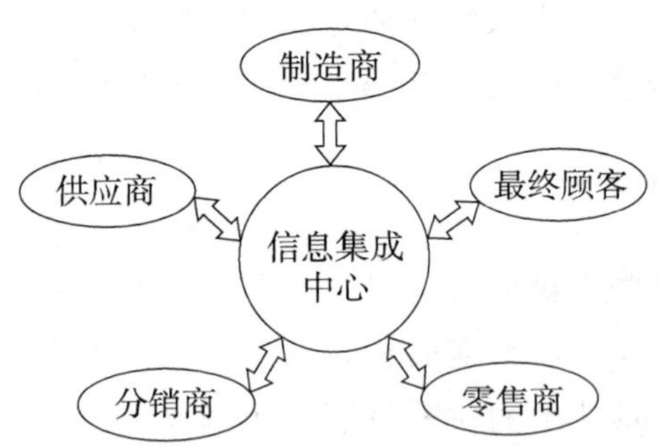

图 2-7　集成式信息流运作模式

集成式信息流运作模式的基本特点主要有以下几个方面。

（1）实现供应链上所有节点之间的信息实时共享。

（2）当供应链局部节点出现意外或外部市场需求发生变化时，信息的实时共享保证这种信息可被瞬间传送到整个供应链，使各节点能够及时调整生产和库存，并同步做出反应，提高了供应链的反应能力。

（3）信息集成中心为所有企业提供了一个信息交流的场所。该中心的建立可以使这些在物理上处于分散状态的节点企业，共同对某些问题进行探讨和决策。这样就使供应链由原先的分散决策的分散系统转变为一个集中决策的集中系统，从而大大提高了供应链的整体协调能力。

（4）信息集成中心是独立于供应链外的一个节点，它既不受供应链中某一具体节点企业的控制，也不受节点企业间利益冲突的影响，具有一定的独立性。这种独立性能保证信息的透明度和信息流运行的稳定性。

（5）新模式增强了供应链的开放性和伸缩性。因为面对外部市场消费者需求结构的变化，供应链要不断进行调整，这种调整主要是新企业的加入和原有企业的退出。而在新模式下，只要节点企业与信息集成中心建立信息通道即可实现与供应链的物理连接。

（6）新模式可以方便地实现信息外包。在新模式下，信息集成中心把原本由各节点承担的信息处理功能独立出来并将信息进行集中处理。这样只需将信息集成中心外包即可方便地实现供应链信息外包。

第三节　供应链信息共享

信息共享是实现供应链管理的基础。供应链的协调运行建立在各个节点企业高质量的信息传递与共享的基础之上。因此，信息共享作为维持合作伙伴间合作关系的重要途径，受到了供应链上企业的广泛关注。市场竞争日趋激烈，终端顾客对产品的个性化、多样化要求不断提高，使企业越来越注重协调供应链成员之间的关系，而信息共享是协调供应链网络的关键因素。

一、信息共享的内容

信息共享的内容分为以下七类。

1. 最终顾客的需求信息

传统供应链中只有零售商可以看到市场最终顾客的需求信息，并以此进行预测，而零售商和其上游及其他各级之间只是以订单的形式交流需求信息。毫无疑问，订单信息对于上游企业是很重要的，但是上游企业如果只依靠订单信息进行预测和安排生产，那么会产生严重的信息失真，导致“牛鞭效应”。所以，为了使供应链上游企业有效地应对波动的市场需求，共享最终顾客的需求信息是很有必要的。共享需求信息还有助于推动供应链中的所有企业更新技术或者改变战略。

2. 库存信息

在供应链管理中，各级的库存信息也是一类重要的信息。库存信息的共享对于供应链的各级成员都有很大的好处。对于供应链的下游企业而言，如果知道上游企业的库存信息，就相当于知道自己的订货在多大程度上能够被满足，从而可以调整自己的订货策略，例如，是否提前订货或者减少自己在上游企业的订货而寻找新的供应商，从而避免发生缺货的现象，提高服务水平。而且，如果上游企业共享了库存信息，下游企业可以根据提前期减少自己的安全库存，从而降低成本。

库存信息的共享对于供应链的上游企业来说同样是重要的。上游企业可以根据下游企业的库存水平调整自己的生产计划，并协调多个上游企业的供给问题，避免出现引发“牛鞭效应”的“短缺博弈”现象。此外，共享下游企业的库存信息、根据阶段库存进行决策能够提高整个供应链的绩效。

3. 订单状态信息

如果顾客（包括最终顾客和供应链下游企业）的需求在上一级企业处能够直接得到满足而没有提前期，他们一般不在乎供应链上究竟包括哪些企业。但是供应链中需求的满足会有一个不确定的提前期，所以顾客往往希望知道自己的订单究竟处于什么状态，以确保自己在合适的时间得到货物。但是因为他们只能够接触到零售商或分销商，所以消费者很难查明订单的状态。因此，为了更好地满足顾客及提供更多的服务，使订单状态透明是很有必要的。例如，供应链成员可以互相连接彼此的网页或者允许访问彼此的订单数据库。

4. 需求预测信息

需求预测信息包括需求预测的方法和预测结果的共享。需求预测信息的共享往往以销售信息的共享为前提。供应链成员中独立多方地进行需求预测是产生“牛鞭效应”及无效率现象的原因之一。许多企业为了降低供应链成本与上下游企业一起联合预测需求信息。一般地，越靠近市场的供应链成员越了解市场，做出的市场预测也就越准确。因此，零售商与供应链上游企业共享自己做出的需求预测是供应链中常见的一种信息共享形式。需求预测信息共享还可以推动整条供应链上所有企业的整体技术更新或战略转向。

在当今消费导向的时代，是顾客而不是产品主导企业的生产销售活动。因此，顾客是核心，是主要的市场驱动力。顾客的需求偏好是企业谋求竞争优势必须争夺的资源，供应链的中心逐渐由生产者向消费者倾斜。消费需求的变化是拉动技术更新和企业转向的决定性力量之一。有时，面对市场需求的变化需要供应链上所有企业的通力合作，每家企业都必须了解这种变化才能做出相应的调整。通过供应链成员共享需求预测信息，避免供应链上普遍存在的多层独立预测，可以有效缓和“牛鞭效应”，提高供应链的运作效率。

5. **生产信息**

生产信息包括生产能力信息和生产计划信息。在供应链中，下游企业需要依据上游供应商的生产决定自己的库存、生产和销售计划。同样，下游企业的生产又决定它对供应商的需求，从而影响供应商的库存、生产和销售计划。因此，生产信息的共享是供应链上各个企业的生产得以顺利进行、消除生产上的盲目性和无计划性、降低供应链成本的关键。企业的生产决定其对上游企业产品的需求，也影响对下游企业原材料的供应。供应链中任何一个环节的生产波动，必将影响同一供应链上的其他成员，所以上下游之间共享生产能力信息和生产计划信息，可以使彼此更好地调整自己的生产、送货或订货安排。

6. **促销信息**

零售商对于最终顾客的促销活动往往会使订单变得不稳定，而且还会使上游企业得到的需求信息失真。通过提前与供应链上游企业共享促销计划信息，供应链上游企业可以提前为即将到来的巨大的订单做准备。并且，共享促销计划信息可以避免供应链上游企业将因为促销而引起的巨大的订单解释为需求量的永久性上升。

7. **质量信息**

产品质量是决定市场竞争力的关键因素。上游企业的供货产品质量会直接影响下游企业的产品质量。供应链中各个企业应该使用兼容的质量体系和工具，而且无论哪个环节出现较大的质量波动，都应该及时通知上下游，以做好应对措施。并且，如果供应商与零售商准确无误地共享质量信息，零售商可以节省检验到达原材料质量的成本，这可以提高供应链的运作效率。

总之，在供应链中，共享上述信息是完全有可能的。例如，对于只存在一个核心企业的供应链，由于核心企业在供应链中占主导地位，对其他成员企业具有很强的辐射能力和吸引能力，并能够协调整个供应链的运作，其他合作伙伴对核心企业有很强的依赖性，核心企业能够从其合作伙伴处获得它所需要的信息。

二、供应链信息共享模式

按照信息共享内容的不同，可以将供应链信息共享模式分为以下五类。

1. 共享最终顾客需求信息——电子销售点和电子购物

典型的电子销售点指的是零售商或第三方物流公司将需求信息在全链上共享。这些需求信息成为供应链各节点企业预测的重要依据，但发货时还是以下游的订货为依据。电子购物指的是制造商通过网络等方式直接接受消费者的订单，同时生产货物并把货物送到消费者手中的模式，如戴尔的销售模式。这种模式下只有顾客和制造商。电子购物不仅可以被视作一种信息共享的模式，也可以被认为是一种供应链结构的设置形式。

2. 共享最终顾客需求信息和库存信息——供应商管理库存

供应商管理库存指的是由供应商管理用户库存，是连续补货的方式之一。所谓连续补货，是供应商与零售商建立合作伙伴关系，二者共享零售商的库存数据、需求信息及目前的存货水准，供应商根据这些数据和信息及预先制定的存货水准对零售商进行补货的过程。在连续补货的环境下，供应商不再是被动地执行零售商的订单，而是主动为零售商补货或提出建议性的订单，以降低补货成本，提高供货速度和准确性，降低库存水平。

3. 共享最终顾客需求信息和需求预测信息——协同预测模式

协同预测模式指的是供应链上的成员一方面共享需求信息，另一方面共享需求预测信息。这就使得订单在整条供应链上变得透明化，并且有利于供应链上的成员设置生产计划。在这种模式下，供应链的合作伙伴往往能够看到彼此的预测信息，并且协商出一个大家都同意的预测信息。

4. 共享需求预测信息和库存信息——协同计划模式

协同计划模式指的是供应链物流部门在周期时段内，根据历史及当前销售数据做出持续更新的需求预测，并据此确定投入产出、分包、库存、促销、价格、产品生命周期水平的内部整合过程。它通过与分销伙伴共享信息，制定共同对策加速渠道库存流转，压缩产品销售前置期的外部整合过程，通过协调生产、市场、财务的综合目标，充分满足需求，达到最佳库存流转速度，并最终实现企业利润最大化。该模式强调供应链成员有效共享需求预测信息和库存信息，同时共享这两种信息成为企业进行协同计划的前提。

5. 共享最终顾客需求信息、库存信息和需求预测信息——CPFR

CPFR（Collaborative Planning，Forecasting and Replenishment，协作计划、预测和补

货方法）可以定义为供应链伙伴共同协调计划以便减少供应和需求之间差异的一种业务处理模型，其目标在于将从制造商到最终顾客的所有参与者连成一条链。供应链伙伴之间同时共享了需求信息、库存信息和需求预测信息，这就使得他们能够参与供应链的所有活动。同时 CPFR 使用的流程和技术模式都是开放式的，不仅可以保证沟通流程的可靠性，还使产业间的合作更为柔性，并可以将这种模式拓展至供应链的所有流程。

三、信息共享的重要性

供应链通过链内节点企业之间的合作，实现物流、信息流、资金流在整个链条上的高效流动，发挥出强大的整体竞争优势。物流是供应链中最明显、最直观的流动，有人认为供应链管理就是物流管理的延伸和扩展。但进入信息社会以后，信息的价值已经赋予供应链新的意义和地位。在供应链中，一切物流、资金流都紧密地围绕信息流展开。只有在信息的指引下，物流和资金流才是有效的，才能实现效率更优、成本更低。如果供应链上信息不畅通，就会导致整个供应链处于瘫痪状态，供应链上的所有企业都不能得到及时有效的信息。供应商提供的产品不能满足生产商的需求，生产商不能生产出满足用户需求的产品，分销商和零售商没有办法取得满足销售的产品。最后，整条供应链将不得不崩溃，一切相关企业将会蒙受巨大的损失。因此，致力于信息共享才是提高供应链整体竞争力的关键。信息共享对于供应链管理具有如下意义。

1. 信息共享有助于促进有效预测

每一个企业都要做预测，并按对未来销售的预测向供应商订货。各企业预测的依据不同，因此结果会出现差异。信息共享使供应链上的企业可以进行合作预测，并且这种预测可以反复进行。所有参与者共同讨论未来市场的状况，通过合作得到意见一致的预测值。这意味着，供应链的所有组成部分共享信息，从而减少“牛鞭效应”。

2. 信息共享有助于供应链协调

一体化的供应链按目标业务有组织地连接合作伙伴企业，并与反映和控制整个物流的信息相协调。合作伙伴式的业务关系在所有供应链成员之间建立，促使供应链活动协调一致，实现供应链的共同目标。整个供应链通过目标一体化，将可预见的真正需求，以及供应、运输中的信息在供应链伙伴中共享，并以此信息协调所有供应链伙伴的活动。

3. 信息共享有助于实现聚合效应

供应链是动态联盟的一种形式，其理念之一就是为把握某一市场机遇，由一群具有不同能力的企业组成一个虚拟企业或动态联盟，对快速变化的市场需求做出敏捷的反应。由于该虚拟企业中的各个成员都将各自的精力置于自己的核心能力上，因此，由这样的一批优秀企业组成的虚拟企业更具优势和竞争力。

4. 信息共享有助于实现供应链的快速反应

信息共享可以使供应链上各合作伙伴进行协同工作。通过库存、采购、生产、销售等信息的查询和分析，企业能在最短的时间内准确掌握客户的需求，了解上下游企业的供货、存货和生产情况，从而缩短供货时间，提高产品质量，最大限度地降低采购成本、生产成本、库存成本、缺货成本等，同时提高客户的满意度，从而从容快速地应对顾客需求的变化。

5. 信息共享有助于降低供应链的运行风险

供应链中存在许多不确定性，如市场需求的突然变化、订货的延迟到达、客户订单的取消、生产中出现的故障等，这些都构成了供应链运行的风险。在信息共享的情况下，供应链上各企业可以及时沟通、互通有无，最大限度地降低各种风险带来的损失。

信息交换不再只停留于存在直接供需关系的相邻节点企业之间，信息实现了跨越式传递，整条供应链中的企业可以共享零售商的销售信息。这样，供应链成员便可借助共享销售数据分析销售趋势、顾客偏好和顾客分布，从而为顾客提供个性化、差异化的服务，最大限度地满足不同类型顾客的需求。

四、信息共享的价值

信息共享能为决策制定者提供精确与及时的信息以支持决策，但同时需要花费时间和精力、占用资源，给不同的参与人带来的收益也有差异。

信息共享的价值通常被定义为信息共享前与共享后的利润增量或成本差量，在对信息共享的价值研究早期，一个普遍、直观的观点是：信息共享能获得真实的成本节约，给买卖双方带来若干利益，并提高整体的供应链绩效。

具体来讲，信息共享会对供应链成员带来以下好处。

（1）有利于企业实现供应与需求的有机衔接，提高快速反应能力。实施供应链信息管理可以避免信息失真、提高顾客信息反馈效率，使供求有机衔接、协调一致，提高企业反应速度。

（2）有利于企业实现精准管理、降低成本、提高资源利用率。降低成本是企业经营的重要内容，是提高效益的重要手段。对于企业供应链来说，供应链的盈利就是从顾客那里赚取的收入与供应链的全部成本之间的差额，供应链的成本越低，就意味着企业的获利空间越大。供应链管理就是要不断降低成本，提高效率，也就是说，供应链管理就是要不断提高资源利用率。

（3）有利于企业提高管理水平。企业实施供应链管理，信息共享是关键环节，通过信息共享，企业能高效地进行业务流程重组，精准地采用先进的技术和科学的管理方法，进而提高企业的现代化管理水平。

（4）有利于企业加快资金周转。实施供应链管理的企业比一般企业的资金周转时间缩短 40%~60%，而资金周转时间的缩短就意味着企业资金利用率的提高。

（5）有利于企业改进交付可靠性，缩短交付时间，提高服务质量。企业通过加强供应链管理，可以大幅缩短满足消费者需求的时间，从而获得竞争优势。

第四节　供应链信息协同

1965 年，伊戈尔·安索夫在《公司战略》一书中提到了协同的概念并将其描述为：对各独立组成部分进行战略整合而形成的企业群体的业务表现，即两个企业之间共生互长的关系，它是在资源共享的基础上产生的。1999 年，协同商务的概念被提出。被称为“产品协同商务推动者”的吉姆·赫普曼在同期进一步阐述了产品协同商务的内涵，强调利用互联网技术让不同个体、部门在产品全生命周期中协同开发、制造和管理产品，而多人、多部门相互配合完成同一目标，是协同工作的基本特征之一。

一、供应链协同的层面

供应链协同有三个层面。

（1）组织层面的协同。由合作—博弈转变为彼此在供应链中更加明确的分工和责任，即合作—整合。

（2）业务流程层面的协同。在供应链层次打破企业界限，围绕满足终端客户需求这一核心进行流程重组。

（3）信息层面的协同，即供应链信息协同。通过信息技术实现供应链伙伴成员间信息系统的协同，实现运营数据、市场数据的实时共享和交流，从而使伙伴间更快、更好地协同响应终端客户需求。

随着商品市场的国际化发展和竞争的日益加剧，形成了产品用户化和交付期多变的环境。企业原有的组织和流程已不能应对面临的挑战，为了加快反应速度，必须建立一个协作的制造和销售环境。在这种环境下，最关键的问题是能否找到一种办法支持设计、制造、采购、销售活动，使供应链中各个参与角色能协同工作。要达到这个目标，一个必要的条件就是信息共享，使有关业务流程自动连接。现在是信息协同时代，供应链信息协同既体现了企业管理的特点，也体现了信息技术发展的必然，还体现了企业内部人员、贯穿协作共同体的业务伙伴、客户之间的协作、电子化的业务交易过程。

二、供应网络信息协同

供应链中的供应网络信息协同旨在实现企业与上游供应商之间更紧密的合作关系，从而优化采购流程和提升采购决策的质量。供应网络信息协同包括供应商与供应商的信息协同，供应商与制造商的信息协同，物流服务供应商与制造商、零部件供应商的信息协同。在供应过程中，制造商作为核心企业会根据自身的生产计划制订物料需求计划和零部件采购计划，其中部分关键的专用零部件甚至需要制造商和上游零部件供应商协同研发设计，以满足最终产品的生产需要。在零部件采购供应的环节中，应加强供应商和制造商之间库存、采购、生产等信息的即时共享，物流服务供应商应对供应网络中的物流和信息流进行协调，以尽可能少的零部件库存高效地满足制造商的生产需要，提高供应链的敏捷性和协调性，提升供应链整个供应网络的运作绩效和关系绩效。

供应网络的信息协同非常重要，供应网络是核心制造企业有效控制库存、缩短生产周期、提高客户响应速度的关键，关系到整个供应链能否在动态市场竞争中取得有利地位。对制造商而言，其供应商尤其是关键供应商供应零部件的能力及生产周期等信息是否准确、及时，影响到制造商本身的库存决策和生产的有序进行。供应商与制造商之间的有效信息协同，可以使供应商的生产能力和节拍匹配制造商的生产需求，从而实现双赢。在汽车制造行业中，发动机供应商作为整车制造商的上游战略合作供应商，在整个汽车供应链中占有重要地位，发动机供应商与整车制造商之间的高效信息共享，可以理解为供应商与制造商之间的信息协同过程。除了发动机供应商，还需要底盘、车轮等多个部件的供应商，发动机供应商在响应下游整车制造商的供货要求的前提下，还可以与底盘供应商等多个同级供应商进行供应商之间的信息协同，从而实现对下游核心制造商的配合，合理安排生产，降低库存占用，避免缺货惩罚。

1. 供应商与供应商的信息协同

一般情况下，制造商对零部件的需求具有相关性，要实现供应链中的供应网络信息协同，还需要各个供应商彼此之间共享各自的产品设计信息和库存信息，相互协调以更好地满足下游制造商的零部件需求。通常供应商与供应商之间的信息协同体现在以下三个方面：共享下游制造商订单并与其他供应商联合处理分析制造订单需求，联合确定给下游制造商的供货批量；在为下游制造商研发新产品的零部件时，与其他供应商共享产品设计信息，由于供应商为下游制造商所提供的产品类型不同，可以在设计上充分沟通协调，提高最终产品性能；供应商可以相互共享生产计划信息，保证生产的协调性和均衡性。

2. 供应商与制造商的信息协同

原材料和零部件的供应是企业进行生产的首要条件之一，在供应链管理下，供应商与制造商之间也存在着信息协同的领域，供应商将库存水平、生产提前期、订单响应时间、生产作业标准等信息共享给制造商，制造商将生产计划大纲、采购信息、零部件产品设计要求、零部件需求计划等信息共享给供应商，进行实现供应商与下游制造商联合制订生产计划，原材料、零部件供应商与制造商紧密衔接，下游制造商能够获得更可靠的原材料、零部件产品供应。战略合作供应商可以通过与制造商的产品设计研发协作，实现规模效益的同时提升自身的生产研发能力。在供应商与制造商之间的信息协同过程中，可以定期测评双方的满意度，并将满意度评价及期望反馈给对方，不断改善和提升协同关系。例如，宝山钢铁股份有限公司（以下简称宝钢股份）和一汽海马汽车有限公司（以下简称一汽海马）合作已有十多年的历史，作为一汽海马整车生产的上游关键零部件供应商，宝钢股份利用自身汽车钢板产销研团队的优势，借助协同产品研发设计等先进理念，积极与一汽海马进行产品研发信息共享，针对一汽海马的零部件设计和质量要求，成功实现一汽海马汽车钢板国产化，宝钢股份所生产的汽车钢板成功替代进口材料，具备了整车供货能力。在采购方面，宝钢股份为一汽海马开通了敏捷供应链物流模块，使得一汽海马的库存控制在理想范围内，大大降低了采购成本和库存成本。目前，宝钢股份已经组建项目团队专门负责推进全品种、多领域的产品创新、技术同步，积极服务一汽海马的快速发展，通过快速的信息协同和敏捷的物流提升一汽海马的产品竞争力、市场占有率。

3. 物流服务供应商与制造商、零部件供应商的信息协同

零部件供应商和物流服务供应商之间也存在信息的沟通和交流，零部件供应商将生产提前期、响应时间、配套运输等信息共享给物流服务供应商，物流服务供应商定期将制造商的库存信息和多种零部件配套成组配送信息反馈给零部件供应商。

根据制造商共享的物料需求信息，物流服务供应商实现对制造商的配送、准时交货，及时响应制造商的需求，掌握配送过程中的相关信息，实现配送时间表和生产时间表的匹配。

物流服务供应商按照核心制造商的物流需求计划，采用准时配送的管理方式把零部件运送到生产制造地点，核心制造商对自身零部件的库存控制较为严格，甚至要求零库存，这对物流服务供应商的物流配送能力、信息处理能力要求极高。物流服务供应商必须对采购订单下达及跟踪、物料需求清单的维护、供应商管理、运输管理、货物的接收、仓储管理、发料及生产线的物料管理、整车的发运等环节都具备较强的物流和信息管理能力。

三、企业内部信息协同

随着企业规模的不断扩大，企业对内部各个部门之间的业务运作提出了更高的要求，这需要企业加强内部信息协同以实现企业运作效率、管理水平的提升。企业内部信息协同的目的在于以下两个方面：通过对信息结构和业务流程的统一、规范的集中式管理，实现企业内部部门机构甚至是跨地域分支机构的协同运作，提升运作效率，减少企业运营成本；高效配置企业信息资源，围绕企业生产、研发、采购、销售等企业运营重要环节开展信息的收集、处理和整合，为企业管理决策者提供准确、及时、有价值的参考信息，实现信息资源的高度整合。

企业内部成员间的交流互动可以促进企业内部信息、知识的流动和共享，企业内部不同成员间信息的协同交互可以为企业创造更大的价值。例如，企业的市场部、营销部必须与生产部、研发部进行信息协同，借此市场部和营销部可以了解最新的产品研发信息和生产信息，研发部和生产部可以了解最终用户的真正需求和市场需求的变化信息。在这个交互协同的过程中，企业能够更好地实现对客户需求的响应，企业将获得较好的市场绩效。

此外，企业内部可以建立企业信息库，实现信息在企业内部的有效共享和利用。管理制度、技术资料、市场销售情况、营销活动等信息可以整合到信息库中，并通过严格的权限管理和强大的搜索引擎，让拥有授权的人可以迅速地查询需要的信息。信息库内的信息必须确保信息的品质，保证信息内容的正确性、真实性、完整性，内容的表达应清晰、易于理解。

四、分销网络信息协同

分销网络信息协同的目的是更好地满足下游客户的需求，获得更多的客户价值。在核心企业下游的分销网络中，信息协同可以提高需求信息在供应链中的能见度和计划性。分销网络的协同运作建立在各成员之间高质量地信息传递和信息共享的基础上，因此，供应链分销网络中各节点企业共同协作，高质量地共享需求及生产信息，可以更有效地实现快速响应最终客户的需求。分销网络中物流服务供应商的存在是为了更好地服务下游的零售商及客户。供应链分销网络中的节点企业可以通过销售数据、库存水平等信息的共享来预测市场需求趋势、客户偏好，从而可以较为科学地控制供应链的库存水平及制造商的新产品开发策略等。

有很多国际知名企业从分销网络信息协同中获得成功，例如，宝洁公司定期会从分布在世界各地的配送中心获取宝洁公司各品牌商品的库存数据，从各零售门店获取宝洁公司各品牌商品的销售数据，为客户提供及时补货、降低库存占用率的服务，同时了解客户需求，对客户需求变化有准确直观的把握，以更好地响应市场需求，从而产品更有市场竞争优势。零售商与制造商之间的密切信息等共享可以实现共赢，制造商可以减少产品的市场需求预测和分析的成本，零售商可以降低自身的库存，减少资金占用。

1. 制造商与零售商的信息协同

制造商与零售商之间的信息协同可以有效降低供应链“牛鞭效应”的影响。供应链“牛鞭效应”产生的原因主要是制造商对最终客户的需求信息的预测不准确，客户需求和制造企业供应产品的类型和数量之间明显不协调，造成制造商库存占用成本过高，供应链敏捷性降低，客户满意度降低，也导致运输和配送的低效，最终导致供应链成本的增加。研究表明，零售商与制造商之间的高度信息共享可以降低供应链的不确定性，为制造商和零售商实现协同收益。下游需求信息及时共享给上游的制造商可以帮助制造商更准确地预测需求，降低库存占用成本，也可以预测到市场趋势，及时将新产品推向市场，获得较高的市场占有率和销售增长率。零售商可以将自身库存信息、零售终端销售数据、客户预测信息、客户偏好情况等信息及时共享给上游的核心制造商，并且要求制造商对信息进行保密。制造商可以有效地将批量订货折扣信息、产品质量保障信息等共享给零售商，实现制造商与零售商的信息协同。

2. 零售商与零售商的信息协同

零售商与零售商之间同样存在信息协同的空间，零售商之间共同进行市场分析，共享渠道设计和管理、产品品牌和形象、市场开拓计划、产品促销计划、市场预测信息、库存信息、客户服务信息等，可有效避免零售商与零售商之间的恶性价格竞争，共同提升产品品牌形象。例如，零售商之间共享库存信息，在某一家零售商缺货时，可以就近由另一家零售商将商品销售给客户，对客户需求做出快速反应。零售商共同为客户提供送货上门等增值体验服务，既可以塑造全方位为客户服务的服务理念，也可以塑造产品可靠性和可得性的品牌形象。

3. 物流服务供应商与制造商、零售商的信息协同

物流服务供应商为供应链分销网络提供物流服务，根据客户的订单需求信息及产品库存信息，为客户提供便捷的第三方物流服务，提高客户满意度。物流服务供应商通过与制造商和零售商之间高度准确、及时的信息共享，可以更加可靠和准确地履行服务承诺，保证产品准时、准确送达客户手中。同时，具有较好的响应性，物流服务供应商可以为零售商提供即时服务，帮助制造商处理零售商的紧急订单，并实现产品的及时配送，缩短订单处理周期。此外，物流服务供应商可以为其客户提供更加个性

化的服务，包括特殊的送货时间，特殊的包装、仓储和运输要求等，尽可能地满足客户的个性化要求，实现客户价值的最大化。在信息技术行业，HP（惠普）、IBM（国际商业机器公司）等制造商就要求其物流服务供应商配送中心仓库将其进出库及物流配送信息及时共享给分销商，减少分销商和制造商的库存占用，实现较高的订单准时交货率，提升供应链分销网络的服务水平与服务能力。

❖课后习题

1. 什么是供应链信息？供应链信息的种类有哪些？
2. 什么是供应链信息管理？
3. 供应链信息管理的模式有哪几种？
4. 供应链信息共享的内容有哪些？
5. 简述供应链信息共享的重要性。
6. 什么是供应链信息协同？
7. 供应网络信息协同的类型有哪些？

❖拓展阅读

上海可的便利店有限公司的供应链信息系统建设

上海可的便利店有限公司（以下简称可的公司）是农工商超市（集团）有限公司旗下的控股子公司，拥有集直营、委托和特许加盟三种经营模式为一体的专业便利店1200余家。在供应链信息化过程中，可的公司面临的问题包括：公司原来的计算机管理系统并没有实现门店与总部的联网，门店经理除了日常销售和常规管理，大量工作用于确定补货的品种和数量等，总部采购人员则忙于应付要货、补货、配送等事务，无法进行新品开发及商品和供应商信息的综合分析，没有精力思考如何控制门店的权限、是否增加门店“自我管理”的内容、如何实现门店的个性化经营。

为了解决以上难题，可的公司在信息化建设方面采取了以下措施。

（1）建立共用的信息平台。为了提高整个供应链的运作水平，可的公司建立了基于Web（万维网）的信息平台，此信息平台和可的公司的商业自动化管理系统（HD-POS）相连，各门店和总部发生的所有业务数据，包括订货数据、配送数据、验收数据、销售数据及周边数据都自动通过HDPOS系统回传到总部的供应链管理中心，通过统一处理后形成有价值的信息再反馈到各部门，对工作进行指导。

由于信息技术的支持，系统能够及时、高效地统计出门店在相应时间段内的销售、库存、进货及退货等情况；提前一个星期向供应商提供商品需求预测量，供应商将及时回复供货情况，提前预报缺货，并由此安排好排产计划，以此实现了供应商和可的公司的“双赢”。

（2）采用仓库管理系统，实现作业流程标准化、最优化。可的公司供应链管理中心通过自动化的仓库管理系统，减少了人工操作，提高了整个物流的速度和准确度。同时，运用信息技术优化了仓库内的物流作业，使其流程标准化，大大降低了运作成本。可的公司利用仓库管理系统，并在公司内部统一商品编码、统一进货渠道，当供货商将货物运到可的公司之后，就贴上唯一识别的标签，通过射频技术、数据通信技术、条码技术、扫描技术实现产品的入库，将采集的数据自动导入标准化数据库。

（3）实时监控物流业务，降低供应链成员的整体库存。通过各个连锁门店的终端销售系统，可的公司供应链管理中心可以对各连锁门店的信息系统进行控制，从而实现整个物流业务的统一管理。供应链管理中心的信息处理中心将各个物流节点的信息数据汇总，实现了统一订货，有效发挥了规模化效应，从整体上降低了供应链的运作成本。

（4）通过集中配送、逆向物流方式，大大降低营运成本。可的公司的物流中心有一个运输管理系统，分别与各店铺相连。它在得到门店的订货单并汇总后，物流计划很快便由运输管理系统根据第二天的收货、配送和生产任务定制完成。

（5）门店支持系统提升差异化竞争力。在门店支持系统提供的销售、库存数据和天气预测等信息的支持下，可的公司门店的选货质量越来越高。可的公司门店采用上下限自动配货，下限是安全库存数。当门店的库存低于下限时，系统就会按上限减去当下实际库存数量进行配货。便利门店用于库存的面积一般都很小，为了减少商品缺货损失及由此引起的对门店形象的影响，根据当天的实际销售情况，门店会每天多次发送配货请求。这些请求通过网络实时传送到可的公司供应链管理中心的仓库管理系统与计算机辅助拣货系统，中心可及时根据这些请求进行配货，然后配送到门店。

（6）电子商务平台的应用。通过电子商务平台（HDEC），可的公司实现了网上订货、网上对账和网上配送，并将信息提供给供应商，提高了可的公司外部供应链的运行效率及公司在供应商中的信誉。HDEC 成为几百家门店的内部信息交流平台，有效地解决了企业规模越来越大、门店数量越来越多后日益严峻的内部沟通和日常管理问题。同时，可的公司通过公司网站发布便利店的商品和服务信息、近期促销活动及预订服务，通过顾客反馈功能给客户管理信息系统提供数据支持。任何顾客或门店对商品或服务的投诉，都可及时反馈到可的公司物流的客服中心，并有专人给出答复和处理意见。高效快捷的客服系统大大提高了可的公司的服务品质，增进了可的公司与顾客的关系。

经过发展，可的公司信息系统的建设已初具规模，形成了一个强大的供应链系统。在整个集成系统中，HDPOS 系统的功能是管理商业运营活动，完成可的公司商品和资金流转的关键业务。HDEC 系统是可的公司与供应商交互的系统，在该平台上可以实现总部、各地公司、督导、门店、供应商的信息共享，各方均可通过 Internet 直接获取相关信息。HDEC 系统和 HDPOS 系统组成了完整的业务管理系统。HDHR 系统是人事管理系统，通过该系统实现了对分散在门店的 5000 余名员工和各级管理人员的管理。HDINTRA（企业内部综合管理）系统提供了员工交流和沟通的平台，规范和统一了公司内部的信息流动。

第三章　供应链信息管理技术

❖教学目标

1. 了解供应链信息管理中的基础信息技术。
2. 掌握供应链信息管理技术支撑体系。
3. 了解物联网体系架构。
4. 了解新兴信息技术对供应链信息管理的影响。

❖引导案例

沃尔玛的供应链革新与企业发展

沃尔玛自1962年成立以来，从一家小型杂货店迅速成长为世界零售业的巨头。这一转变与其在供应链管理方面的创新和改革密切相关。早在1982年，沃尔玛便着手研究采购销售时点系统，至1985年，公司已成功建立了与制造商之间的订单明细和付款通知的数据交换系统。该系统显著提升了订货的速度和准确性，同时降低了相关的业务成本，为沃尔玛在激烈的市场竞争中保持优势提供了有力支撑。

1. EDI系统与供应链效率

沃尔玛通过建立行业统一的EDI标准和商品识别标准，利用EDI系统向供应商实时传递销售点（POS）数据。这使得制造商能够及时了解商品销售情况，准确把握市场需求动态，进而灵活调整生产和采购计划。在物流环节，沃尔玛采用扫描机读取商品包装上的条码，与系统中的订货清单进行核对，确保收货的准确性。此外，沃尔玛运用电子资金转账（EFT）系统进行货款支付，进一步节约了事务性作业成本，压缩了库存水平，提高了商品周转率。

2. 供应链职能的转移与库存管理

沃尔玛的供应链管理创新还包括将进货和库存控制职能转移给供应商，通过一体化信息系统，使制造商能够实时分析和把握商品销售及库存动态，实现小批量连续补充库存。这种模式不仅减少了沃尔玛自身的库存需求，而且有效降低了整个供应链的库存水平。

3. 战略伙伴关系与供应链协同

沃尔玛与供应商之间建立了战略伙伴关系，通过集中型仓库、直接转运战略和数据共享等方式，优化了整个供应链的运作效率。这种协同效应不仅提升了供应链上各个企业的业绩，也使整个供应链在市场中获得了竞争优势。

4. 供应链间的竞争

21 世纪的企业竞争已不再局限于单一企业之间，供应链与供应链之间的竞争也变得日益激烈。在这种背景下，美国大型生产商 P&G 与美国第一大零售商沃尔玛结成战略联盟，共同探索新型的产销合作关系，推动供应链管理的发展，并取得了显著的业绩。

供应链管理（Supply Chain Management，SCM）是一种集成的管理思想和方法，它执行供应链中从供应商到最终用户的物流的计划和控制等职能。从单一的企业角度来看，供应链管理是指企业通过改善上下游供应链关系，整合和优化供应链中的信息流、物流、资金流，以获得企业的竞争优势，其目标是要将顾客所需的正确的产品（Right Product）能够在正确的时间（Right Time）按照正确的数量（Right Quantity）、正确的质量（Right Quality）和正确的状态（Right Status）送到正确的地点（Right Place），并使总成本达到最佳化。供应链上每时每刻都发生着商业交易，每一笔商业交易都伴随物流、资金流和信息流。供应链上的贸易伙伴都需要这些信息，以便对产品进行发送、跟踪、分拣、接收、储存、提取及包装等。

供应链中的信息流覆盖了从供应商、制造商到分销商，再到零售商等供应链中的所有环节。信息流分为需求信息流和供应信息流，这是两个不同流向的信息流。当需求信息（如客户订单、生产计划、采购合同等）从需方向供方流动时，便引发物流。同时，供应信息（如入库单、完工报告单、库存记录、可供销售量、提货发运单等）同物料一起沿着供应链从供方向需方流动。信息是供应链企业决策的重要依据，既是供应链流程运转和管理层做决策的基础，也是影响供应链效率的重要因素。能否有效管理供应链信息，将对协调供应链上下游企业、实现供应链协同、提升供应链效率产生重要影响。供应链上的硬件、软件、生产、人力资源等信息都可以被收集、分析和应用。信息技术在供应链信息管理中发挥着重要作用。

第一节　供应链信息管理中的基础信息技术

信息共享是实现供应链信息管理的基础。供应链的协调运行建立在各个节点企业高质量的信息传递和共享的基础之上，因此，有效的供应链管理离不开信息系统提供可靠的支持。信息技术的应用有效地推动了供应链信息管理的发展，能够节省时间和提高企业信息交换的准确性，减少复杂、重复工作中的人为错误，进而减少由于失误而导致的时间浪费和经济损失，提高供应链管理的运行效率。

信息技术在供应链信息管理中发挥着重要作用。信息技术是管理和处理信息所采用的各种技术的总称。供应链信息管理技术支撑体系包括两个层面，如图 3-1 所示。第一个层面由自动识别技术、射频识别技术、数据采集技术、电子数据交换技术、GIS（地理信息系统）技术、物联网技术等构成；第二个层面是基于信息技术而开发的支持企业生产的各类应用技术，如 POS、EOS（电子订货系统）、CAD（计算机辅助设计）、CAPP（计算机辅助工艺设计）、CAE（计算机辅助工程）、CAM（计算机辅助制造）、ERP（企业资源计划）、MRP Ⅱ（制造资源计划）、JIT、CRM（客户关系管理）等。

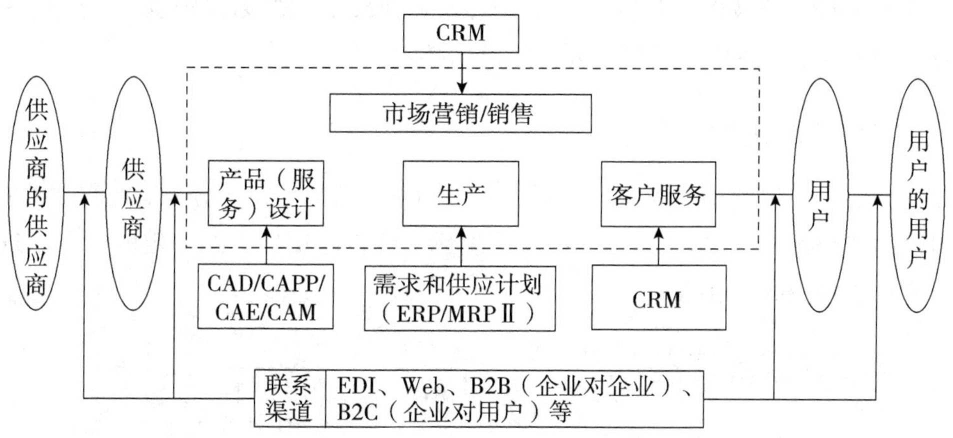

图 3-1　供应链信息管理技术支撑体系

供应链信息管理技术支撑体系的第二个层面在后面的章节有详细阐述，本章重点介绍第一个层面，即供应链信息管理中的基础信息技术。

一、数据采集技术

数据采集技术又称数据获取技术，是利用一种装置，从系统外部采集数据并输入系统内部的一种技术。数据采集技术广泛应用在各个领域，摄像头、麦克风等都是数据采集工具。数据采集技术如图 3-2 所示。

二、自动识别技术

物品信息的自动识别和跟踪是供应链信息管理的基础，是提供优质、高效的物流服务的基础。自动识别技术是信息数据自动识读、自动输入计算机的重要方法和手段，

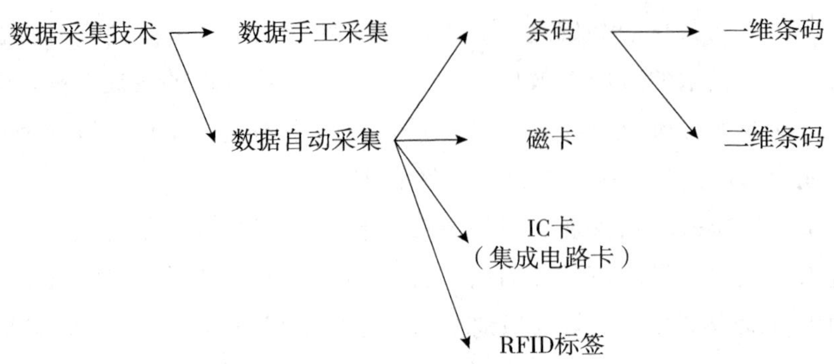

图 3-2　数据采集技术

它是以计算机技术和通信技术的发展为基础，集计算机、光、机电、通信、生物科学等多种技术与学科于一体的综合性高新技术。自动识别技术包括条码技术、磁条（卡）技术、光学字符识别技术、智能卡技术、语音识别技术、视觉识别技术、生物特征识别技术、图像识别技术等，此处主要介绍条码技术。

（一）条码技术的概念

条码是由一组规则排列的条（指对光线反射率较低的深色部分）、空（指对光线反射率较高的浅色部分），以及其对应的字符组成的标记，用以表示一定的信息。条码系统的工作原理如图 3-3 所示。

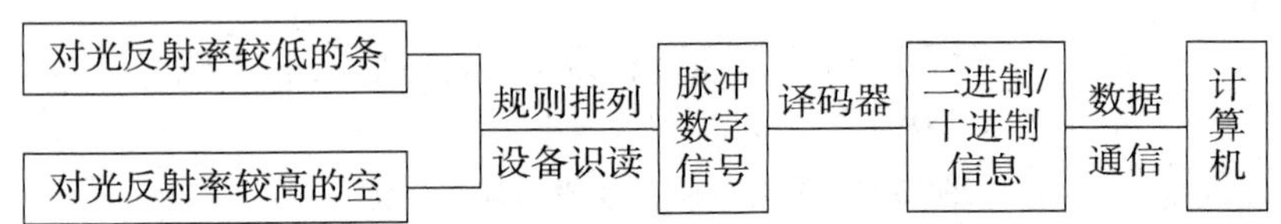

图 3-3　条码系统的工作原理

条码排列的形状反映出一定的字符内容，能够用特定的设备识读。根据排列规律，既可以把字符代码翻译成条码符号，也可以把条码符号翻译成字符代码。

条码技术为我们提供了一种对物流中的物品进行标识和描述的方法，借助 POS 系统、EDI 等现代技术手段，企业可以随时了解有关产品在供应链上的位置，并做出反应。条码是实现 POS 系统、EDI、电子商务、供应链管理的技术基础，是物流管理现代化、提高企业管理水平和竞争能力的重要技术手段。由于条码技术具有输入速度快、信息量大、准确度高、成本低、可靠性强等优点，发展十分迅速，已广泛应用于交通运输业、生产制造业、仓储业等生产及流通领域。它不仅在国际范围内为商品提供了一套完整的代码标识体系，而且为供应链管理的各个环节提供了一种通用的语言符号。

（二）条码在零售业中的应用

货物的条码是建立整个供应链的基本条件，它既是实现仓储自动化的第一步，也是 POS 快速、准确收集销售数据的手段。以零售业为例，公司主机的条码数据和商品价格定期（每天）更新，下载至店面微机。店面微机具有两个功能：第一，它管理前台 POS，包括通过扫描器收集数据的 POS 终端；第二，它管理后台 POS，包括分析销售数据、下电子订单、打印产品价格和条码标签。目前较先进的 POS 系统后台具有较强的功能，可以检验货物、进行存货控制、点数、管理账务与供应商。条码在零售业中的应用示意如图 3-4 所示。

图 3-4 条码在零售业中的应用示意

借助条码，POS 系统可以对商品实现从订购、送货、内部配送、销售、盘货等零售业环节的一元化管理，使商业的管理模式实现三个转变。

（1）从传统的依靠经验管理转变为依靠精确的数字统计分析管理。

（2）从事后管理（隔一段时间进行结算或盘点）转变为实时管理（在商店营业过程中可随时通过计算机对销售、库存情况进行查询）。

（3）从商品大类（或部门）管理［某商品大类（或部门）的销售总账］转变为单品管理（对每一个商品项目，如品种、规格、包装样式等细账的管理）。

由此，销售商可随时掌握商品销售情况，以调整进货计划，组织适销货源，从而减少脱销和滞销带来的损失，并可加快资金周转，有利于货架安排的合理化，提高销售额。

三、EDI 技术

（一）EDI 的概念

EDI 即电子数据交换，指通过电子方式，采用标准化的格式，利用计算机网络进行结构化数据的传输和交换，俗称“无纸化贸易”。EDI 不是用户之间简单的数据交换，EDI 用户需要按照国际通用的消息格式发送信息，接收方也需要按照国际统一规定的语法规则，对消息进行处理，并利用其他相关系统进行 EDI 综合处理。EDI 是计算机之间信息的电子传递，而且使用某种商定的标准来处理信息结构，整个过程自动完成，无须人工干预，减少了差错，提高了效率。

EDI 的一个主要目标是要以最少的人力介入，实现贸易循环，尤其是重复交换中的文件的自动处理，从而消除公司内部繁杂和昂贵的管理费用。EDI 是实现快速反应（QR）、高效客户反应（ECR）、高效补货（ER）等必不可少的技术。目前，几乎所有的供应链管理的运作方法都离不开 EDI 技术的支持。

构成 EDI 系统的要素是 EDI 软件和硬件、通信网络，以及数据标准化。实现 EDI 需要相应的硬件和软件，EDI 软件将用户数据库系统中的信息翻译成 EDI 的标准格式，以供传输和交换。通信网络是实现传输和交换的必要条件。同时 EDI 需要标准的数据格式。一个部门或企业若要实现 EDI，首先，必须有一套计算机数据处理系统。其次，本企业内部数据要转换为 EDI 标准格式。最后，通信环境的优劣也是关系到 EDI 成败的重要因素之一。EDI 的通信过程如图 3-5 所示。

（二）EDI 在供应链管理过程中的应用

EDI 是一种信息管理或处理的有效手段，它是对供应链上的信息流进行运作的有效方法。EDI 的目的是充分利用现有计算机及通信网络资源，提高贸易伙伴间通信的效益，降低成本。

国际物品编码协会（EAN）为了提高整个供应链的运作效率，已在 UN/EDIFACT 标准（联合国制定的电子数据交换标准）的基础上制定了流通领域 EDI 标准 EANCOM。EDI 报文是 EDI 传送的载体，它是对传统业务单证中数据的结构化和标准化。在供应链上，涉及的 EDI 报文有参与方信息报文、价格销售目录报文、报价请求报文、报价报文、订购单应答报文、发货通知报文、收货通知报文、发票报文、汇款通知报文等。

例如，一个企业 A 要让企业 B 知道它的基本信息，它往往会把一个参与方信息报文发往企业 B，以便企业 B 了解它。同样，企业 B 也可以将其企业信息发至企业 A。若企业 A 是供应商，企业 B 是客户，则企业 A 可通过价格销售目录报文，将其产品的有

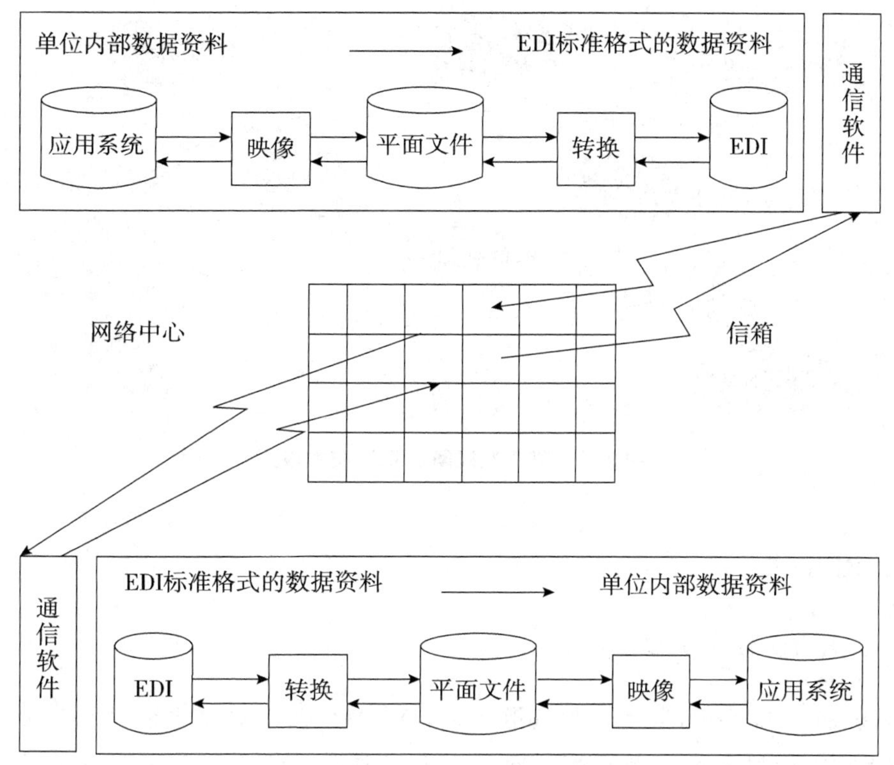

图 3-5 EDI 的通信过程

关信息发往企业 B；若企业 B 对企业 A 的某种产品感兴趣，想要了解企业 A 的产品价格与交货条款等相关信息，企业 B 可以向企业 A 发出一个报价请求报文，企业 A 以报价报文来回答企业 B；若企业 B 对企业 A 的产品的价格及交货条款等内容能够接受，企业 B 就可以向企业 A 发出一份订购单报文。企业 A 可用订购单应答报文对企业 B 的订购单报文进行答复；若答复是肯定的，企业 A 便立即开始备货，备齐货后就可以向企业 B 发货；为了预先通知企业 B 货物已发出，企业 A 可向企业 B 发出一份发货通知报文，企业 B 可以向企业 A 发出一份收货通知报文，以说明自己对货物的收受情况；当企业 A 接到收货通知报文后可以向企业 B 发出发票报文，申明对货物的支付要求，企业 B 收到发票报文并确认后，可发出一份汇款通知报文，以说明即将付款的通知，紧接着便是实际付款的发生。从这一例子可以看出 EDI 在整个交易过程中的应用情况。基于互联网的 EDI 技术应用如图 3-6 所示。

EDI 应用获益最大的是零售业、制造业和配送业。在这些行业的供应链上，EDI 技术的应用提高了传输发票、处理订单的效率。在零售业、制造业和配送业，EDI 主要应用于发票和订单处理，而这些业务代表了它们的核心业务活动（采购和销售）。EDI 在密切贸易伙伴关系建立方面有潜在的优势。

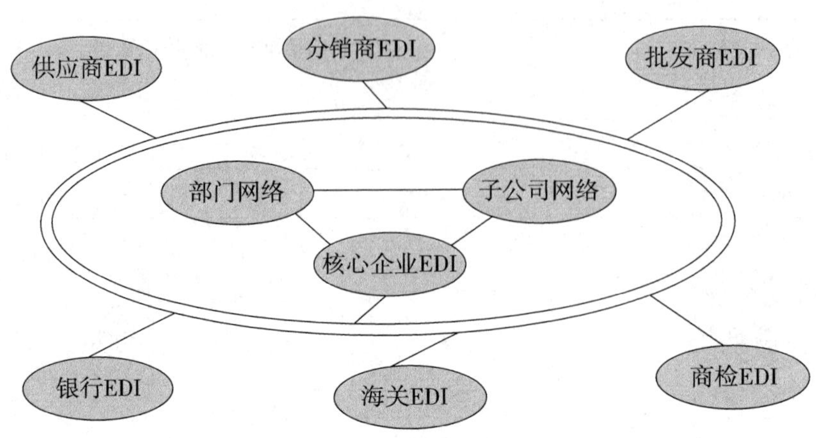

图 3-6 基于互联网的 EDI 技术应用

四、RFID 技术

（一）RFID 技术的概念

射频识别（Radio Frequency Identification，RFID）技术是近年来业界关注的热点。RFID 技术的应用最早可追溯到第二次世界大战时期，曾用于识别盟军飞机。目前，RFID 技术已应用于日常生活中，如非接触式就餐卡、车辆防盗系统、道路自动收费系统、门禁系统、身份识别系统等。特别是随着近几年零售和物流行业信息化的不断深入，这些行业越来越依赖于应用信息技术控制库存、改善供应链管理、降低成本、提高工作效率，这为 RFID 技术的应用和快速发展提供了极大的市场空间。RFID 技术除了能为这些行业节省成本、提高效率，它的推广还将带动一个巨大的市场，并将给人们日常生活的某些方面带来革命性的变化。

RFID 是一种非接触式的自动识别技术，它通过射频信号自动识别目标对象并获取相关数据信息。RFID 技术无须直接接触、无须光学可视、无须人工干预即可完成信息输入和处理，操作方便快捷，与传统识别方式相比更具优势。更具体地，RFID 自动识别的优势主要表现在如下几个方面。

1. 快速扫描

相比于条码技术，一次只能有一个条码受到扫描，RFID 阅读器可同时辨识读取数个 RFID 标签。

2. 体积小型化、形状多样化

RFID 标签在读取上并不受尺寸大小与形状限制，不需要为了确保读取精确度而配合纸张的固定尺寸和印刷品质。此外，RFID 标签可往小型化与多样化形态发展，以应用于不同产品。

3. 抗污染能力和耐久性

传统条码的载体是纸张，因此容易受到污染，但 RFID 对水、油和化学药品等物质具有很强的抵抗性。此外，由于条码附于塑料袋或外包装纸箱上，所以特别容易受到污损，而 RFID 卷标是将数据存在芯片中，因此可以免受污损。

4. 可重复使用

现在的条码印刷上去之后就无法更改，RFID 标签则可以重复地新增、修改、删除 RFID 卷标内储存的数据，方便信息的更新。

5. 穿透性和无屏障阅读

在被扫描场覆盖的情况下，RFID 阅读器能够穿透纸张、木材和塑料等非金属或非透明的材质，并能够进行穿透性通信。而条码扫描机必须在近距离而且没有物体阻挡的情况下，才可以辨读条码。

6. 数据的记忆容量大

一维条码的容量是 50 字节，二维条码最大的容量为 2000~3000 字节，RFID 最大的容量则有数兆字节。随着记忆载体的发展，数据容量也有不断扩大的趋势。未来物品所需携带的资料量会越来越大，对卷标所能扩充容量的需求也相应增加。

7. 安全性

由于 RFID 标签承载的是电子式信息，其数据内容可经由密码保护，其内容不易被伪造及变造。近年来，RFID 技术因其所具备的远距离读取、高储存量等特性而备受瞩目。它不仅可以帮助一个企业大幅提高货物信息管理的效率，还可以让销售企业和制造企业互联，从而更加准确地接收反馈信息，控制需求信息，优化整个供应链。

（二）RFID 系统的组成

RFID 系统因应用不同，其组成会有所不同，但基本由电子标签、阅读器、中间件和应用系统软件组成，如图 3-7 所示。

1. 电子标签

电子标签（RFID 标签）是由耦合元件、芯片及微型天线组成的，每个标签内部有

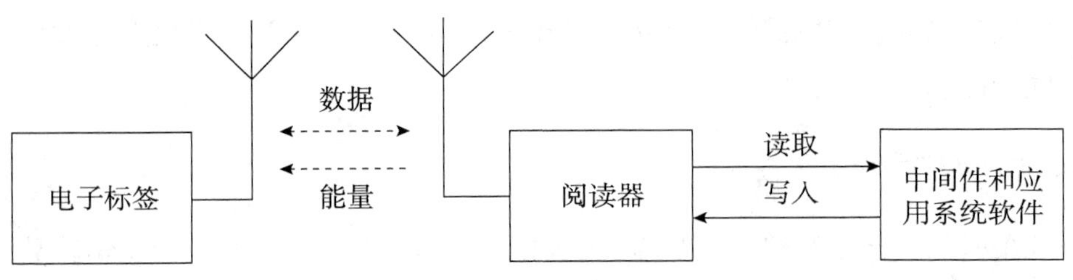

图 3-7 RFID 系统的组成

唯一的电子编码，附着在物体上，用来标识目标对象。标签进入阅读器扫描场以后，接收到阅读器发出的射频信号，凭借感应电流获得的能量发送出存储在芯片中的电子编码（被动式标签），或者主动发送某一频率的信号（主动式标签）。图 3-8 所示为不同外观的电子标签。

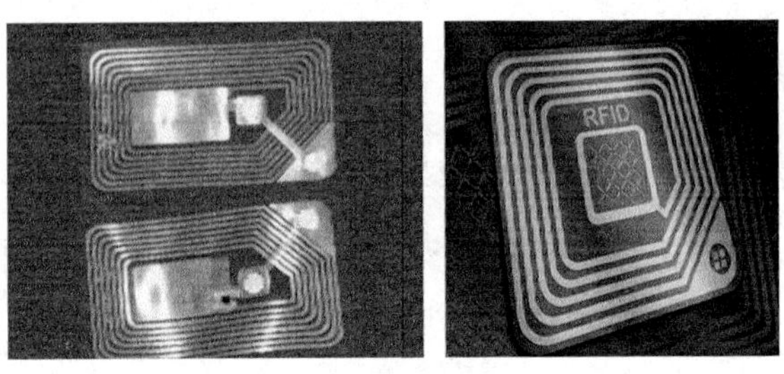

图 3-8 不同外观的电子标签

2. **阅读器**

阅读器又称读头、读写器等，在 RFID 系统中扮演着重要的角色。图 3-9 所示为不同外观的阅读器。阅读器主要负责与电子标签的双向通信，同时接收来自主机系统的控制指令，在和电子标签建立通信关系时，会涉及一系列任务，如通信的建立、防止碰撞和身份验证等。阅读器的频率决定了 RFID 系统工作的频段，射频识别的有效距离由其功率决定。根据使用的结构和技术不同，阅读器既可以是只读装置，也可以是读写装置，它是 RFID 系统的信息控制和处理中心。

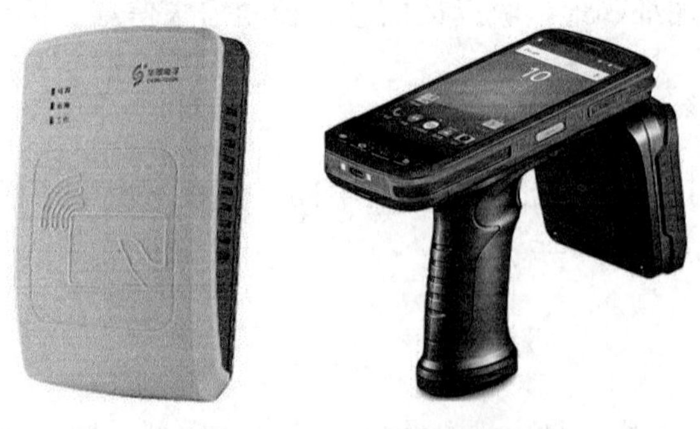

图 3-9 不同外观的阅读器

3. 中间件

中间件是一种独立的系统软件或服务程序，分布式应用软件借助中间件在不同的系统之间共享资源。中间件位于客户机、服务器的操作系统之上，管理计算资源和网络通信。

中间件是用来加工和处理来自阅读器的所有信息和事件流的软件，是连接阅读器和企业应用的纽带，使用中间件提供的一组通用应用程序接口，即能连到 RFID 阅读器，读取 RFID 标签数据。它要对标签数据进行过滤、分组和计数，以减少发往信息网络系统的数据量并防止错误识读或多读信息。中间件的功能有：读写标签数据、过滤和聚集数据、实现 RFID 数据的分层、保证数据安全。

4. 应用系统软件

对于某些简单的应用，一个阅读器就可以独立完成应用需要的功能。例如，校园食堂的阅读器可以实现对校园卡的验读和收费。但对于多阅读器构成的网络架构信息系统，应用系统软件是必不可少的。

应用系统软件可以根据不同行业的需求进行定制开发。应用系统软件可以对收集到的目标信息进行统计与处理，并且它可以集成到现有的电子商务平台和电子政务平台中，与 ERP、CRM 及 WMS（仓库管理系统）等系统结合以提高各行业的效率。

五、GIS 技术

地理信息系统（Geographical Information System，GIS），是 20 世纪 60 年代开始迅速发展起来的地理学研究新成果，是多种学科交叉的产物，它以地理空间数据为基础，采用地理模型分析方法，适时地提供多种空间的和动态的地理信息，是一种为地理研究和地理决策服务的计算机技术系统。

GIS 的基本功能是将表格型数据（来自数据库、电子表格文件或直接在程序中输入）转换为地理图形显示，然后对显示结果进行浏览、操作和分析。其显示范围可以从洲际地图到非常详细的街区地图，显示对象包括人口、销售情况、运输线路及其他内容。

GIS 应用于物流分析，主要是指利用 GIS 强大的地理数据功能完善物流分析技术。完整的 GIS 物流分析软件集成了车辆路线模型、网络物流模型、分配集合模型和设施定位模型等。

1. 车辆路线模型

车辆路线模型用于解决一个起始点、多个终点的货物运输中，如何降低物流作业费用，并保证服务质量的问题，包括决定使用多少辆车、每辆车的行驶路线等。

2. 网络物流模型

网络物流模型用于解决寻求最有效的分配货物路径问题，也就是物流网点布局问题。如将货物从 N 个仓库运往 M 个商店，每个商店都有固定的需求量，因此需要确定由哪个仓库提货送给哪个商店是运输代价最小的。

3. 分配集合模型

分配集合模型可以根据各个要素的相似点把同一层上的所有或部分要素分为几个组，用以解决确定服务范围和销售市场范围等问题。如某一公司要设立 X 个分销点，要求这些分销点要覆盖某一地区，而且要使每个分销点的顾客数目大致相等。

4. 设施定位模型

设施定位模型用于确定一个或多个设施的位置。在物流系统中，仓库和运输线共同组成了物流网络，仓库处于物流网络的节点上，节点决定着线路。如何根据供求的实际需要并结合经济效益等原则确定在既定区域内设立仓库的数量、每个仓库的位置、每个仓库的规模及各个仓库之间的物流关系等，运用此模型能很容易地解决这些问题。

六、物联网技术

近年来，物联网技术蓬勃发展。物联网的出现及其在全球范围内对每个物品跟踪监控的全新理念，将在根本上改变供应链流程和管理手段，物联网技术在物流和供应链管理领域的应用，将引发一场轰轰烈烈的供应链管理革命，并带来更好的用户体验和产生价值的新途径。

从系统结构的角度看，物联网体系架构可以分为三个层次：感知层（感知互动层）、网络层（网络传输层）和应用层（应用服务层），如图 3-10 所示。三层的关系可以理解为：感知层相当于人体的皮肤和五官，用来识别物体、采集信息；网络层相当于人体的神经系统，将信息传递到大脑，包括延伸网、接入网和核心网；应用层相当于大脑，将神经系统传递来的信息进行存储和处理，使人能从事各种复杂的事情。

1. 感知层

在物联网的三层架构中，感知层处于最底层，这也是物联网发展和应用的基础层，具有物联网全面感知的核心能力。作为物联网最为基本的一层，感知层具有十分重要的作用。物联网在传统网络的基础上，扩大通信的对象范围，即通信不局限于人与人之间的通信，还扩展到人与现实世界的各种物体之间的通信。物联网的感知层解决的

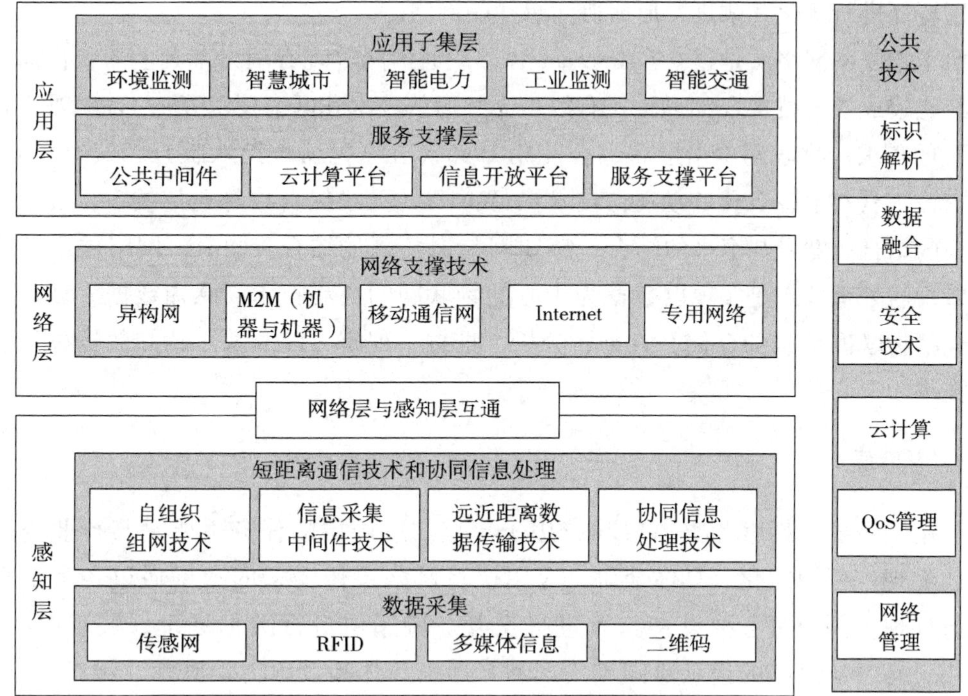

图 3-10 物联网体系架构示意

就是人类世界和物理世界的数据获取问题。

感知层由数据采集子层、短距离通信技术和协同信息处理子层组成。数据采集子层通过各种类型的传感器获取物理世界中发生的物理事件和数据信息。物联网的数据采集涉及传感网、RFID、多媒体信息采集和实时二维码定位等技术。短距离通信技术和协同信息处理子层将采集到的数据在局部范围内进行协同处理，以提高信息的精度，降低信息冗余度，并通过具有自组织能力的短距离传感网接入广域承载网络。感知层在关键技术、标准化和产业化方面亟待突破，其发展的关键在于具备更精确、更全面的感知能力，向着低功耗、小型化和低成本的方向发展。

2. 网络层

网络层在物联网三层架构中连接感知层和应用层，是在现有网络的基础上建立起来的，它与目前主流的移动通信网、国际互联网、企业内部网等网络一样，主要承担着数据传输的功能。

网络层将来自感知层的各类信息通过基础承载网络传输到应用层，基础承载网络包括移动通信网、互联网（Internet）、异构网、M2M、专用网络等。根据应用需求，既可作为透传的网络层，也可升级以满足未来不同内容传输的要求。网络层是物联网三层中标准化程度最高、产业化能力最强、最成熟的部分。目前发展的重点在于对物联网应用特征进行优化和改进，形成协同感知的网络。

由于物联网网络层是建立在 Internet 和移动通信网等现有网络基础上的，目前，除了已经比较成熟的技术（如远距离有线、无线通信技术和网络技术等），为实现“物物相连”的需求，物联网网络层将综合使用 IPv6（互联网协议第六版）、2G/3G/4G/5G（第二代/三代/四代/五代移动通信技术）、Wi-Fi（无线保真）等通信技术，实现有线与无线的结合、宽带与窄带的结合、感知网与通信网的结合。同时，网络层中的感知数据管理与处理技术是实现以数据为中心的物联网的核心技术。感知数据管理与处理技术包括物联网数据的存储、查询、分析、挖掘、理解，以及基于感知数据决策和行为的技术。

3. 应用层

应用层主要包括服务支撑层和应用子集层。应用层的任务主要是与行业需求相结合，实现广泛智能化。具体地讲，应用层将网络层传输来的数据通过各类信息系统进行处理，并通过各种设备与人进行交互。应用层进行数据处理，实现跨行业、跨应用、跨系统之间的信息协同、共享和互通。具体涉及电力、医疗、银行、交通、环保、物流、城市管理等，也可服务于政府、企业、社会组织、家庭、个人等，这正是物联网作为深度信息化网络的重要体现。应用层提供人机界面，物联网虽然是“物物相连的网”，但最终是要以人为本的，最终还是需要人的操作与控制，不过这里的人机界面已远远超出现有人与计算机交互的概念，泛指与应用程序相连的各种设备与人的反馈。

第二节　供应链信息管理技术架构

供应链信息管理包括收集信息、存储与管理信息、访问信息、数据挖掘等。根据信息技术体现价值的不同，大致可以将信息系统的架构分为四层，分别是感知互动层、网络传输层、数据管理层及应用服务层，每层都需要具有一定的安全体系和标准规范。信息系统的运作流程大致是：将感知互动层的数据经由网络传输层传输到数据管理层，利用大数据技术、云计算技术、人工智能技术、区块链技术等对数据进行存储、加密、分析等，然后将处理后的数据传输到应用服务层，利用嵌入式智能技术、信息平台等借助平台和接口呈现出具体的功能。

一、感知互动层

感知互动层主要利用 RFID、WSN（无线传感器网络）、GPS（全球定位系统）等技术收集产品信息、位置信息等，实现供应链数据的收集和整合。其中，RFID 技术是供应链管理领域主流的信息技术，被广泛用于业务过程的控制与追踪，能够自动记录产品从生产线到最终客户的流动，节省了货物验收、装运等环节的劳动力资源。WSN 是由大量传感器构成的传感网络，在供应链配送管理领域，它能够对货物的数据信息进行收集，对货物配送、物流车辆运行及仓储环境进行动态监测，降低物流配送风险。GPS 能为用户提供低成本、高精度的导航信息，在供应链配送管理中可以对配送车辆及货物的位置进行动态监测，提供配送路线优化、实时导航等服务，提高配送效率。

二、网络传输层

网络传输层主要利用 EDI、Wi-Fi、蓝牙、5G、M2M、云计算等信息技术实现数据通信和信息传输。其中在供应链生产制造中，利用 EDI 能充分理解并满足客户的需要，制订出合理的供应计划，达到降低库存、加快资金流动的目的。在配送流程中采用 EDI 能加快货物提取及周转速度，减缓仓储空间紧张的矛盾。5G 是第五代移动通信技术，主要优势在于较高的数据传输速度及较低的网络延迟，目前车联网与自动驾驶是 5G 应用的重要领域，5G 网络环境下，车载 AI 系统将帮助车辆在复杂的运输环境下实现自动化运输，打破视距感知限制，依托数据信息即时共享技术实现物流运输的全自动化。M2M 技术在配送流程领域具有广泛应用，可以实时跟踪物流配送设备、系统与人之间的状态，实现订单查询与管理、运输安排、交付系统控制等业务流程的自动化。

三、数据管理层

以大数据技术、云计算技术、区块链技术、人工智能技术、物联网技术为代表的新一代信息技术的发展与应用，使供应链数据管理的能力得到大幅提升，推动传统的供应链向智慧供应链转型。上文提及的传感器技术、RFID 技术等均是物联网应用的关键技术，通过信息传播媒介进行物与物、人与物之间的信息传递与控制，以实现智能化识别、定位、跟踪、监管、采集等功能。面对海量的信息，大数据、云计算技术得到广泛应用，在供应链需求预测中，利用大数据技术挖掘目标用户的购买、评论、社交、出行、搜索、浏览等数据，有助于企业对客户需求进行预测，从而优化库存，改善采购业务流程。而云计算技术的优势是具备超大的存储空间与超强的计算能力，可以支持目前较大体量的用户数据。人工智能是基于大数据深度学习使计算机模拟人的某些思维过程和智能行为，以华为技术有限公司（以下简称华为）的货物装车模拟仿真为例，借助智能运营中心平台将人过去对于运输装载方案的经验数字化并嵌入系统，可以自动对不同提货点的货物进行模拟，确定最优提货路径，提高了工作效率。区块链技术是近年来热门技术，通过区块链可以追溯物品的生产和运送过程，降低物流成本，提高供应链管理的效率。

四、应用服务层

应用服务层主要利用嵌入式智能技术、信息平台等借助平台和接口呈现出具体的功能。应用服务层的信息技术主要涉及企业内部网、物流信息平台、嵌入式智能技术等。企业内部网（Intranet）是互联网技术在企业内部的应用，企业可以通过此平台将采集的内外部信息进行整理、存储与共享，提高各流程的透明度与运作效率。物流信息平台包括封闭式物流信息平台与公共物流信息平台两种主要形态。封闭式物流信息平台依附于线下实体，为组织内或组织间提供封闭式的信息服务；公共物流信息平台具有较高的开放性，可以促进物流数据的自由流通，提供更加多样化的服务及更大范围的信息交互，可以提高物流企业的决策效率与质量。嵌入式智能技术是将计算机作为一个信息处理部件，嵌入应用系统的一种技术，它可以使系统具备更强的图像及语言处理能力，在供应链物流管理领域，可以使物流设备更加自动化、智能化，推动物流企业进行跨系统、跨平台的互联互通。

第三节　新兴信息技术在供应链管理中的应用

一、区块链

区块链技术是一种革命性的分布式账本技术，它通过构建一个去中心化的数据库系统，实现了数据的不可篡改性、全程留痕、可追溯性、公开透明性和集体维护性。这些特性共同促成了一种新型的信任模式，使全球范围内的企业能够在无须传统中介机构的情况下安全、透明地进行业务交互。

区块链的核心理念最早体现在中本聪设计的比特币系统中，比特币这一加密货币系统就是以该概念为基础设计的。区块链利用加密算法和工作量证明（Proof of Work，PoW）共识机制，实现了数据的去中心化和安全性。这种设计不仅为数字货币的交易提供了技术支撑，也为其他领域的信任机制搭建提供了可能。

区块链的技术架构通常包括五个主要部分：底层数据结构、分布式网络、共识机制、分布式账本和网络应用。在这一架构中，不存在中心服务器，每个节点都以对等的方式参与数据的验证和维护，共同构建了一个不可变更、不可伪造、不可撤销的数据库。数据以区块的形式存储，并利用时间戳确保区块链的时序性，从而形成可靠的分布式账本。

在供应链管理领域，区块链技术的应用案例日益增多，其核心价值体现在提升供应链的透明度、安全性和效率方面。例如，通过区块链技术，可以对商品从生产到交付的每个环节进行追踪和记录，确保商品的真实性和质量，同时减少假冒伪劣产品的流通。此外，区块链还能提高供应链金融的效率，通过智能合约实现自动化的支付和交易，降低交易成本并加快资金流转速度。以京东的区块链防伪追溯平台为例，该平台通过区块链技术实现了商品的全程可追溯性，消费者可以通过扫描产品上的二维码直接查看产品的信息，包括生产地、生产流程等，所有信息均不可篡改，从而增强了消费者对产品的信任。此外，区块链技术在大宗商品供应链协同平台“货兑宝”中的应用，通过电子仓单系统，实现了仓单的全生命周期管理，提高了大宗商品交易的透明度和安全性。

区块链技术给供应链运作带来了机遇，该技术对于供应链的价值可归纳为如下三个方面。一是信息共享，保证供应链中各业务流程的数据传输。区块链技术符合交易信息真实性的要求，通过分布式数据库协调促进各参与方的信息共享，如供应链的信息流、资金流和物流的共享，准确、及时地了解供应链中的订单或运输状态，从而使供应链上的利益相关者可以彼此协调目标和应对意外情况。二是信息追溯，激励供应链中各参与方的责任履行。区块链技术满足供应链对产品来源、质量等可追溯信息的需求，从时间的延展性上激励各参与方履行相应的责任，拓宽了企业履行社会责任的监督途径。三是信任建立，支持供应链网络的共识达成。区块链技术抓住供应链网络对不同信任程度的诉求，从共同的价值创造中实现各参与方利益共享，促进供应链网络各节点的可持续发展。图 3-11 所示为区块链赋能供应链管理的框架，从中可以看到，区块链从信息共享、信息追溯和信任建立三个方面为供应链管理赋能。

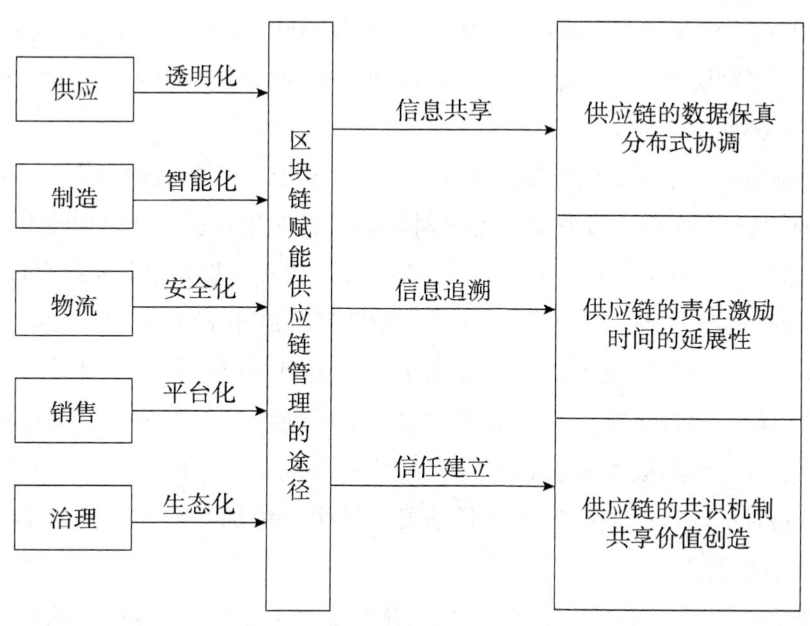

图 3-11　区块链赋能供应链管理的框架

区块链技术因其独特的优势，在供应链管理中的应用前景广阔。随着技术的不断发展和成熟，预计未来将有更多的行业和领域受益于区块链技术带来的变革。

二、物联网

近年来，为应对日益激烈的市场竞争，许多企业将实施供应链管理作为提升竞争力的主要手段。一些著名的企业在供应链管理实践中取得的巨大成就，也使人们更加坚信供应链管理是企业适应全球竞争的一种有效途径。

（一）物联网对供应链管理环节的影响

观察供应链管理有效实施所依靠的两大载体（计算机信息系统和物流配送中心）不难发现，每一次信息化产业浪潮的出现都能给供应链管理的发展带来契机。因此，物联网的出现也将为供应链管理过程中出现的一系列问题提供部分解决方案，并且为其在企业中的进一步有效应用带来机遇。物联网对供应链的影响具体表现在供应链管理的各个环节，供应链管理流程如图 3-12 所示。

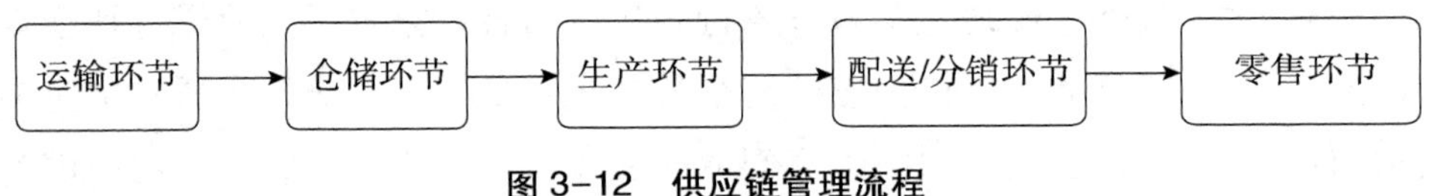

图 3-12　供应链管理流程

（1）供应链管理中的运输环节。在运输环节，通过给在途货物和车辆贴上 EPC（电子产品代码）标签，在运输线上的检查点安装 RFID 接收转发装置，供应商和经销商能实时了解货物所处的位置、状态及预计到达时间，还可以合理调度在途车辆，最大限度提高车辆利用率。

（2）供应链管理中的仓储环节。在仓储环节，基于 EPC 的实时盘点和智能货架技术可保证企业对其库存实现高效管理。通过对货物的智能化管理，还可以提高仓储空间的利用率，企业实时了解有关库存情况，从而降低库存成本，提高企业库存管理的准确性。

（3）供应链管理中的生产环节。在生产制造环节应用 EPC 技术，可以完成自动化生产线运作，在整个生产线上通过识别电子标签实现对原材料、零部件、半成品和成品的识别与跟踪，并且快速从品类繁多的库存中准确地找出工位所需的原材料和零部件，从而减少人工识别成本和出错率，提高效率和效益。除此之外，EPC 技术还能帮助管理人员及时根据生产进度发出补货信息，使生产更加柔性化，同时也加强了对产品质量的控制与追踪。

（4）供应链管理中的配送/分销环节。在配送/分销环节，通过更新贴在商品上的 EPC 标签信息，管理员可以通过计算机实施精确的库存控制，大大加快配送的速度，提高拣选与分发过程的效率与准确率，并能减少人工投入、降低配送成本。

（5）供应链管理中的零售环节。在零售环节，当贴有标签的货物移动时，货架自动识别并向系统报告这些货物的移动，并且智能货架会扫描货架上摆放的货物，若是存货数量降到偏低的水位，或是侦测到有人偷窃，就会通过计算机提醒店员注意。因此，物联网在零售环节的应用可以实现适时补货，有效跟踪库存，提高效率，减少出错，同时还能起到货物防盗的作用。而且智能秤能根据果蔬的表皮特征、外观形状、颜色、大小等自动识别水果和蔬菜的类别，并按该商品来计量、计价和打印小票；在商场出口处，读写器将整车带有 EPC 标签的货物一次性扫描，并能从顾客的结算卡上自动扣除相应的金额。这些操作无须人工参与，节约了大量人工成本，提高了效率，加快了结账流程，同时提高了顾客的满意度。另外，EPC 标签包含了极其丰富的产品信息，如生产日期、保质期、储存方法及与其不能共存的商品，可以最大限度地减少商品损耗。

（二）基于物联网的供应链可视化管理

关于供应链可视化的概念得到较多认可的说法为：通过特定手段实现对供应链管理中各级元素的实时信息收集，并能通过信息的变化准确为供应链管理做出反馈。在定义的描述中，特定手段所涉及的方式较多，如数字化、数据化、可视化等。可视化能暴露供应链各个环节决策支持管理系统的相关流程执行效果，并将结果以数据的形式保留在信息化系统中，通过设定不同的决策支持权限，有目的、分角度地提取、统计、分析这些数据，从而为企业供应链管理提供决策支持，供应链管理决策支持系统可视化目标如图 3-13 所示。

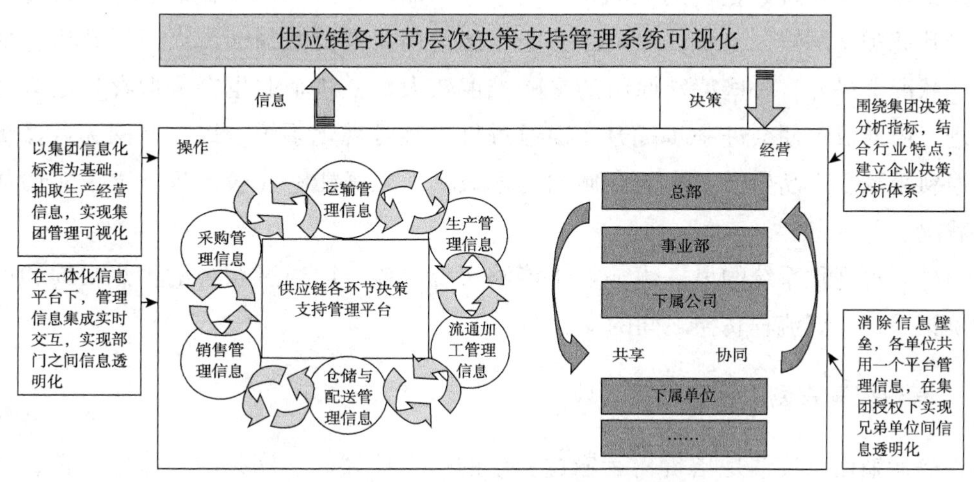

图 3-13　供应链管理决策支持系统可视化目标

将物联网技术应用到供应链系统中，可以对供应链中产品的流通进行合理优化，对资源进行合理配置，对流通过程进行实时监控，提高供应链的运行效率和透明度。因此，企业要想在未来的市场竞争中占有先机，必须重视发展物联网技术，利用现有的技术条件逐步实现物联网支持下的供应链系统。下面，我们具体介绍基于物联网的供应链可视化可解决的问题。

1. 产品追溯及防伪

产品追溯即能从产品的最终成品里查看该产品的原材料、产地、生产加工、包装、运输、销售等一系列信息，并在产品出现质量问题时，能够快速、准确查明问题所在，进行精准召回，控制进一步的危害并维护公司的信誉，从而有利于维持企业品牌的发展。

产品信息在每个环节都需要进行审核。首先，必须在获得生产许可前，从工商管理部门获得授权的 EPC 码范围；其次，每次使用该唯一标识码时，必须在产品售出后间隔一段时间，才能再次使用同一标识码。既然消费者能够通过产品唯一的 EPC 码获得在自身权限范围内的产品信息，加上产品 EPC 码的唯一性和严格授权，那么可以更加严格地控制产品的生产真实性，有效地打击假冒伪劣行为，规范和保持市场的正常运作。

2. 改善库存效率和防盗

在市场经济环境中，产品生产者的期望无法和市场反馈的结果保持完全一致。简单来说，当产品投入市场后，就会出现达到预期销量、滞销、脱销等多种情况。而达到预期销量也仅是接近企业的判断，从而保证产品库存成本的控制。不过，市场的变化却导致此类状况较少出现，即大部分企业都会存在因市场判断失误而导致库存成本提升的状况。另外，一些特殊原料的采购难度较大，一些企业也会采取存货的方式进行管理，由此成本便会进一步提升。而通过供应链可视化系统，以物联网为载体提升产品原料采购、产品生产、产品存储的沟通效率，无疑能够在较大程度上改善诸如此类的状况。

另外，可视化系统的另一优势在于能够实现防盗，即通过系统的信息反馈和产品的明确记录，保证流程转换之间的安全性。

3. 有效控制在途运输和发货管理

在途运输信息反馈是指货物运输过程中的信息反馈。在网络时代来临之前，掌握信息的主要方式是传统通信手段。但是，其沟通成本较高，并且实时性较弱。而采取物联网机制，在 GPS 的配合下，企业能够有效掌握货物的运输信息。

另外，在发货管理层面，为库存产品贴上 RFID 标签，当产品入库时，通过在叉车或者固定点放置的阅读器，可以快速准确地读取该区域的标签，并通过 EPC 系统获得上一个供应链合作方的产品信息；仓库系统在获得产品信息后自动进行登记，并根据产品的形状、性质进行货位安排并登记，然后将放置命令传达给叉车上的阅读器系统；入库完成时，对物品再进行一次移动阅读查验，查验的信息和入库单符合时将这一仓储信息存储于本公司的 EPCIS（电子产品代码信息服务）系统里，上一个供应链合作伙伴可以通过 EPC 码查询到他们发出的货物是否到达并入库到下一个接收商的仓库。出库后，只要对仓库系统下达出库指令，仓库系统将之前放置位置传达给叉车或者移动阅读器，移动阅读器到达该处位置进行产品查验，查验结果跟提货单一致则开始提货，当货物通过布置有阅读器的特定出口，出口处的阅读器再同提货单核对一致后放行，如不符则发出警报。同样，出库后，根据这一系统，下一个合作商可以通过接收清单查询这批货物的所在位置。如此，通过使用该系统，接收货物更加准确、快速，整个供应链上的合作方可以实时获得产品的所在位置和状态，并据此做出生产和销售等管理决策。

三、云计算

云计算作为一种创新的计算模式，为大数据提供了一个安全、灵活且具有弹性的计算环境。美国国家标准与技术研究院（NIST）定义云计算为一种通过互联网实现随时随地、按需访问共享计算资源池的服务模式。这种模式不仅促进了信息技术的普及，还为供应链管理带来了革命性的变化。

云计算的核心特点如下。

（1）弹性服务：用户可以根据需求动态调整资源，实现资源的最优配置。

（2）按需服务：基于用户的实际使用情况提供服务，避免了资源的浪费。

（3）服务计费：用户仅对所使用的服务支付费用，提高了成本效益。

（4）广泛接入：通过互联网，用户可以在全球任何地方访问服务。

云计算与大数据的结合，为用户提供了近乎无限的计算能力，形成了一系列服务的集合，实现了“互联网即服务”的理念。在智慧物流过程中，物联网、大数据和云计算各自扮演着不同的角色：物联网负责连接和感知物理世界、收集数据，是大数据的源头；大数据通过分析和挖掘数据，发现数据背后的价值；云计算负责存储、分配和处理海量数据，提供必要的计算能力。这三者之间的协同作用可以概括为：物联网技术获取数据、寻找价值；大数据技术对所获数据进行深入分析，发现潜在价值；云计算则通过算法和算力支持大数据的分析过程，帮助实现数据价值的转化。

物联云技术，即物联网与云计算的融合，为智慧供应链的构建提供了技术支撑体系。与传统供应链相比，基于物联云技术的供应链通过物联网和云计算的结合，实现了供应链各环节信息与资源的共享。这种共享机制使供应链各环节能够相互影响、相互制约，提高了供应链的协同效率。物联云平台能够存储和分析大量数据，进行科学的预测和准确的决策，实现全供应链效益的最大化和成本的最低化。图 3-14 展示了基于物联云技术的供应链管理结构模型，该模型体现了云计算在供应链管理中的整合作用和优化潜力。

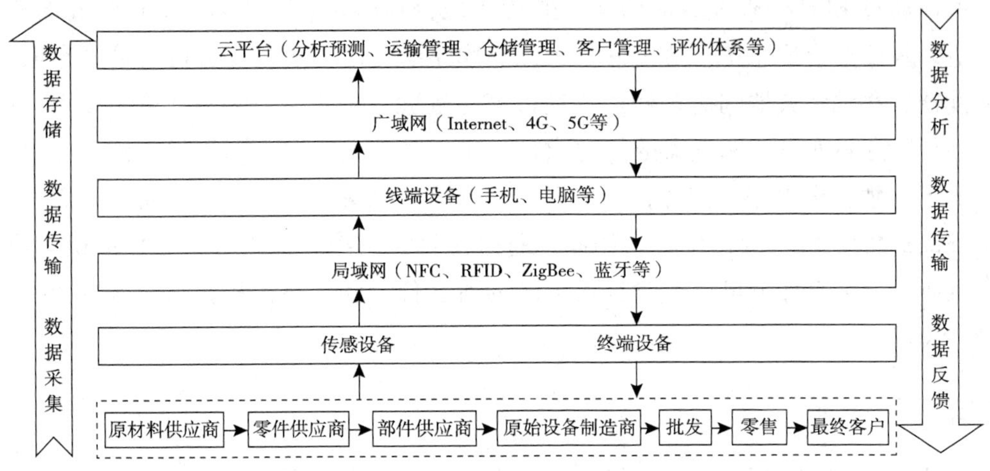

图 3-14　基于物联云技术的供应链管理结构模型

注：NFC 为近场通信，ZigBee 为蜂舞协议。

在应用云计算技术时，供应链管理者需要考虑以下关键因素。

（1）数据安全与隐私保护：确保云计算服务提供商遵守严格的数据保护标准。

（2）合规性：确保云计算解决方案符合行业规范和法律法规要求。

（3）系统集成：确保云计算服务能够与现有的供应链管理系统无缝集成。

（4）成本效益分析：评估云计算服务的成本效益，确保投资回报。

随着云计算技术的不断发展和成熟，其在供应链管理中的应用将越来越广泛，为构建更加智能、高效和可持续的供应链提供了强大的技术支持。

四、大数据

随着信息技术的飞速发展，特别是互联网、大数据和人工智能等技术的广泛应用，现代供应链管理已经发生了革命性的变化。这些技术的进步不仅提高了供应链的透明度和响应速度，而且为供应链的优化和创新提供了新的工具和方法。

大数据技术的核心价值在于其能够处理和分析海量数据，从而揭示隐藏的模式、趋势和关联性，这对于供应链管理尤为重要。在供应链管理中，大数据的应用可以带来以下几个方面的显著优势。

（1）商业增值：通过分析消费者行为、市场趋势和销售数据，企业能够更准确预测需求，优化库存管理，减少过剩或缺货的风险，从而实现成本节约和收入增加。

（2）生产过程改进：利用实时数据监控生产线，企业可以及时发现生产过程中的瓶颈和异常，快速响应并采取措施，提高生产效率和产品质量。

（3）产品质量提升：通过对产品使用数据的分析，企业可以更好地理解产品在实际应用中的表现，从而对产品设计和制造过程进行持续改进。

供应链的未来发展趋向于更加柔性化、智能化和可视化。特别是在面对类似新冠疫情这样的全球性挑战时，数字化供应链平台显示出其在保障防疫物资供应方面的关键作用。通过集成的信息系统，供应链管理者能够实时监控物资流动，优化资源分配，确保供应链的稳定性和弹性。

此外，大数据技术的应用有助于解决供应链中的“牛鞭效应”，这是一种需求信息在供应链中逐级放大的现象，通常由信息滞后和预测不准确引起。通过大数据分析，企业可以更准确地预测市场需求，减少需求波动对供应链的影响，推动供应链向更加精益化、共享化和智慧化的方向发展。

在具体应用层面，大数据技术在供应链管理中的应用场景非常广泛，涵盖了从传统制造业到现代电商，从国家基础设施建设到农业等多个领域。在供应链的各个环节，如成本控制、上下游协同、物流流程可视化、供应商选择策略及运输路径优化等方面，大数据都发挥着重要作用。具体有以下几个方面。

（1）供应链成本控制：通过分析历史数据和实时数据，企业可以识别成本节约的机会，优化采购和库存策略。

（2）供应链上下游协同：利用预测分析和机器学习，企业可以预测供应商和客户的行为，实现更智能的供应链协同。

（3）物流流程可视化：通过集成的信息系统，企业可以实时追踪货物流动，提高物流效率和客户满意度。

（4）供应商选择策略：基于数据分析，企业可以选择最佳的供应商，确保供应链的质量和成本效益。

（5）运输路径优化：利用优化算法，企业可以重新设计物流路径，减少运输成本和时间。

总之，大数据技术为供应链管理提供了前所未有的机遇，使供应链更加智能、灵活和高效。随着技术的不断进步，我们可以预见，大数据将在供应链管理中扮演越来越重要的角色。

五、人工智能

在供应链物流领域的应用中，人工智能技术作为一种至关重要的技术资源，显著提升了整个供应链的效率，并成为推动后续物流产业链转型的重要力量。人工智能技术的架构可以分为基础层、技术层和应用层三个部分（见图 3-15）。基础层主要包括软硬件设施和数据服务，其中软件设施通常涉及大数据、智能云平台等，而硬件设施则包括芯片与 GPU（图形处理单元）等关键组件。基础层的数据服务指的是通用数据与行业数据，考虑到供应链物流领域在其发展过程中已经累积了大量的数据，这些数据在信息化环境下的共享为基础层的建设和完善提供了条件。技术层涵盖了算法模型、基础框架和通用技术等要素，其中基础框架通常采用分布式计算和分布式存储这两种方式，这也是实现大数据技术应用的基本前提。算法模型包括强化学习、深度学习和机器学习等，特别是机器学习作为人工智能的一个关键技术手段，在智能手机、ETC（电子不停车收费）系统等领域有着广泛应用。通用技术则包括自然语言处理、计算机视觉等，在供应链物流领域中，这些技术水平较高并且已得到广泛应用。应用层包括应用平台和智能产品，提供虚拟个人助理、机器学习（应用）、推荐引擎、手势控制等功能。其中应用平台涵盖了各种类型的智能操作系统，如安卓系统、IOS 系统（苹果手机操作系统）等；而智能产品则主要包括无人驾驶、人脸识别等设备，这些基于人工智能技术研发的多样化设施与设备，在金融、产品零售、电商等多个领域均有广泛应用。

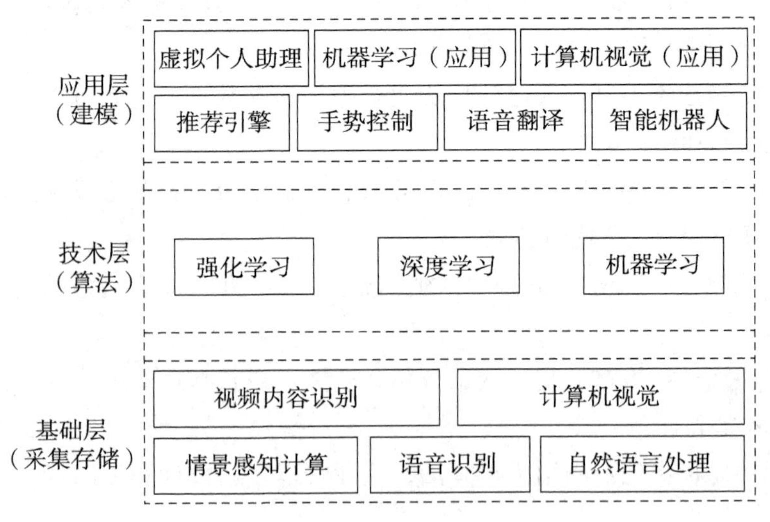

图 3-15　人工智能技术的架构

（一）智能化仓库管理

在智能化仓库管理领域，核心要素可以被归纳为两大部分：选址与库存管理。借助大数据技术，人工智能能够实现对这一领域的全面革新，通过整合机器视觉、自动规划等先进技术，推动仓库管理向智能化方向转型升级。

在物流领域内部，人工智能技术的应用对于仓库选址的科学性、库存管理的精准性、仓库作业的效率等都产生了显著的提升效果。这不但优化了企业选址管理、配送作业、数据分配等流程，而且在智能仓库选址方面，可以通过 GIS 软件处理地图和地理数据，综合考虑自然环境、运营经济性及其他相关因素进行决策。

可以利用人工智能技术，根据生产商和供应商的地理位置进行仓库建设规划，并结合运营成本、市场竞争状况及国家政策等因素进行深入分析。通过大数据提取分析，可以有效排除主观因素干扰，确保决策依据的客观性和真实性。

同时，结合市场融合发展的长期趋势，人工智能能够提供精确的分析结果，从而制定更为客观和真实的选址方案，旨在合理降低成本，提升企业竞争力。这种基于数据驱动的智能仓库管理方式，为企业带来了前所未有的效率和准确性，正成为行业发展的新标准。

在运输路线优化方面，人工智能技术通过其路径优化算法和调节算法，结合数据中心的实时反馈数据，实现模拟计算。这使得运输系统能够采用最优的动态规划策略，确保整个运输路径的科学性和合理性得到显著提升。以智能运输配送系统为例，美团外卖推出的智能配送系统利用本地数据库和智能数据分析平台，为配送人员规划高效的配送路径。该系统还在配送过程中提供了一个交流平台，促进了配送员与顾客之间的有效沟通，确保双方能够顺畅互动。通过对配送任务的完成情况进行分析，系统能够及时发现问题并针对出现的问题提供新的解决方案。

（二）智能决策

人工智能技术在供应链管理中的应用非常广泛，特别是在智能决策方面，发挥了举足轻重的作用。智能决策是指利用 AI 技术来分析供应链中大量的数据，从中获取洞见并做出决策的过程。具体来说，智能决策可以应用在以下几个方面。

首先，智能决策可以优化供应链的物流运营。AI 技术可以用于分析运输路线、配送点及库存需求量等信息，以帮助企业优化物流运营并减少成本。企业还可以根据外部因素和历史数据，利用 AI 技术进行预测，从而更好地制订物流计划，确保产品及时到达和准确配送。

其次，智能决策可以加强供应链的质量控制。企业可以利用 AI 技术进行数据分析以监测生产过程，检测出潜在的问题和风险，从而加强产品质量控制和监管。同时，企业还可以根据市场需求和客户反馈，利用 AI 技术来调整产品的生产规划，以更好地满足市场需求。

最后，智能决策可以提高企业的供应链可视化和控制能力。企业可以利用 AI 技术把供应链中各个环节的数据整合起来，呈现在一个可视化的平台上，从而全方位地掌握供应链的信息和运营状态。同时，企业也可以利用 AI 技术将数据分析和流程自动化，从而更好地控制和管理供应链中的各个环节。

❖课后习题

1. 简述 EDI 在供应链信息管理中的应用。
2. 结合物联网在供应链管理中的应用，简述物联网的特征。
3. 论述人工智能对供应链管理的影响。
4. 讨论区块链对供应链管理及供应链金融的影响。

❖拓展阅读

解码沃尔玛的供应链管理之道

美国零售业的发展史是一段充满变革与竞争的历史。在 20 世纪的大部分时间里，西尔斯公司以其创新的邮购模式和丰富的产品线，长期占据着零售市场的领导地位。然而，随着时间的推移，一家起初不起眼的小公司——沃尔玛，凭借其独特的商业模式和卓越的供应链管理方式，成功地颠覆了市场格局。

一、沃尔玛的崛起

沃尔玛的崛起并非一蹴而就。自 1962 年成立以来，沃尔玛通过不断地扩张和创新，逐渐在零售市场中占据了一席之地。1990 年，沃尔玛以 326 亿美元的销售额超越了西尔斯，成为全美最大的零售商。这一成就标志着沃尔玛在全球零售业中的领导地位，并在随后的几十年里，销售额持续增长和规模不断扩张，一万余家沃尔玛超市的门店覆盖全球 20 多个国家和地区，堪称零售界的“超级航母”。

二、供应链管理的创新

沃尔玛的成功在很大程度上归功于其供应链管理的创新。以下是沃尔玛供应链管理的几个关键方面。

1. 高科技信息系统的应用

沃尔玛在信息系统方面的投资和应用是其成功的关键因素之一。早在 1987 年，沃尔玛就建立了规模巨大的民用卫星通信系统，这一系统不但覆盖了美国的广阔地域，而且在全球范围内实现了高效的信息交流和数据交换。沃尔玛的信息系统包括卫星通信系统、客户信息管理系统、配送中心管理系统、财务管理系统和人事管理系统等，这些系统的集成和应用，极大地提高了沃尔玛的运营效率和市场响应速度。

如此一来，得益于领先全球的信息系统，沃尔玛能够随时对分布在世界各地的分店和各个产业的供应商进行产品的信息交流及数据交换。具体而言，沃尔玛能够在一小时内，将全球一万多家门店里每种商品的库存量、上架量、销售量等全部核算一遍；

同时，只要在沃尔玛的卫星通信室里看上一两分钟，就可以了解全天的销售情况，查到当天信用卡入账的总金额，以及任何区域、任何商店、任何商品的销售数量。系统发现商品处于最低库存时，会向供应商发出采购提示，实现商品自动订购。通过这种高科技的运作，沃尔玛与供应商的关系有了进一步加强，同时大大提高了订单在采购过程中的计划性、市场预测的准确度、供应链的运转效率及存货的周转率。

当竞争对手们意识到信息化的重要性而开始发力时，沃尔玛早已在全球4000个零售店配备了包括卫星通信系统、客户信息管理系统、财务管理系统、人事管理系统等多种系统在内的一体化信息化系统。

2. 高效的物流配送系统

沃尔玛的物流配送系统是其供应链管理的另一大创新。沃尔玛通过建立以卫星技术为基础的数据交换系统，实现了配送中心、供应商、运输体系及各个门店之间的全面有效连接。

此外，沃尔玛的自有车队和司机，以及对全球定位系统的充分利用，进一步提高了物流的灵活性和运行效率。自 1978 年以来，沃尔玛始终秉持自有车队和司机的理念，而不是像许多大型零售企业那样将运输业务外包给专业的运输公司。如此带来的好处便是提高了物流的灵活性，持续为一线门店提供最好的物流配送服务，进而更好地促进商品在全球的销售。与此同时，沃尔玛还充分利用 GPS 技术，对车辆进行实时的全方位监控，可以精确锁定卡车及产品的位置，从而提高运行效率。

从补货与终端系统来看，得益于信息化的覆盖，沃尔玛能够做到在任何时间知晓每家店存货几何，正在运输途中的货物几何，留存于配送中心的货物几何等，这些数据可以使得物流配送中心对门店进行及时、准确的补货，并且还能基于以往数据预测未来市场走势。同时，在商品销售的任何环节，商品的经营状况都能被及时掌握，这就便于沃尔玛对门店库存商品的动态管理，使商品的存储量时刻保持在一个合理的水平，减少不必要的库存积压，节约成本。

3. 全息化的供应链管理

沃尔玛的供应链管理实现了全息化，即从商品的采购、存储、配送到销售的每一个环节，都能够通过信息化手段进行实时监控和管理。这种全息化的管理不仅提高了供应链的运转效率，而且通过数据分析和预测，优化了库存管理，减少了库存积压，节约了成本。沃尔玛的全息化供应链体系如图 3-16 所示。

三、结论

沃尔玛的供应链管理是其成功的关键。通过高科技信息系统的应用、高效的物流配送系统和全息化的供应链管理，沃尔玛不仅实现了对全球零售市场的领导，而且为全球零售业树立了一个高效的供应链管理典范。

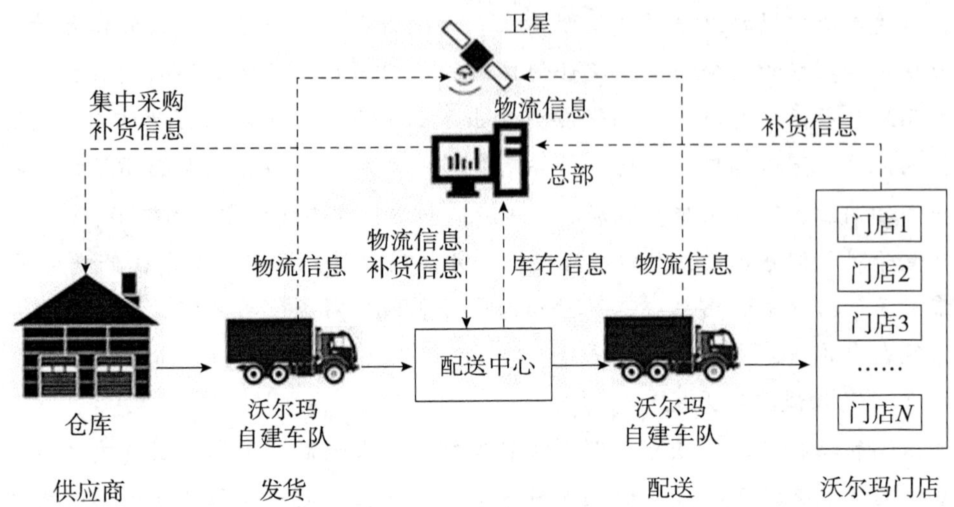

图 3-16　沃尔玛的全息化供应链体系

第四章　供应链信息管理系统

❖教学目标

1. 掌握供应链信息管理系统的概念及目标。
2. 了解供应链信息管理系统的各子系统概念及包含模块。
3. 掌握供应链信息管理系统的发展状况。
4. 了解供应链信息管理系统的两种设计方案，并对这两种方案进行对比。
5. 了解结构化系统分析与设计和面向对象系统分析与设计。
6. 了解供应链信息管理系统的实施步骤。

❖引导案例

汽车零部件作为汽车工业的基础，是支撑汽车工业持续健康发展的必要因素。过去几年间，我国的汽车零部件工业取得了巨大成就，综合竞争力增强，产业集群逐步成形。同时，各零部件生产企业也面临着激烈的竞争。C 公司是全球领先的商用汽车配套部件的主要供应商之一，C 公司主要面向亚太地区的商用汽车市场，专业提供内饰系统、结构件和零部件产品的设计开发与制造，并提供汽车配套部件的整体解决方案和服务。为应对日益激烈的竞争及快速发展的市场环境，C 公司开始实施成本优先采购战略。

基于行业背景，根据 SWOT 分析的优势、劣势、机遇、威胁四个方面来看，C 公司的内部环境主要具有以下几个方面的特征。在优势方面，C 公司优势明显，产品丰富，综合竞争实力强；在劣势方面，为了降低成本，物料的采购价格成为 C 公司选择供应商的主要依据。同时，在供应商的选择和评估过程中，不够重视供应商其他方面资质的审核，结果导致采购物料的质量风险升高，并进一步传导至 C 公司的生产及质量管理环节，C 公司质量管理成本的显著上升已经成为不争的事实，C 公司为了确保稳定的物料供给，其库存一直处于偏高的状态，这也增加了公司的运营成本，由此带来的劣势也给公司发展形成了较大的阻碍。另外，缺乏供应链系统的统筹和协调，无法有效地贯彻准时制战略。在机遇方面，C公司提出精益供应链管理，要求供应商按照准时制交付物料，这是一个良好的开端，也为公司供应链上各个节点的整体协作提供了基础，同时，与民营企业的频繁合作也使公司在开展供应链优化时具有较好的灵活性。在威胁方面，供应商多为民营企业，它们不同程度地存在管理不善、质量管理理念滞后、过程控制能力不足等情况。这些问题导致不良品率过高、质量管理成本显著偏高的问题。客户订单不稳定，频繁变更，这直接增加了C公司进行有效库存管理的难度。

从上述关于C公司供应链管理的分析结果来看，C公司物料采购的需求数据主要由公司的生产计划部门制定，这些关于常规生产计划的决策信息通常来自两个方面：一方面是企业的需求，即根据生产计划所产生的物料供给需求；另一方面是企业的已有资源，即现有的物料库存。通常来说，已有资源为已知量可以被掌握和控制，因此最关键的需求数量确定则成为制订物料采购计划的重中之重。但C公司在采购过程中出现了以下问题。

从组织结构的角度来看，C公司拥有两家生产工厂，均以独立运营的方式进行管理，即两家工厂完成不同的项目，各自有其采购部门，两家工厂的采购行为仅从各自的项目经理处进行询价申请，而相互之间则没有任何组织结构上的联系。这样的组织结构方式运行效率较高，但信息不做沟通导致部分物料的采购形成重复，并且出现类似的物料却购入价格悬殊的情况。在进行采购行为数据的收集和整理时，也出现了沟通不畅等问题。同时，在硬件设施的建设上，缺乏对统筹协调部门的关注，缺乏相应的信息交流平台和网络互联等基础设施，企业应该关注供应链相关信息共享系统的建设，完善信息交流平台建设，以实现供应链上的信息同步传输并及时反馈和补充。

从整个采购过程的协同情况来看，C公司对于物料的需求及采购计划均由采购部门的采购人员制订，基本上凭借经验进行控制。采购员通常会依据当季度或是当月生产部门所下达的计划粗略估算生产所需的理论物料数量，结合现有库存，基本确定各类物料所需的采购数量，在此基础上编制物料采购计划，进而进行采购。由于缺乏对供应链系统的整体化考虑，以及缺乏与供应链上其他环节之间的沟通与协同，采购部门通常会从自身利益出发，在一定程度上加大采购量以保证生产过程不缺料。这样的采购方式形成了过多的库存，并进一步导致了较高的产品成本和较低的产品利润。同时，在价格方面，由于采购部门与生产部门等缺乏及时的信息沟通，对于成本的关注也仅限于物料采购价格，缺少对质量问题的关注，因此无法保证采购价格与质量的最优平衡。

由此可见，C公司现行的采购过程协同程度很低，尚处于依赖主观经验、只顾单个部门绩效的传统采购模式阶段，这必然造成库存过多等问题，同时也由于缺乏与公司其他部门间的沟通而使产品的质量与价格比无法达到最优。因此，需要从多个方面进行供应链的协同，供应链协同必然需要供应链信息管理系统的支持，本章将对供应链信息管理系统的概念、目标、类型等内容做较为详细的阐述。

第一节　供应链信息管理系统概述

一、供应链信息管理系统的概念

（一）什么是供应链信息管理系统

要了解供应链信息管理系统，首先需要明确什么是供应链信息管理系统。供应链信息管理系统是围绕核心企业，主要通过信息手段，对供应链各个环节中的各种物料、资金、信息等资源进行计划、调度、调配、控制与利用，形成涉及用户、零售商、分销商、制造商、供应商的全部供应过程的功能整体。该系统是对供应、需求、采购、生产、库存、订单、分销发货等的管理，包括了从生产到发货、从供应商的供应商到顾客的每一个环节。供应链信息管理系统一般包括需求计划、生产计划、排序计划、分销计划、运输计划和企业或供应链分析等功能。该系统更多关注的是产品交付的过程，是对从原料采购周期、生产周期到售运周期的产品全过程管理。

供应链信息管理系统以相应的信息技术，将从原材料采购到销售给最终用户的全部企业活动集成在一个系统。基于协同供应链管理的思想，配合供应链中各实体的业务需求，使操作流程和信息系统紧密配合，做到各环节无缝连接，形成物流、信息流、单证流、商流和资金流“五流合一”的领先模式。实现整体供应链可视化、管理信息化、整体利益最大化、管理成本最小化，从而提高总体管理水平。

信息流和物流从供应商到制造商，再通过制造商的配送系统到达零售商。该系统将企业管理与外围企业管理有机地结合在一起，解决了因供应商分散不集中、产品品种太多、订单过于频繁等情况而导致的品牌运营商与供应商之间的沟通问题、数据传输不及时问题、数据安全性问题、数据完整性问题等，整合品牌运营商与上游资源，实现效率的极大提升。

（二）供应链系统发展的四个阶段

生产经营管理理念的更新、互联网和信息技术的进步、全球经济一体化的发展和客户的个性化和柔性需求等因素的刺激，促进了供应链持续不断地发展，为之服务的供应链系统也经历了四个发展阶段，如图 4-1 所示。

（1）20 世纪 60 年代：MRP（物料需求计划，Material Requirement Planning）。物料需求计划是被设计并用于制造业库存管理信息处理的系统，它解决了如何实现制造业库存管理目标——在正确的时间按正确的数量得到所需的物料这一难题。

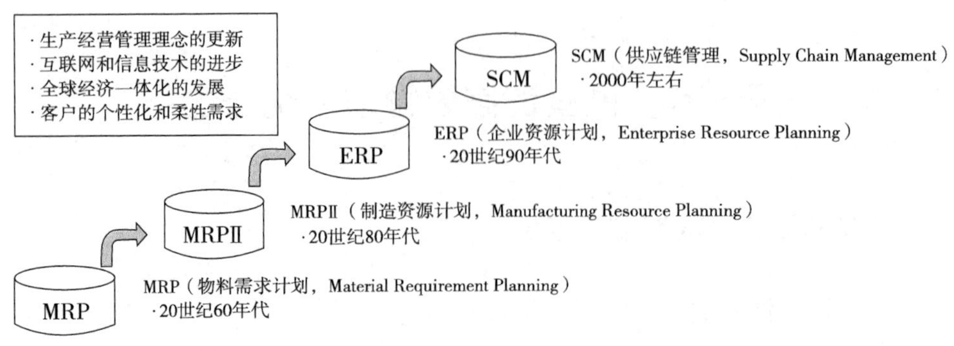

图 4-1　供应链系统发展的四个阶段

（2）20 世纪 80 年代：MRP Ⅱ（制造资源计划，Manufacturing Resource Planning）。制造资源计划是以生产计划为中心，把与物料管理有关的产、供、销、财各个环节的活动有机地联系起来，形成一个整体，进行协调，使它们在生产经营管理中发挥最大的作用。其最终的目标是使生产保持连续均衡，最大限度地降低库存与资金的消耗，减少浪费，提高经济效益。从 MRP 发展到 MRP Ⅱ，是对生产经营管理过程本质的认识不断深入的结果，体现了先进的计算机技术与管理思想的不断融合，因此 MRP 发展为 MRP Ⅱ是一个必然的过程。

（3）20 世纪 90 年代：ERP（企业资源计划，Enterprise Resource Planning）。企业资源计划是 20 世纪 90 年代美国一家 IT 公司根据当时计算机信息、信息技术发展及企业对供应链管理的需求，预测在今后信息时代企业管理信息系统的发展趋势和即将发生变革而提出的概念。ERP 是针对物资资源管理（物流）、人力资源管理（人流）、财务资源管理（资金流）、信息资源管理（信息流）集成一体化的企业管理系统。它包含客户/服务架构，使用图形用户接口，应用开放系统制作。除了已有的标准功能，它还包括其他功能，如品质、过程运作管理及调整报告等。ERP 是从 MRP Ⅱ发展而来的新一代集成化企业资源管理系统，它扩展了 MRP Ⅱ的功能。ERP 对 MRP Ⅱ的扩展朝三个方向延伸：横向的扩展——功能范围的增加，从供应链上游的供应商管理到下游的客户管理；纵向的扩展——从低层的数据处理（手工自动化）到高层管理决策支持（职能化管理）；行业的扩展——从传统的以制造业为主到面向所有的行业。总结来说，MRP→MRP Ⅱ→ERP 是一脉相承的发展过程，是对制造业的信息化管理不断深化的过程。ERP 的管理思想逐步推广至其他行业及行业的上下游供应链。

（4）2000 年左右：SCM（供应链管理，Supply Chain Management）。供应链管理源于制造企业内部的生产控制，随着供应链的逐渐成熟，供应链管理也逐步从制造业扩展到全行业，由企业内部管理扩展到企业的上下游。

供应链系统发展的四个阶段对比如表 4-1 所示。

表 4-1 供应链系统发展的四个阶段对比

	MRP 物料需求计划	MRPⅡ 制造资源计划	ERP 企业资源计划	SCM 供应链管理
提出时间	20 世纪 60 年代	20 世纪 80 年代	20 世纪 90 年代	2000 年左右
行业	制造业	制造业	全行业	全行业
系统参与方	企业内部	企业内部	企业内部	企业上下游
核心功能	内部管理系统，解决制造企业的库存管理问题，保证生产、采购和销售部门的供需平衡，按计划生产。MRP 通过主生产计划、物料清单、库存数据三者联动，实现对物料需求的科学计算与精准管控	以生产计划为中心，把与物料管理有关的生产、供应、销售、财务等各个环节的活动有机联系起来，进行协调，使它们在生产经营管理中发挥最大的作用。其最终的目标是使生产保持连续均衡，最大限度地降低库存与资金的消耗，减少浪费，提高经济效益	ERP 对 MRPⅡ的功能进行了扩展，重点在于企业内部功能的集成。（1）功能的增加：①除管理生产、销售、计划外，增加了与企业内部管理相关的功能；②增加了对上游供应商、下游客户的管理。（2）行业的扩展：从传统的制造业扩展到全行业	将 ERP 中的供需管理功能由企业内部管理延伸到上下游企业的协同管理，以核心企业为中心，借助信息技术优化供需链上下游各个环节，保证整体成本最低，弥补了 ERP 在供应链管理方面的不足

从供应链系统发展的四个阶段来看，我们发现企业的发展会经历供应链孤岛、内部供应环、内部供应链集成和扩展供应链四个阶段。当企业发展到内部供应链集成阶段时，如何实现企业内部各部门之间的信息充分共享？这个时候 ERP 系统就发挥了巨大作用，ERP 系统能够为全公司提供统一的商品、供应商等数据，各供应链相关部门（如采购、营销、仓储、物流、财务等）同时使用此系统完成供应链的相关作业，保证信息在公司各部门之间具有一致性。然而使用此 ERP 系统的不只是供应链相关部门，还有人力、质检、行政等职能部门，它们也有使用 ERP 系统的诉求，所以 ERP 系统除了包含供应链功能，还会包含企业内部管理需要用到的其他相关功能（如人事、资产、质量、项目等管理功能），但都以企业内部管理为主。

随着供应链的进一步发展，企业的供应链管理需要从内部向外部扩展，供应链的个性化需求也越来越多，导致 ERP 系统中提供的供应链管理功能已经无法完全满足业务需求了，加上互联网、条码等技术的发展，使连接变得更加简单，这便催生了 SCM 系统的发展。从功能上看，SCM 系统更加聚焦于供应链领域的需求，而不再考虑其他领域的需求，同时增加了一些 ERP 系统不具备的功能，如与供应链协同相关的功能、与运营相关的功能等。从边界方面看，SCM 系统从供应链内部管理扩展到企业上下游，提供了很多上下游环节协同的功能。一些技术实力比较雄厚的公司会将 SCM 系统拆解为一个个的子系统，如商品系统、采购管理系统、订单履约中心、库存系统等，用不同的子系统满足不同部门的供应链需求，以降低系统之间的耦合度。

（三）ERP 系统与 SCM 系统的关系

ERP 系统与 SCM 系统的关系如图 4-2 所示。

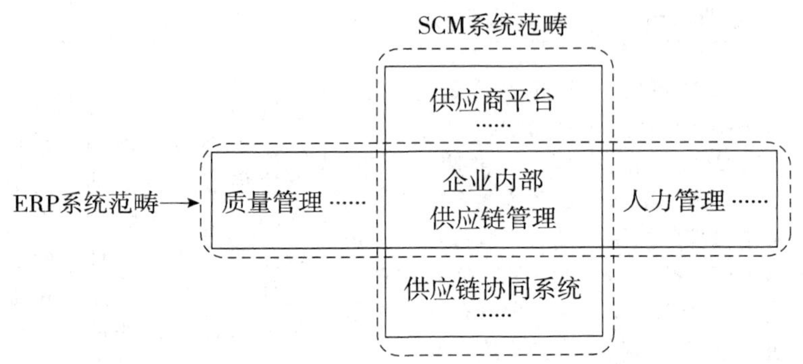

图 4-2 ERP 系统与 SCM 系统的关系

SCM 对应 ERP 的生产订单和库存管理模块，重点是确保产品能够如期按质保量进行交付。为了这个目标，从主生产计划出发，系统根据生产规则进行计算，实时更新需求数据，保证生产平稳。需求计划主要是利用统计工具、因果要素和层次分析等手段进行更为精确的预测；分销计划可以有助于销售体系确保产品可订货、可盈利、能力可用；运输计划可以帮助确定将产品送达客户的最佳途径；供应链分析则确保企业生产的原料需求以合理成本得到满足。

SCM 与 ERP 系统的目的不同、所涉及的领域和对象不同、业务性质不同、过程不同，需要的解决方案结构和系统实施方法也不同。尽管在实施 ERP 的过程中也要解决许多非常困难的问题，但是这些基本是企业内部的问题。而在实施 SCM 的过程中，除了相关企业内部问题需要解决，人们还会面临谁是供应链管理者、谁是供应链执行者、如何体现系统实施效果、谁是系统实际受益者、系统相关费用该谁负担及如何分担等一系列问题。总结来看，ERP 系统的主要目的在于解决特定企业的内部管理需求，而 SCM 系统需要解决的是与特定生产供应和销售流通领域相关的一群企业的共性及个性化需求，满足上下游企业之间、物流服务委托方和承包方之间的信息共享与交流需求。因此，SCM 系统需要多种不同系统的搭配和协同，与 ERP 系统相比复杂得多。

当然，不同的行业、不同的企业、不同的业务形态，对 ERP 系统和 SCM 系统的诉求是不同的，所以 ERP 系统和 SCM 系统并没有严格的执行标准，在做系统设计时，相关人员需要根据企业的实际情况“量体裁衣”。

二、供应链信息管理系统的目标、功能与优势

供应链信息管理系统的主要目标是将生产点同运送点（或者购买点）紧密地连接

起来。它使产品的信息路线与物理运动路线相一致，这样才能够在真实数据的基础上计划、跟踪及预测提前期，若有一方想知道产品的行踪，那么它可以随时访问这一信息。

供应链信息管理系统的主要功能如下。

（1）帮助连接企业供应链的各个环节，建立标准化的操作流程。

（2）各个管理模块可供相关业务对象独立操作，同时又通过第四方物流供应链平台整合，联通各个管理模块和供应链环节。

（3）缩短订单处理时间，提高订单处理效率和订单满足率，降低库存水平，提高库存周转率，减少资金积压。

（4）实现协同化、一体化的供应链管理。

供应链信息管理系统的优势如下。

（1）数据传输安全，保证随时掌握情况。系统将企业管理与外围企业管理有机地结合在一起，解决了各环节之间的沟通问题，实现效率的极大提升。

（2）信息沟通及时，生产、发货完美整合。品牌运营商通过供应链信息管理系统发布需求信息，从而使供应商能及时组织生产、发货等工作，能通过供应链信息管理系统知道货品从供应商到门店的整个物流过程。同时，供应商也能通过供应链信息管理系统了解自己生产的货品在门店的库存及销售情况，从而实现供应商与运营商之间的互动。

（3）缩短生产周期，降低企业运营成本。企业采用供应链信息管理系统可以缩短与供应商的业务洽谈时间、大幅降低采购成本。供应商也能通过系统了解自己产品的应用情况，做出合理的补货策略。

（4）促进愉快合作，建立良好的供应商关系。通过改善与供应商的业务处理流程，与供应商进行协同办公，进行密切的信息交换，加强了对例外事件管理的能力，加快了对例外事件响应的速度，能够与供应商建立稳固、长期的伙伴关系。

三、供应链信息管理系统的类型

（一）采购管理系统

在以自营为主的电商新零售企业中，采购是所有业务开展的基础，只有商品采购入库以后，才能为其他业务的开展提供坚实的基础。采购业务的开展离不开系统的支持，这便用到了采购管理系统。采购管理系统简称采购系统，英文既有写作 BIP（Buyer Integrated Platform）的，也有写作 BIW（Buyer Integrated Workstation）的，可能是每个公司对采购管理系统的定位有所差异，但整体上来看，该系统都是服务于采购部门的，让采购部门可以更便捷地实施采购。

1. 采购业务与采购管理系统

采购业务的开展离不开采购管理系统的支持，采购管理系统的建设同样离不开相关人员对采购业务的理解，我们有必要整体了解一下采购业务的核心流程，并基于采购流程框定采购管理系统的建设范围。

2. 采购业务的核心流程

采购业务通常由企业的采购部门承接，围绕商品的引进、采购、退货、调拨、供应商结算等开展。采购部门日常核心工作流程如下。

（1）供应商管理。供应商管理包含供应商的寻源、供应商评估、供应商的选择、供应商日常维系、供应商绩效管理等。

（2）采购询价及比价。在开始采购前，先向各供应商咨询商品报价、返利等，收集各方信息，综合比较采购价格。

（3）采购谈判与合同签订。筛选合适的供应商进行谈判，在长期合作的基础上，在保证服务和质量的前提下，获取最优的采购价格。

（4）采购维价。对采购商品的价格进行维护、管理，若为首次采购，或者当前采购价高于历史采购价，或者有返利价格，相关人员需在系统中对采购价格进行维护管理。

（5）供应商及商品引进。若首次合作，相关人员在收集供应商及商品的资料后，按照标准流程将资料录入系统，完成供应商及商品的建码流程。

（6）创建采购申请与采购订单。相关人员在采购之前提交采购申请，申请通过后，确定供应商、采购商品、数量、采购价格、接收仓库等信息，完成采购订单的创建，并与供应商确认采购明细，走完采购审批流程后，将采购订单传到仓库管理系统中。

（7）采购过程管理。采购过程管理包括从创建采购订单，到供应商回告、供应商预约送货、仓库收货入库、供应商结算的整体过程跟进。

（8）采购关单。入库完成的采购订单，或者长期悬挂未到货的采购订单，由采购人员或系统关单，完结当前采购订单。

（9）退供应商。按照与供应商的协定，将未售卖商品定期退还供应商，确定退供批次、数量，建单并下发仓库进行出库作业。

（10）仓间调拨。根据商品的动销与滞销情况，以及库存分布情况，对多个仓库之间的商品进行互调，使商品的利用率最大化。

（11）供应商结算。提交和跟进供应商付款申请，财务部门的相关人员将供应商提供的发票和仓库提供的入库单数据进行比对，比对无误后，与供应商进行结算；商品退供应商以后，相关人员跟进财务部门与供应商的结算过程。

3. 采购管理系统的建设目标及核心功能

采购的目标是在合适的时间，选择合适的供应商，以合适的价格，购买合适质量和合适数量的合适商品，并将其送到合适的地点。

采购管理系统的建设需要围绕着采购业务流程实施，保证相关人员能方便地找到合适的供应商和商品，高效且透明地走完采购流程。我们可以围绕以下几个目标来设计采购管理系统。

（1）采购成本最优。如何在众多的供应商提供的采购报价中获得最大利益，在保证服务和质量的同时，保证采购的成本最优？当然，成本最优并不是取最低价，而是建立在供应商服务水平、采购时效、商品质量等因素之上的性价比最高。

（2）供应商管理最优。除了追求最优的采购成本，相关企业还要对供应商进行管理评级，寻求最稳定、最可靠的供应商作为长期合作伙伴。供应商管理不要注重数量，而要注重服务质量。

（3）推荐最优的采购品项。在资金有限的前提下，做到将好钢用到刀刃上，保证所采购的商品都是必需的，采购商品的数量是最符合业务现状的，不能缺货，更不能滞销。

（4）采购效率最高。从采购活动开始到采购活动结束，流程要顺畅，信息要透明，通过系统操作和人工操作结合的方式，保证采购的时效性。

（二）中央库存系统

要管好库存，在业务层面，需要精益的流程和良好的运营模式，而在系统层面，则需要一套健全的库存系统。特别是在新零售多平台、多仓库、多门店、多系统、极其复杂的业务模式下，我们更加需要一套能统揽全局、集中管控的库存系统来管理和调度全局的库存，这便是中央库存系统（Central Inventory System，CIS）的价值所在。中央库存系统是将各地的仓库库存、门店库存进行集中监控、管理和调度，并为外围系统提供统一库存服务的系统，它是位于仓库管理系统和门店管理系统之上的库存集中管理系统。

有商品的地方就有库存，中央库存是一个统管分布在全国各地的仓库、门店中的商品的系统，它并不直接管理每个仓库和门店中的实物（因为实物由仓库管理系统和门店管理系统管理），却有着比实物库存管理更加重要的任务，中央库存之于仓库库存和门店库存，是中央调度与一线执行的关系，就像指挥中心和前线士兵一样，虽然打仗的是前线士兵，但前线的动向，都会通知指挥中心并由指挥中心集中调度前线士兵。

在新零售模式下，库存的管理往往是要跨多个仓库、多个站点的，并为多平台、多业务做库存共享，这就需要企业将全国的库存（包括自营库存和商家库存、仓库库存和门店库存）汇总到一起集中管理，根据业务规则重组分类（如分为可自提库存、可配送库存）为业务赋能，这是单个仓库管理系统、单个门店管理系统无法实现的，于是，便需要中央库存系统。

在新零售模式下，企业的仓库和门店遍布全国甚至全球，如果库存管理得很分散、不精准，经常出现客户付款下单以后，不能按时履约，或者超卖、缺货等情况，在当今以客户体验至上的互联网时代，这对企业来说是致命的打击。通过建设中央库存系统，企业对全国各仓库/门店的库存集中管理，有以下几点优势。

（1）各地库存实时同步，总部统一监控、统一调度，避免出现各地仓库/门店各自为政，一部分地区严重缺货，另一部分地区严重滞销的情况。

（2）总部可以根据总库存按需采购，灵活调度各仓库的库存，如此可以有效避免有些仓库的库存过高而产生积压，另外一些仓库的库存不足而出现缺货的现象。

（3）中央库存系统可以汇总全国库存并共享给多个销售平台，客户下单后，系统智能分仓、就近发货，在提升配送时效的同时降低物流成本。

（4）在某些商品需要串货、某些仓库/门店需要单独或者同时支持自提和配送业务，且需要线上、线下同步售卖的场景下，企业通过中央库存系统进行灵活调度，可以实现单个仓库和单个门店无法支持的业务模式。

（5）集中的库存管理能为财务核算、审计、数据汇总分析、采销等日常作业提供更加透明和有力的依据。

中央库存系统在电商新零售系统中起着承上启下的作用，对上为销售平台供应可销售库存，对下管理全国仓库和门店的库存，同时还为订单出库提供分仓和预占的功能，在订单分仓过程中，中央库存系统主要提供库存支撑，根据业务策略提供最优的分仓组合，并按照分配仓库进行预占库存，因此，其重要性是不言而喻的。

（三）仓库管理系统

仓储既是实物入库的第一环，也是实物出库的最后一环，更是信息流与物流结合的一项，仓库管理系统（Warehouse Management System，WMS）是电商新零售系统中的“粮仓”，为采购部门提供后勤保障，为销售部门履约“护航”，为门店提供“能量补给”，为财务部门提供“借贷凭证”。无论是生产、批发还是零售行业，仓库管理系统都是非常重要的系统。

1. 仓库管理演变历程

相信大家都见过各种各样的仓库，既有杂乱不堪的，也有整洁如新的；既有很传统落后的，也有全自动化的。当然，存在即合理，简陋的仓库，其投入成本比较低，相应的管理比较落后，效率和准确性都不高；自动化程度越高的仓库，对管理的要求越高，投入的成本自然会越高，相应地，会节省一定的人力，能够提升作业效率和准确率。

仓库管理的发展按照作业模式，大致可以分为四个阶段。

第一阶段：原始作业模式。没有系统支持，全靠相关人员凭记忆存取货物，或者通过自己家的纸质账簿进行记录。很多小店老板、传统作坊仍采用这种方式。

第二阶段：纸单作业模式。在这一阶段，仓库的商品、货位管理相对规范，有 WMS 或 ERP 系统做支持。所有系统操作都依赖纸单，作业之前相关人员在系统中打印纸单，根据纸单中的内容完成库内的操作，再完成系统中的相关操作。

第三阶段：无纸化作业模式。通过引入 PDA（个人数字助理）、电子标签、自动播种墙等自动化设备，实现信息实时交互，消除纸单操作带来的信息滞后性，节省了人力并提升了系统准确性，但各个环节仍需要人工操作。

第四阶段：无人化作业模式。通过机械手、穿梭车、分拣机、自动导引运输车等全自动化设备加上人工智能等技术手段，完全代替人力完成作业，彻底释放人力。

2. 仓库管理系统的架构及功能

仓库是供应链的粮仓，为业务开展提供支撑，所有关于实物的操作，最终都会落到仓库管理系统中，仓库管理系统的职责是管理仓库的相关数据，以及精准高效地处理库内的各类业务。

仓库管理系统的架构可以分为四层：最底层是支撑业务开展的基础数据和库存服务；中间层是基于基础数据和库存服务开展的与各类仓库相关的业务，以及支撑业务开展的各项业务策略；上层是辅助仓储业务开展的各类设备，由仓库管理系统进行设备的调度与指令传输；顶层是执行指令的各类硬件设备，由自动化设备控制系统驱动。

仓库管理系统的功能可以简化为“进销存”三个字，展开来说便是入库管理、出库管理和库内管理。在设计仓库管理系统的功能时，满足业务操作要求是最基本的，更高层次的功能是了解仓内作业的各种策略，这些策略是实现降本增效、精益化管理的关键。

如果仓库要增加自动化设备辅助作业，就需要用到自动化设备控制系统，仓库管理系统如同人的大脑，负责发送指令，自动化设备控制系统如同人的四肢，负责执行指令并驱动设备运转。

（四）订单履约系统

订单履约系统又称订单管理系统（Order Management System，OMS），在很多互联网公司中，会设立专门的订单履约中心（Order Fulfillment Center，OFC），主要用来承接销售平台下发的订单，并对订单进行调度，然后由仓库发货并配送。OMS 是对订单履约全流程进行管控的核心系统。

在新零售时代，往往多销售平台、多业务模式并行，供应链又存在多仓库、多门店，加上多个系统之间需要联动，多种形态组合到一起就形成了一个庞大的订单中心，需要兼容各类业务场景。而订单履约系统可以集中管理不同类型的订单，并为客户提供更好的履约服务。

1. 履约及供应链履约

履约，顾名思义，即履行约定，按照约定完成相关事宜，目前我们听得最多的是，如何在承诺时效内将商品送到客户手中，但这只是一种狭义的履约行为，即订单时效履约。更广义的履约应该是基于时间、空间、质量等多维度的，有承诺即有履约。在供应链中，履约就是以客户需求为出发点，在约定的时间、约定的地点，用约定的价格，以合适的方式将约定质量和数量的商品送到客户手中，是一种客户至上的服务理念。

在供应链层面，供应链履约体现在价格、时效、品质、售后四个方面。

（1）价格。在一般商业行为中，价格是吸引客户的第一要素［特殊行业（如奢侈品、贵宾服务）除外］，如何在保证企业利润的同时为客户提供最优价格，是我们需要重点考虑的。

（2）时效。给客户最优的时效，让客户在最合适的时间收到商品。例如，京东的“211”服务保证上午11点前下单，当日送达，或者在指定日期和时段收货，既极大地方便了客户，也为京东在配送层面赢得了极佳的口碑。

（3）品质。从采购溯源到收货验收，再到出库复核，全程保证商品的品质，让客户拿到最优质的商品。

（4）售后。很多企业的正向履约做得很好，但败在售后跟不上。所以好的履约需要重视售后，一旦商品有任何问题，企业能够第一时间为客户提供售后处理，如7天无理由退货、先行赔付、上门取件等，都可以为客户提供极佳的售后服务体验。

总之，供应链履约就是企业利用自身供应链的能力，为客户提供更流畅和更让人满意的服务。

2. 订单履约的价值

所有的供应链能力，无论是价格、时效、品质还是售后，最终展现在客户面前的只有订单交易，外表再华丽，一张订单便知其真伪。对订单的履约既是企业供应链能力的体现，也是建立口碑和增加客户黏性的重要途径，做好订单履约，虽然会付出一定的成本，但其带来的价值是巨大的。

（1）建立口碑、增加壁垒。在信息如此透明的今天，获客成本较高，如果企业想要增加用户黏性，尤其是电商新零售企业，必须建立良好的口碑，而订单履约则是口碑的最好体现，也是建立行业壁垒的利器。例如，京东的商品品质和配送时效就是其相对于其他平台的优势。

（2）及时发现企业问题，反向改进。服务优质与否，最终发言权在客户，在履约过程中，能够让客户参与进来，通过客户反馈，及时发现供应链问题，反向推进企业进步。

（3）增强供应链协同。因为履约不是某一个人、某一个部门或某一个系统的事情，想要做好订单履约，必然需要跨部门、跨系统协作，久而久之，企业部门间及系统间的协同性就增强了，从而形成良性循环。

人无信不立，做好供应链履约不仅能建立良好的口碑，增加行业壁垒，还能反向提升企业的供应链水平。在供应链履约中，订单履约系统是核心的调度系统，负责承接销售平台下发的订单，并对订单进行履约调度，将商品按时、保质、保量地送到用户手中。

3. 订单履约系统运作流程

一张实物类的订单从销售平台下单，到最终用户签收，会经历 10 余个履约节点，涉及销售平台、平台交互层、订单履约系统、中央库存系统、配送管理系统、仓配交互层、仓库和门店等，就像工艺流水线一样，从第一个环节开始，每个环节都会为产品提供一些必要的组装工序，直到最后一个环节产品成型。在履约流程中，最核心的诉求是协同和顺畅，只有各系统相互协作，订单自始至终很流畅地进行流转，才能保证在约定时间内完成履约，其中任何一个节点出现卡壳，都会导致履约时间的延长，影响客户对企业的信任。

（1）新订单接收。新订单接收指订单履约系统接到新订单的节点。此处根据业务归属可以分为两种逻辑对其进行处理。

①外部第三方平台（如天猫、京东、美团）的订单：客户在销售平台上完成了交易后，由订单履约系统接到从销售平台同步的订单后生成新订单，在这一模式下，履约订单的生成和交易订单的生成是两套体系。

②针对自营平台的订单：常见的有两种设计思路，一是将交易订单和履约订单分开设计，交易订单生成后再下发至订单履约系统生成履约订单；二是将交易订单和履约订单合二为一，客户提交订单后，便在订单履约系统中生成一张新订单，同时处理交易流程和履约流程。

（2）订单拆分。为提供更好的用户体验，大部分电商平台支持合并提交支付，在订单生成以后，再按照商家、仓库、商品、金额、物流等规则进行订单拆分，分为多个子订单履约发货。

（3）订单预分仓。为避免超卖，已经下单的订单需要尽快进行库存预占，以免库存被其他订单占用，此过程称为预分仓，由中央库存系统提供相关服务。若分仓后一个订单被拆分为多个任务进行发货，订单需再按照仓库进行拆分。

（4）订单拦截处理。某些不符合业务规则或触发了风控规则的订单，如疑似恶意订单，在订单履约系统进行拦截，转由人工核实并在审核通过后才能继续流转，若明确为恶意订单，则由客服手动或系统自动将订单取消。

因行业、公司、业务不同，订单拦截规则会有所不同，通用的有订单金额或商品数量过大、非常规性的 0 元订单、黑名单用户订单、账号异常、IP（互联网协议）异常、疑似洗钱和套现等。

（5）订单审核。系统可以设定一些规则，把符合规则的订单挂起，由人工进行审核，以降低交易风险，如拦截的订单、金额过大的订单、有客户特殊备注的订单等，其余订单可自动审核而无须人工一一处理。订单审核主要用于人工对订单信息进行核实、修改，订单审核功能既可以直接放在订单履约系统中供客服人员使用，也可以提供接口供客服系统调用。

（6）订单重新分仓。订单在预分仓以后，如果在审核环节中发现订单核心信息，如收货地址、商品、数量等发生了变化，系统需要重新进行分仓预占。

（7）合并订单处理。为降低运费成本和仓库作业成本，在一定时段内，同一用户的订单，若满足合并条件，在订单履约系统中可合并为一个订单下发至仓库或门店发货，合并后的订单在仓库中会按一个包裹拣货和发货。

（8）订单分配物流。在由第三方物流（如顺丰、京东）承接配送时，通常会签约多家物流公司，针对不同的仓库、不同的配送地址、不同的配送特性分配不同的物流公司。在明确了发货仓库以后，订单履约系统调用物流配送管理系统提供的物流服务进行物流公司分配，以及获取电子面单中的相关信息。

（9）订单下发仓库。经过前面的履约环节以后，订单已经具备了下发仓库进行发货的必要信息，下一步便是将订单下传至仓配交互层，经此系统路由至目标仓库或门店发货。

订单下发仓库以后，就由仓库管理系统处理仓内履约流程，关键环节操作完成后，由仓库管理系统通知订单履约系统变更订单状态。以下第（10）到第（15）步简单介绍仓内出库流程。

（10）波次分配。仓库管理系统接到订单后，根据配送方向、时效承诺、订单类型等因素将订单生成波次，并按照出库策略对波次进行库存分配。

（11）生成批拣单。系统或仓库管理员将分配成功的多个条件相同的订单（如相同的物流公司、相同的拣货区域等）生成一张批拣单。如果需要打印拣货清单、物流面单，也在此环节进行。

（12）拣货。拣货员领取拣货任务，通过纸单或PDA按拣货路径完成拣货，如果有电子标签货架或自动化立体仓库等自动化设备，则由设备协助完成拣货。

（13）播种。批拣单任务的拣货完成后，如果需要播种，由播种员按照订单明细将商品播种分配到每个订单中。

（14）复核打包。复核员按照订单的下单明细对商品进行复核，确认无误后交由打包员打包并粘贴物流运单。

（15）订单发货。发货员将包裹交给物流公司进行揽收，在系统中操作发货，代表订单从仓库发出。发货以后，若需要变更物流信息，再回传实际的物流公司及物流单号至订单履约系统，订单履约系统再通知销售平台。

若是新零售下的自提业务，则由门店店员打包以后，等待客户上门自提。

包裹交由物流公司以后，再由配送管理系统完成配送环节的履约并同步状态至订单履约系统，见第（16）到第（19）步。

（16）物流揽件。物流公司的快递员收到包裹后，在系统中操作揽件，揽件操作信息可由配送管理系统调用物流公司提供的接口获取，解析以后回传订单履约系统。

（17）物流运输。包裹从物流公司的分拣中心分拨发出。

（18）物流派件。包裹到达配送站点，派件员按照路线派件上门。

（19）物流签收。派件员将包裹送到客户指定的收货地址，完成签收。若客户拒收，则将包裹原路退回。

订单履约整体流程可分为四个阶段：销售平台的下单；订单履约系统中的分仓、合单、分配物流等调度过程；仓库的拣货发货过程；配送过程。基于履约周期，在设计订单履约系统的订单状态时，需要涵盖订单履约的全部环节，并能监控所有履约环节。

订单分仓、订单拆分、订单审核、合并订单、分配物流、订单取消、订单拉回、订单暂停、订单加急、信息修改、全程跟踪和履约时效监控等是订单履约系统常用的核心功能，在实际工作场景中，除了实现基本的履约功能，订单履约系统健全的订单数据集成是更宝贵的财富，它可以提供各类报表并进行数据分析，为企业的业务赋能。

（五）配送管理系统

仓储和配送是物流中重要的两个环节，在整个电商新零售供应链中起着非常重要的作用，仓储负责将信息流准确地与实物对应，配送负责将商品高效无误地送达目的地。若要管理好配送流程，必然少不了一套健全的配送管理系统。

配送管理系统（Transportation Management System/Delivery Management System，TMS/DMS），是主要负责物流配送管理的系统，管理商品从出仓以后到用户签收，以及逆向返回的全流程，无论包裹是在眼前，还是在千里之外，相关人员都能够很清楚地知道其物流动向并在线调度。

1. 自营物流、第三方物流与第四方物流

电商企业若想完成订单配送，一般有两种物流方式。

第一种方式是自营物流，即企业搭建自己的配送体系，使用自己的配送车辆和配送员送货上门，如京东、唯品会等大型电商企业。在自营物流模式下，需要搭建分拣中心、配送站点并利用自有配送员送货，自营物流配送管理系统的搭建需重点关注配送基础数据、车辆调度、分拣管理、配送管理等。

第二种方式是借助市面上已经成熟的第三方物流公司进行配送，如申通、圆通、韵达、顺丰等，这些物流公司的主营业务便是为其他企业提供物流配送服务，即第三方物流。第三方物流配送管理系统不需要关注配送的细节，重点在处理面单目标管理、物流服务提供商分配、对接物流服务提供商 API 和物流对账等。

针对第一方企业和第二方用户而言，如果企业使用自己的配送团队和配送车辆直接将商品送到用户手中，就是自营物流。但自营物流的成本投入往往很大，不仅要“养”团队和车辆，还要建立配送网点、规划配送线路，所以非实力雄厚的公司是无法负担如此巨额的投入的，于是便出现了第三方物流公司，这些公司自建物流体系，但不是为自己送货，而是将配送能力提供给第一方和第二方，当企业有需要时，便联系第三方物流公司的车辆到指定仓库将商品揽收并送往指定的收货地址，支付相应的物流配送服务费用，这便是第三方物流。

自营物流配送和第三方物流配送各有利弊。自营物流的成本投入往往很大，但能够根据企业的业务特性进行灵活调整，也不会受制于第三方物流公司，如“618”“双11”时不会出现物流配送资源不足等情况。第三方物流配送则不需要有太多的前期投入，可以依赖物流公司强大的配送能力，按单支付物流费用，成本低，但一般只能提供标准配送，即物流公司能够支持的配送能力，如果有冷链、易燃易爆、特殊时效要求等特殊配送诉求，就要受制于物流公司的配送能力了。从成本投入上来看，如果企业规模较小、配送单量小、配送形态单一，没有特殊要求，适合用第三方物流配送，如果企业规模较大，配送成本高，且有自建物流的诉求和能力，则适合自营物流。

除了第三方物流，还有一种第四方物流。第四方既不是买方和卖方，也不是提供服务的第三方，而是将第一方、第二方、第三方做资源整合，提供整体解决方案的一方。第四方物流在整个供应链中承担平台信息发布、交易匹配和撮合、物流资源集成、物流解决方案提供等角色，相比第三方物流的单向服务，第四方物流站在整个供应链的视角，全盘考虑，能够提供更优的价值。

2. 自营物流配送管理系统

自营物流是一个极其庞大而复杂的体系，需要投入大量的人力、物力和财力，如此庞大的体系，自然需要一套健全的配送管理系统。一个典型的配送管理系统包含配送基础数据、车辆调度、分拣管理、配送管理四大核心模块，基于系统功能辅助流程管理，通过路由规划和车辆调度，完成从始发地到目的地的正向物流，以及从目的地到始发地的逆向物流全流程。其中，基础数据模块负责管理配送管理过程中的基础资料，如分拣中心资料、配送站点资料、车辆资料、司机资料、第三方承运商资料等；车辆调度模块负责正向和逆向运输途中的车辆安排及运输管控，全程保障运输的时效和品质；分拣管理模块主要负责包裹在分拣中心内部从入到出的作业流程；配送管理模块负责包裹进入终端配送站点以后的入站到出站，以及配送员派送和上门取件的全流程。

3. 基于第三方物流的配送管理系统

对于大多数企业而言，如果没有特别强烈的自营物流诉求和极其雄厚的资金实力，一般使用第三方物流就足够了。如果使用第三方物流配送，我们同样需要搭建一套基于第三方物流的配送管理系统，以便能将配送全链路管控起来。

企业使用第三方物流配送不需要自己管理车辆调度、分拣、配送，所以配送管理系统相对比较简单，主要与第三方物流服务提供商做好接口交互和运费对账即可。基于第三方物流的配送管理系统，在订单履约过程中主要承担三个方面的职责：一是订单发货前的物流服务提供商分配及电子面单申请；二是包裹在配送过程中的全程跟踪；三是签收后与物流服务提供商的运费对账。

在配送管理系统设计方面，可以分为基础数据、配送策略、接口对接和财务结算四大功能模块。

（1）基础数据，是系统运行的基础，包括物流服务提供商信息、地址库资料、各物流服务提供商的面单模板、物流月结账号等，物流服务提供商信息和地址库资料若在基础数据中心已存在，就不需要单独维护了。

（2）配送策略，包含配送策略配置、物流服务提供商分配策略、配送时效承诺和绩效计算策略等。

（3）接口对接，即与第三方物流服务提供商的接口进行对接，包含单号申请/取消、物流状态及轨迹获取、物流拦截查询等。

（4）财务结算，包含物流服务提供商的运费计算模板设置、配送运费及代收货款预算、物流对账等。

四、供应链信息管理系统的发展

供应链信息管理系统是动态系统，自从供应链出现以来就没有停止发展。同样，供应链信息管理系统的应用也随着供应链发展的要求、市场的变化及信息技术的不断发展而发展。只有把握住这些发展趋势，才能推进信息管理系统在供应链管理中更好地应用，提高供应链的敏捷性，降低运营成本，实现供应链的协同发展和整体利润最大化。

1. 供应链信息管理系统标准化水平不断提高

标准是供应链上下游之间交流的共同语言，是信息共享的基础，标准制定可提高系统实施的可行性，打破供应链各个环节之间的壁垒，扩展信息技术在供应链中的应用范围。当前，信息标准化受到广泛关注，全球条码组织正加大力度推进标准化代码系统的设计，供应链信息管理系统标准化水平将不断提高。

2. 许多先进信息技术在供应链中将得到更广泛应用

未来信息系统将充分利用 EDI、XML（可扩展标记语言）技术，建立统一数据交互平台；RFID 的出现，GIS、GPS 和 CSM（密码流方式）技术的广泛应用，加强了信息的共享并加快了信息的流动，提高了信息的交互率；各种基于网络和 Web 服务的信息系统的建立，DCOM（分布式组件对象模型）、RMI（远程方法调用）及 CORBA（通用对象请求代理体系结构）平台的应用，是实现各信息系统分布式应用的基础；人工智能、神经网络和系统动力学等智能技术，将为开发高度智能的供应链信息管理子系统提供支持；数据仓库和数据挖掘（Data Mining）技术的应用，对提倡个性化服务，有效衡量和挖掘客户价值有着不可估量的作用。

3. 供应链信息管理系统综合集成化和智能化程度不断提高

一方面，随着信息集成和信息共享的程度不断加大，仅用于单一部门、拥有单一功能的传统信息管理系统、ERP、SCM，以及各类高层次的供应链战略管理系统将不断地集成和整合，使供应链信息管理系统的综合性和集成性得到大大加强。另一方面，各个信息管理系统将进一步利用信息技术日益强大的功能，实现更复杂的信息分析和处理功能，逐步向自动化和智能化的方向发展。

4. 供应链信息管理系统应用的层次进一步提高，范围不断扩大

供应链中信息管理系统的高层次应用将不断增多，应用的范围也不断扩展。就拿 ERP 和 SCM 来说，无论是水平方向还是垂直方向，它们都是动态发展的。在水平方向，它们具备延伸至整个企业甚至更广的趋势。在垂直方向上，ERP 和 SCM 将覆盖企

业的所有运营活动，同时也向最高的战略规划层次扩展。可见，随着市场竞争程度的不断加剧和全球经济的一体化，信息管理系统的应用范围将从企业内部逐渐向整个供应链扩展。

5. 信息管理系统应用将促进新的供应链模式的形成

信息管理系统的应用促成了供应链管理模型，如 JIT、JMI（联合库存管理）、VMI（供应商管理库存）和 CPFR 的形成。JIT 模式是一种准时生产方式，大型 ERP、SCM 系统及供应链成员之间沟通网络交互系统的建立是实现 JIT 模式的前提。JMI 模式强调供应链节点企业同时参与、共同制订库存计划，从而保证供应链相邻两个节点之间的库存管理实体对需求预测水平的高度一致，从而消除需求变异放大，对于这种模式，只有应用大型 ERP、SCM、CRM 系统和基于 Intranet（内部网）和 Extranet（外部网）的网络通信系统，才能使供应链节点企业有良好的沟通环境，使供应链管理过程中的每个库存管理者都能从相互的协调性的角度考虑问题，从而保证 JMI 模式实施的成功。VMI 模式是一种战略贸易伙伴之间的合作性策略，是以系统的、集成的思想管理库存，在这种库存控制策略下，允许上游组织对下游组织的库存策略、订货策略进行计划与管理，即由供应商管理库存。EDM、Internet、条码技术、连续补货系统、企业内部信息系统的发展和成熟，以及顾客情报系统和销售网络系统的建立，能保证供应链系统同步化运行，缩短提前期和提高库存周转率，多种信息技术和信息系统的应用对这种模式的实施起着决定性作用。CPFR 是一种协同式的供应链管理模式，它应用一系列处理过程和技术模型，覆盖整个供应链合作过程，通过共同管理业务过程和共享信息来改善分销商和供应商的伙伴关系，提高预测的准确度。供应链企业间的交互系统，如基于 SCM、ERP、CRM 集成的系统和高级计划与协调系统、商业智能系统的应用，对保持供应链中业务流程的高度一致性，保证快速响应客户与预测客户需求，使供应链企业赢得市场的主动权，最终实现 CPFR 起关键的作用。

总之，没有信息管理系统和信息技术的广泛应用，上述这些流行的供应链模式将难以运作。可以预见，随着科技的不断进步，在新信息技术应用和标准化程度不断提高的基础上，信息管理系统的应用将促进新型供应链模式的实现，信息管理系统的功能壮大及应用范围扩大，将极大地加速新模式的应用推广。

第二节　供应链信息管理系统规划、分析与设计

本节以供应链信息管理系统开发为主线，全面、系统地介绍供应链信息管理系统规划、分析、设计的目标、任务和内容。重点阐述结构化建模工具和面向对象建模工

具的表示方法与应用原理，并说明了用两种不同方法开发供应链信息管理系统时的建模过程。

新零售供应链从战略层到战术层，再到执行层，依次是规划、流程和系统。最上层（战略层）关注在哪里设仓库、在哪里设门店，这是规划；中层（战术层）关注如何采购、如何分布库存、如何发货等，这是流程；执行层才是生产研发人员该如何根据规划和流程设计系统。

一、供应链信息管理系统规划

供应链承接了实物商品的进、销、存、退等多个任务，为企业业务的开展提供支持。在业务还没开展前，供应链需要先行（商品建档、采购），在业务开展过程中，供应链提供“弹药”支撑（库存）；在业务开展以后，由供应链断后（发货、配送）。所以，在整个电商新零售体系中，供应链信息管理子系统是非常重要的，它与其他系统通力协作，共同完成电商新零售业务运作，这也符合供应链领域中的协同理念。同时，供应链信息管理系统又是一个自闭环的中台化体系，它不局限于某一个销售平台，而是将商品、订单、库存等模块提供给多个不同的销售平台共用。

供应链信息管理系统规划是将组织目标、支持组织目标所必需的信息、提供这些必需信息的信息系统，以及这些信息系统的实施等要素集成起来的信息系统方案，是面向组织中信息系统发展远景的系统开发计划。核心的供应链信息管理系统包含了基础数据平台、采购管理子系统、供应商管理系统、订单履约系统、中央库存系统、仓库管理系统、门店管理系统、商家发货系统、配送管理系统、售后系统、财务系统等。

从产品结构上，我们可以将以上这些供应链信息管理子系统分为供应链业务中心、仓配支持中心和财务中心三部分。

供应链业务中心主要提供一些与供应链业务相关的支持服务，主要处理信息流，偏供应链上游业务端，如供应商管理系统、中央库存系统、订单履约系统、采购管理系统、售后系统等。

仓配支持中心主要提供实物商品的实际收发服务，主要处理物流，偏供应链下游执行端，包含仓库管理系统、门店管理系统、商家发货系统、配送管理系统等。

财务中心主要处理与资金流相关的业务，所有与资金相关的应收、应付、发票、打款等业务，都需要最终在财务系统中完成最后的财务处理。

供应链信息管理系统既可以规划为一套大而全的系统架构，也可以规划为一套小而精的系统架构。

（一）大而全的系统设计方案

在大而全的系统设计方案中，一般是一个大的供应链信息管理系统囊括了所有与供应链相关的功能，这个系统叫作 SCM 系统，它的系统架构可以分为四层。

第一层是最底层的基础数据层，我们把所有基础数据都放在这一层，为整个供应链业务的开展提供最底层的支撑，因为完整的基础数据是业务良性运转的基础。

第二层是基础数据之上的供应链策略层，所有业务在开展过程中需要用到的策略都在这里实现，通过这些策略驱动业务的多样化发展。例如，采购策略、智能补货策略、送货预约策略、任务调度策略、订单分仓策略等。

第三层是供应链策略层之上的业务功能模块，包含基于基础数据和策略开展的各项供应链信息业务，如采购管理、订单履约管理、库存管理、仓储管理、门店管理、配送管理等。

以上三层的结构便能形成一个完整的供应链信息管理闭环系统了，我们可以基于此系统开展从采购到存储，再到销售，最终到财务结算的完整业务。但是自闭环远不足以体现供应链信息管理系统的价值，供应链信息管理系统还应能对外开放，将供应链能力对外输出，于是，第四层出现了，这是最顶层设计，将供应链的商品、订单、库存等模块与各个销售平台进行对接，用一套供应链信息管理系统支撑起企业的销售目标。

（二）小而精的系统设计方案

在小而精的系统设计方案里，我们将供应链业务细分为多个子业务，一般根据部门职责划分，如采购部门负责采购、仓储部门负责仓储、配送部门负责配送等。然后将相关的功能类聚到一个子系统中，于是供应链便被解耦为一个个独立的子系统，核心业务有其自己的策略配置，如基础数据平台、采购管理系统、供应商管理系统、订单履约系统、中央库存系统等。

在小而精的系统设计方案中，每个系统独立运行，通过接口或服务与其他系统交互，所有系统都需要基础数据，而其所需要的基础数据均从基础数据平台中获取。中央库存系统集中所有仓库和门店的库存，为其他各系统提供库存服务，所有仓库和门店的库存变化，均需要在中央库存系统中有所显现。

这里有必要重点说明一下平台交互层和仓配交互层这两个子系统，它们属于内部流转型系统，在业务开展过程中基本感知不到它们的存在，但在复杂的供应链形态下，它们又是如此重要。正是有了它们的存在，才能实现供应链的中台化和服务化。

（1）平台交互层。如果供应链信息管理系统需要对接多个销售平台，势必会存在多个销售平台之间的数据、规则不同的情况，将不同平台中的数据按照供应链体系的标准进行统一转换，以及按照统一的标准传送数据，便是平台交互层的职责，它将差异化的外围数据和业务在这一层进行标准化，为供应链内部系统提供更为稳定的环境。

（2）仓配交互层。如果企业的下游有很多个不同类型的仓储或配送中心，刚好在不同的仓储和配送中心中部署的又是不同的仓配系统，假如没有仓配交互层，那么上游的每个业务系统都需要与下游所有的仓配系统针对所有有关联的业务进行对接，n 个业务系统+n 个仓配系统+n 个业务，对接次数便是 n^3。如果企业后续又开了新仓，或者调整了仓配业务，系统对接的工作量会非常大。所以，仓配交互层存在的目的就是让上游业务侧的对接难度降低，它的职责是按标准出入库方式与各个不同的仓配系统进行业务对接，并将标准化接口提供给上游的各个业务系统进行对接，这样，上游业务系统只要与仓配交互层对接即可完成数据的传送，下游仓配业务的调整也需要在这一层完成同步，尽量降低对上游业务系统的影响。

（三）对两种方案进行对比

接下来对比一下大而全的系统设计方案（以下简称方案一）和小而精的系统设计方案（以下简称方案二）。

首先，从系统实现的难易程度来看，方案一基于底层数据进行开发，各功能之间共用一套代码，读写一套数据库；而方案二需要为每个子系统都部署一套数据库和一个工程，而系统和系统之间的交互需要通过接口进行。所以方案二比方案一在实现方面要更难，整体耗费的人力、财力和时间成本会更高。由于方案二可以拆解为多个系统，每个系统的难度都会大幅降低，所以可以并行开发，也可以分期迭代，这一点是方案一无法比拟的。

其次，从性能上看，当数据量较大时，由于方案一只有一套数据库，多个业务只能共用一套数据库，其性能会大幅下降；而方案二是多个系统分布式部署，各个业务相对独立，其性能较好。

再次，从事故风险来看，如果出现了事故，则方案一基本上全局受挫，一损俱损，而方案二只会影响某一个系统，其他系统还可以独立运行。

最后，从扩展性上来看，方案一将所有功能都融到一起了，耦合性更高，且开发更快；方案二更加灵活，扩展性更好，但系统功能调整往往会涉及多个系统，开发周期会长很多。

二、供应链信息管理系统分析与设计

（一）结构化系统分析与设计

结构化生命周期法是一种常用的信息系统开发方法，又被称为结构化开发方法或瀑布开发法。20 世纪 70 年代，信息系统开发过程中普遍存在需求不清、步骤混乱和成功率低等问题，人们通过总结经验教训，认识到信息系统的开发是一项投入大、历时长、涉及面广、影响因素众多的系统工程，必须用系统理论来指导信息系统的开发过程。在这样的背景下，结构化生命周期法应运而生，这是最早、最传统的信息系统开发方法。

结构化生命周期法的基本思想是，系统分析与设计自顶向下，逐层分解。它把系统分析与设计看作按一定的逻辑联系进行逐层分解的求解过程，从而能有效地将一个复杂的、难以描述和处理的抽象系统逐步分解成若干易于控制和处理的子系统，直到分解为能被有效定义和处理的具体模块。这些模块内部由顺序、分支、循环等基本控制结构组成，功能相对独立，接口简明，界面清晰，方便使用和维护。由此，形成了开发对象的概念模型。在系统实现阶段，则是自底向上，通过模块连接形成完整的信息系统。开发过程严格按照系统分析、系统设计、系统实现等流程进行。

信息系统分析与设计是结构化生命周期法关键的两个时期。其主要任务是分析系统的功能、性能、目标、规模等需求，定义系统的逻辑模型；设计系统的模块结构、数据文件等；给出模块说明和主要算法；为以后的编码实现进行算法上和结构上的准备。结构化分析的工具包括数据分析工具和功能分析工具两种。前者有数据流图、数据字典、数据立即存取图，后者主要有决策树、决策表和结构化语言。

结构化生命周期法的主要优点是设计方法结构化，严格区分各个开发阶段，每个阶段都有明确的任务和目标，后一阶段的工作总是建立在前一阶段工作的基础上，从而使每一阶段的工作都有可靠的依据，避免开发过程的盲目状态，使系统开发的成功率得到提高。

结构化生命周期法的缺点是开发周期漫长，过程烦琐，不能充分预料可能发生的情况及变化。该方法要求系统开发人员和用户在系统开发初期就要对整个系统的功能有全面、深刻的认识，并制订每一阶段的计划和说明书。事实上，对于很多信息系统，用户要想在系统开发初期就非常清楚地陈述他们的需求几乎是不可能的，用户的需求随着对信息系统理解的加深会不断地完善与变化。用户需求定义方面的错误是信息系统开发中后果最为严重的错误，因为错误形成得越早，对整个信息系统的影响就越严重。

（二）面向对象系统分析与设计

20世纪90年代，面向对象（Object-Oriented）的技术和程序设计语言取得了巨大的成功，成为计算机领域中开发软件的主流技术，因而信息系统的开发更多地采用面向对象的程序设计语言和支持面向对象的数据库管理系统。传统的结构化生命周期法把数据和过程作为相互独立的实体，不支持软件的可复用性和可维护性，而面向对象的技术把对象的属性（数据）和处理（方法）封装在一起，通过子类对父类的继承，便于软件维护和扩充，提高了软件的可复用性。

1. 相关术语

面向对象的开发方法规定了一套专门的术语，这些术语是我们理解这种方法的基础。

（1）对象（Object）。客观世界中的任何事物都可以在一定前提下被看作对象，要解决的问题不同，面向的对象也就不同。面向对象的开发方法认为，每种对象都有各自的内部状态和运动规律，不同对象之间的相互联系和相互作用构成了不同的系统。对象是一个封闭体，它是由一组数据和施加于这些数据上的一组操作构成的，对象的本质就是数据与操作的封装。

（2）类（Class）。类是面向对象的基本概念之一，类是具有相同属性的对象的集合。具有一致数据结构和行为（即操作）的对象抽象成类。类具有层次性，类的上层叫超类，类的下层叫子类，一个类既可以有多个超类，也可以有多个子类。

（3）消息。消息是对象之间相互作用、相互协作的一种机制，对象之间的相互操作、调用和应答是通过发送消息到对象的外部接口实施的。消息是为完成某些操作而向对象发送的命令和命令说明。可以简单地将系统看作一个彼此通过传递消息而相互作用的对象集合。

（4）继承。继承是指一个类因承袭而具有另一个类的能力和特征的机制，继承是面向对象的开发方法特有的机制，子类不仅继承父类所定义的属性、操作和约束规则，还可有自己新的内容。

（5）封装。封装又称信息隐藏，把对象及对象的方法、操作的实现封闭在一起。对象的封装性是面向对象开发技术的一个重要的特征，这实际上是一种信息隐藏技术，使对象的使用者只能看到封装界面上的信息，对象的内部是隐藏的。

2. 开发过程

面向对象的开发方法按系统开发的一般过程分为以下几个阶段。

（1）系统调查和需求分析。对系统将要面临的具体管理问题及用户对系统开发的需求进行调查研究，即先弄清要干什么的问题。

（2）面向对象分析。在系统调查资料的基础上，对面向对象的开发方法所需的素材进行归类、分析和整理。它建立在对象及其属性、类及其成员、整体及其部分等概念之上，以对象及其交互关系为手段，将非形式化的需求说明表述为明确的软件系统需求。面向对象分析模型从对象模型、动态模型和功能模型三个侧面进行描述，主要有三大任务：一是通过对问题空间的分析，识别出问题所涉及的对象、对象间的关系和服务，建立对象模型；二是以对象模型为基础，完成相应的需求描述；三是对需求描述进一步做需求评审。面向对象分析的步骤为标识对象、标识结构、定义属性和定义服务。

（3）面向对象设计。从面向对象分析到面向对象设计是一个逐渐扩充模型的过程。面向对象分析模型反映问题域和系统任务，面向对象设计模型则进一步反映需求的一种实现，即在面向对象分析模型中，根据所应用的开发环境功能的强弱程度，填入和扩展有关实现方面的软件设计信息。面向对象设计工作内容主要有主体部件设计和数据管理部件设计。

（4）面向对象编程。面向对象编程任务是实现面向对象设计预定各对象应完成的功能，分为可视化设计和代码设计两个阶段。可视化设计阶段主要进行用户界面设计，将系统所有功能与界面中的控制或菜单命令联系起来，即在某一界面对象（如表单）上集合功能所需的控件对象（如按钮、编辑框、标签等），设置各对象属性，布置窗口。代码设计阶段的主要任务是为对象编写所需要响应的事件代码，为对象实现必要的功能，建立不同对象间的正确连接关系。

面向对象的开发方法的主要优点是：以对象为基础，利用特定的软件工具直接完成对象客体的描述与软件结构之间的转换，解决了传统结构化开发方法中客观世界描述工具与软件结构不一致的问题，缩短了开发周期，解决了从分析和设计到软件模块多次转换的繁杂过程。

面向对象的开发方法的主要缺点是：需要有一定的软件支持才可以应用，对大型的系统而言，可能会造成系统结构不合理、各部分关系失调等问题。客观世界的对象千差万别，在系统分析阶段用这种方法进行抽象是比较困难的。在某些情况下，纯面向对象的模型不能很好地满足软件系统的要求，其实用性受到影响。

第三节 供应链信息管理系统开发、实施与管理

一、供应链信息管理系统的开发方式与策略

随着信息技术日益广泛的应用，许多企业为了在市场竞争中占有优势，开发建设了不同的信息系统对企业内部的业务处理、工作流程进行管理，逐步具备了对企业内部供应链的控制和管理能力。但是随着全球经济一体化进程不断向前推进和客户需求的日益增长，实施产业供应链管理甚至全球网络供应链管理已成为各个企业在新的竞争条件下获胜的重要手段。供应链作为一种扩展，其信息流动和获取方式不同于单个企业的情况。在一个由网络信息系统组成的信息社会里，各种各样的企业在发展的过程中相互依赖，形成了一个“生物化企业环境”，供应链就是这样的“生态系统”中的“食物链”。企业通过网络从内外两个信息源中收集和传播信息，捕捉最能创造价值的经营方式、技术和方法，创建网络化的企业运作模式。在这种企业运作模式下的信息系统和传统的企业信息系统是不同的，需要新的信息组织模式和规划策略。因此，必须改变原有的企业信息系统结构、建立面向供应链管理的新的企业信息系统，这是

实施供应链管理的前提和保证。由于供应链通常要以核心企业为中心协调运作，因此，供应链信息管理系统需要核心企业主导规划和开发。由于面向企业内部供应链的信息管理系统开发技术已经基本成熟，因此，研究面向供应链的信息管理系统开发技术，需要把重点放在实现企业内部与外部企业的信息交换与共享方面，为此我们首先要分析企业外部供应链的特点，根据这些特点制定相应的开发策略，然后在一定的开发策略指导下，研究面向供应链的信息管理系统开发技术。

核心企业外部供应链的各节点企业，在管理方式和信息管理系统建设等方面都有各自的特点，有的企业有完整的信息管理系统，有的企业只有个别的关键部门实现了计算机管理，而另一些甚至还是纯手工作业。即使有信息管理系统的企业，它们的信息管理系统的数据格式、运行平台等可能各不相同，而这些外部节点往往都不是核心企业所能够直接控制的，核心企业不可能强制所有的供应商和客户都使用统一的信息管理系统。因此构筑面向供应链的信息管理系统，可以根据外部节点与核心企业合作关系的紧密程度，以及各企业原有信息管理系统的情况，对不同的节点企业采取不同的策略。

（1）在统一业务规则的基础上，统一规划、开发面向供应链的信息管理系统。这一方案投入大，花费时间长。如果核心企业与节点企业已达成建立长期紧密合作关系的共识，并都愿意为此构建统一的供应链信息管理系统，那么这是最理想的策略。因为这种方法最易于使供应链上各节点企业的信息管理系统形成一个有机的统一体，有利于最大限度地实现供应链节点之间信息的无缝连接。

（2）统一对供应链上原有的信息管理系统进行整合。整合的方法包括：①内部函数（模块）调用；②直接数据库访问；③用户仿真。在三种整合方法中，第一种方法效率最高，但必须知道内部函数调用的接口，因此需要得到原系统开发者的支持；第二种方法的困难之处在于需要分析清楚原有系统数据库的结构，而一般商用系统的数据库都是加密的；第三种方法虽然可以完全不依赖于原开发者，但封装方法更困难，效率也更低。不管哪一种整合方法都需要各节点企业的大力支持。因此，如果核心企业与节点企业建立了长期的紧密合作关系，核心企业与节点企业各自原来都有自己的信息管理系统，为了保护对原有信息管理系统的投资，可以考虑整合的策略。

（3）对于与核心企业的合作关系比较松散、变化比较大的节点企业，不论采用内部函数调用还是直接数据库访问的方法都存在很大的困难，因为基本上不可能有企业愿意付出高昂的代价维护这样一种松散的合作关系。在这种情况下，可以考虑由核心企业在网络上建立用于数据访问的 Web 信息服务平台，方便供应链上各节点企业及时地交换信息。这种方案虽然需要外部的节点企业进行一些信息输入工作，但减少了外部企业对信息管理系统的投资，可以被大多数的合作企业接受。另外，由于这种策略的投资较小，也比较适合核心企业的供应链管理的初级阶段。由于参加供应链的各个节点企业的信息管理水平和对信息投入的预算各不相同，因此核心企业在构筑面向供应链的信息管理系统时往往需要三种策略同时采用，以适应不同节点企业的情况和供应链的变化。

二、供应链信息管理系统的实施

（一）实施整体流程

根据项目的生命周期，我们可以把供应链项目的整体流程分为规划立项、项目建设、上线实施、项目收尾四个阶段，每个阶段又可以细分为多个环节。

阶段一：规划立项。这个阶段处于项目的初期，是从点子到项目落地的过程，一般是管理者在新的战略方向上冒出的想法，或者高层在开战略会议时讨论出的规划，还可能是某个员工提出的金点子，经过验证以后可行，于是开始立项落地。规划立项可以细分为项目构思、模式验证、项目立项、计划分工和项目启动五个环节。

阶段二：项目建设。在供应链项目中，会涉及基础建设（简称基建）、硬件设备建设和系统软件开发三个方向同时建设的情况，项目启动以后，三个方向的负责人各自负责相应的方向并分工协作，由项目经理统一管控整体进度和项目质量。

首先，如果新建一个物流园区，进行基建需要先根据业务规划设计园区整体布局，然后设计物流中心内部布局，进而开始施工、打地基、建设地面主体、内外装修，整体上分为业务规划调研、规划设计、土方施工、地面施工和内外装修五个环节。

其次，如果新建的物流中心内需要配置自动化设备支持业务，如增加拣货机器人、传送带、分拣机等，就需要进行设备规划和采购，然后让供应商根据我们的需求生产，设备生产完以后，还需要供应商派人到现场安装、调试，并与系统软件进行联调，整体上分为业务流程调研、硬件规划、设备选型招标、设备采购、设备工艺设计与制造、设备安装调试六个环节。

最后，才是我们熟悉的系统软件开发部分，我们需要根据业务的规划，如楼层规划、设备规划、流程规划进行系统的需求调研、分析，然后进行系统研发，整体上分为系统需求调研、需求分析、系统设计、系统研发、软硬件联调、系统测试和上线发布七个环节。

以上三个方向并不是强依赖关系，也并非全部环节都必须有。如果项目启动时已经有园区和物流中心，就不需要进行基建了；如果不需要硬件设备支持，就不需要硬件设备建设。同时，如果系统功能是现成的，也不需要做系统软件开发了。

从项目流程上看，三个方向在前期可以并行，后期只能串行。通常基础建设的时间最长，所以一般最先开始，可以同步进行硬件设备建设和系统软件开发，基建完成以后，水电都通了，才能进行设备安装调试，设备调试以后，再和系统进行联调。所有软件、硬件的流程都测试通过后，才具备上线发布条件。

阶段三：上线实施。基建、硬件设备建设和系统软件开发都完成以后，就到了项目正式上线使用阶段，我们需要为上线做一些准备工作，包含系统层面的和运营层面，上线实施阶段包括制订上线实施计划、软硬件部署、系统初始化、权限及账号开通、实操培训、正式上线和上线跟进七个环节。

阶段四：项目收尾。项目上线成功以后，就到了项目收尾阶段，随着系统和流程的逐渐稳定，项目也随之收尾，从上线到项目结项，还需要进行上线问题处理、上线需求处理、上线指标分析、项目验收和上线复盘总结五项工作。针对大型项目，对项目过程进行复盘，总结项目过程中的优点和缺点是非常有必要的，这是后续同类型项目非常宝贵的经验。

无论有没有基础建设和硬件设备建设，任何一个供应链项目，都会经历以上四个阶段，而能将所有项目阶段、项目成员串在一起的灵魂人物就是项目经理，在只有系统类的项目中，常常由产品经理兼职项目经理，在跨周期、跨部门，基建和软件、硬件兼具的大型供应链项目建设过程中，项目经理对项目的管控是非常关键的，任何一方失控都会导致项目延期或者失败，所以找个优秀的专职项目经理是非常必要的，在此类项目中，产品经理专心做好系统设计就是对整个项目最大的贡献。

（二）规划立项

任何一个项目的启动都意味着时间、成本、人力的投入，除非老板挥金如土只为自娱自乐，否则项目的启动一定是具备项目背景和战略意义的，这个战略往往从一个点子开始，就像一粒种子一样，慢慢生根发芽，最终破土而出，形成项目，然后成立项目组，在这一过程中，会经历项目构思、模式验证、项目立项、计划分工和项目启动五个环节。

1. 项目构思

项目在立项前，一般会有一个构思期，供应链项目的构思分为主动构思和被动构思。主动构思来源于管理者的一个想法、企业内部孵化的金点子、业务的扩展需要、公司新的战略方向等，如因为业务的增长，原先的一个物流中心产能跟不上了，所以相关人员考虑再建一个物流中心，这便是一个构思；被动构思来源于其他方面的推动、不得不做的项目，如国家要求企业必须上传电子监管码（药品的唯一溯源条码），所以A仓库考虑增加一套支持条码采集和上传的软件系统和硬件设备。

项目构思阶段参与人主要是企业高层管理人员、业务负责人，产出的是一个尚未确定的想法。

2. 模式验证

构思有了以后，若想项目落地，还需要进行细化，如通过头脑风暴、专家讨论等方式把各方面因素都罗列出来，形成完整的方案，然后进行模式验证，根据验证的结论决定项目是否需要进一步实施。推荐几种验证方法：德尔菲法、数据建模法、最小可行产品（Minimum Viable Product，MVP）实验法、A/B 测试法。

（1）德尔菲法：汇总公司内外部专家的意见并进行综合评估分析，得出一致结论。

（2）数据建模法：通过历史数据构建数据模型，对新的构思进行验证，以判断方案是否可行。例如，A 公司想在东北地区新建一个物流中心，但通过历史数据建模分析后发现东北地区的交易订单量和交易总额并不足以支撑起新的物流中心，于是放弃了此项目。

（3）MVP 实验法：以最低的成本启动项目进行验证。例如，A 公司想尝试线下新零售业务，担心前期投入过大无法回本，便在线下租了一个小门面，通过“手工+Excel”管理的方式开展线下业务，经过一段时间的运行后，通过数据分析发现线下销售效果良好，于是正式启动新零售项目。

（4）A/B 测试法：当有多种方案而无法决策时，如果投入成本不高，可以同时针对不同的场景分配不同的方案进行试验，再基于运行结果进行分析决策。例如，A 公司一直使用 S 物流，最近想控制成本，将其换成 J 物流，但又担心切换以后影响了时效和口碑，于是使用 A/B 测试法，随机将订单分配给两个物流公司进行测试，经过一个月的数据对比，发现相差并不大，于是将物流服务供应商换成 J 物流。

模式验证阶段的参与人员一般是业务发起方的模式验证成员，产出的是验证方案和验证的结果。

3. 项目立项

模式验证通过以后，高层管理人员基于验证结果同意实施项目，接着项目就正式立项了，项目立项代表项目正式成立，由高层管理人员和项目负责人召集初始核心项目成员召开立项会，在立项会上需明确如下事宜。

（1）明确项目负责人，并指定项目经理协助项目负责人统筹项目，项目负责人负责方案落地，项目经理负责项目管理。采购类项目一般由采购部门的相关人员负责，物流类项目一般由物流部门负责。

（2）确认项目范围。由项目负责人传达项目的背景，明确项目的范围和期望达到的目标，以及项目的成本预算、项目的周期等，这是项目经理管控项目的依据。

（3）确定项目组的核心成员。根据项目涉及的相关职责方确定责任部门和责任人，这些人将作为项目组的核心成员推动项目落地。

4. 计划分工

项目立项以后，项目负责人需要对项目范围进一步拆解，出具整体的项目方案，明确需要参与项目的各个部门及各部门的职责，并与各责任方逐一确认。随后，项目经理会基于项目方案召集各责任方继续拆解各自的工作职责和计划，最后形成一份完整的项目里程碑计划，因为需求尚不明确，该计划只需要梳理出各方的里程碑节点即可。

5. 项目启动

所有准备工作完成以后，还需要一场具有仪式感的项目启动会，通过项目启动会增强所有项目组成员的参与感，并使其理解项目的背景、意义和目标。

项目启动会由项目经理组织全体项目组成员召开，会议产出如下内容。

（1）宣布项目启动，明确项目名称及代号。一个好的项目代号能够让人耳目一新，如果项目代号能与项目背景结合起来，可能会成为经典。列举几个有代表性的项目代号：211（京东物流配送履约代号）、亚洲一号（京东全自动化物流中心）、青龙（配送项目代号）、沧海（仓储开放系统代号）、天衣（两个公司的系统融合项目）、魔方（配置后台）、钢铁侠（智能仓储物流中心）等。

（2）明确项目背景、意义和目标。由业务负责人（最好是高层管理人员）进行整体介绍，明确项目背景、项目意义和战略目标，并对项目组成员提出期望，进行鼓励。

（3）项目范围及计划。由项目经理介绍各方确认后的项目范围及项目里程碑计划，让各方知晓关键工作和关键节点，并将项目里程碑计划进一步拆分。例如，系统软件开发需要拆解到需求调研、需求分析、系统设计、系统研发、软硬件联调、系统测试、上线发布的每一个阶段的开始和完成日期及责任人。

（4）项目各方负责人、项目其他成员及其联系方式。同步每个方向的项目成员信息，方便项目成员之间进行沟通。

（5）项目管理机制。项目经理强调项目纪律、项目要求、沟通汇报方式、需求变更要求等。例如，建立项目组微信群，每天下午开会汇报项目进度及风险，如需请假，需报项目经理审批并做好交接，需求变更须同步大群等。

项目启动以后，项目经理便成了项目的主心骨，带领着项目成员按照既定目标前行。

（三）项目建设

最复杂的供应链项目是基础建设、硬件设备建设和系统软件开发，都是从 0 到 1，项目经理不仅要保证每个方向都能如期完成，还要保证三方能完美衔接，才能最终交付一份满意的答卷，下面以物流中心的建设为例，简单介绍一下这三个方面的项目建设历程。

1. 基础建设

物流中心从一片荒地开始动土，到最终形成具备室内施工和办公条件的园区，这个过程就是基础建设，细分为业务规划调研、规划设计、土方施工、地面施工、内外装修五个环节。

（1）业务规划调研。软件规划不合理可以做系统重构，基础建设一旦规划失误，就要把建筑推倒重来，这损失可就大了，所以在基础建设动工前要做好充分的业务调研和分析。基础建设的业务规划调研主要是为了更好地规划园区并进行物流中心内部规划，可以从如下几个方面展开。

①物流中心用途及基础建设预算。物流中心的用途决定了园区整体规划和分布，如园区内部是只需要建设物流中心，还是需要搭配辅助作业区域（车库、变电室、锅炉房、维修车间等）及生活行政区域（办公区、停车场、宿舍、休闲娱乐区域等）；基础建设预算可以用来指导物流中心场地的选择，规划作业设备、作业流程及水电消防等。

②物流中心周边区域。物流中心周边的情况决定了物流中心的建设朝向、出入口、物流流向等。调研内容包含物流中心的地理位置、占地面积、自然条件（北方多干燥，要注意防火；南方多潮湿，要注意防潮；靠近机场，则不能太高）、交通条件（周围主干道、道路出入口、交通枢纽等）、周边设施（是否靠近小区、学校、工业污染区域等）。

③当前业务及未来规划。基于订单、库存、商品的当前业务及未来规划可以作为物流中心内部各库区布局的依据，包含客户分布、日均入库商品数量、出库订单量、出库时效、出库商品数量、在库库存件数、出库订单峰值、出库商品峰值、整件与拆零商品占比、业务经营范围、商品存储属性分布（常温商品、冷藏商品、冷冻商品等）。

（2）规划设计。规划设计工作由规划设计部门或设计院完成，如果物流中心尚未确定位置和网点数量，那么规划设计部门或设计院需要先基于业务形态和未来规划做战略层面的规划，如全国物流中心网点的分布、物流网点的分层等。待战略规划确定后，再规划物流中心的选址，继而对园区做整体规划并进行物流中心的内部规划。

①物流中心选址规划。物流中心的选址要遵循交通便利、运费最低、时效最优原则，常用的选址模型有数值分析法、重心法、奎汉-哈姆勃兹模型、模糊评价法等，在此不做深入解析。

②整体规划。整体规划是对园区内的建筑做整体规划和划分。相关人员首先根据调研结论确定园区应该具备的功能，再根据设备设施、物流动向、容积率等因素及园

区规划的原则分别规划物流中心出入口、辅助作业区域、生活行政区域及交通干道等的占地面积、朝向和形状，形成园区总平面规划设计图。

整体规划必须与政府的统一规划相符，不能盲目规划，如果不相符，则可能会被判定为违建，所以相关人员最好与当地设计院进行对接，一起出具合规的整体规划方案。

③内部规划。整体规划完成后，再进行各个区域的内部空间规划，物流中心内部空间布局包含收货区域、存储区域、分拣区域、理货区域、自动化设备区域、管理办公室、走道等。

除空间规划外，内部规划还包含无线网点、有线网点、电话网点、水电开关的规划设计等。规划工作并不是一蹴而就的，需要经过初设、细设、终设，以及与设计院的相关人员进行多次沟通，合规性审核通过后方能定稿，最终形成完整的整体规划图、内部规划图、施工图、平面设计图。

（3）土方施工。规划方案定稿后，企业需要办理建设用地规划许可证、临时用地许可证等合规手续，然后开始土建招标，确认施工单位后进入土方施工阶段，完成场地平整、挖土、打桩、降水、水电预埋、土方回填等地基建设。

（4）地面施工。地基夯实以后，再进行园区地面建筑施工，先搭设外架，再进行园区内部物流中心和其他建筑的主体建设，然后砌体、抹灰、刷漆、贴砖、安装电梯等。待所有工程都完成后，再拆除外架。

（5）内外装修。地面建筑主体施工完成后，就可以进行内外装修了，包含屋面外墙工程、水电安装工程、防水工程、消防工程、吊顶等，最后再配置桌椅、计算机、电话、打印机等，通风一段时间，待空气质量达到进场标准了，相关人员便可以进场安装设备并进行项目实施了。

2. 硬件设备建设

在仓储、配送的过程中使用硬件设备可以极大地提升作业效率和准确率，尤其是自动化设备，可以24小时黑灯作业，降低人力成本。安装自动化设备也不是某个人一拍脑门就决定的，需要和仓库布局、业务形态、业务规划等紧密结合，硬件设备的建设包含业务流程调研、硬件规划、设备选型招标、设备采购、设备工艺设计与制造、设备安装调试六个环节。

（1）业务流程调研。在确定使用哪种设备之前，我们同样要做充分的调研，以免设备上线后无法满足业务需求。关于设备的调研，包含但不限于以下方面。

①设备投入预算。预算是前提，有多大锅下多少米，不同的预算额度影响着硬件的投入。例如，如果投入上千万元，可以安装全自动化设备；如果投入上百万元，可能只能使用半自动化设备；如果投入十万元，就只能购买最普通的设备。

②设备的用途。如果用于运输方面，则需要传送设备；如果用于存储方面，则需要存储设备；等等。在调研设备的用途时要与业务流程结合起来，调研清楚哪些环节需要用到哪些设备。

③设备的运行环境。不同运行环境、仓库的面积、物流流向等对设备的安装和要求不一样，如不同的温度条件下要求配置不同的设备。

④业务流程及规划。设备是用于辅助业务流程的，所以业务调研最关键，在规划设备前，相关人员要了解当前业务有哪些痛点，出入库的业务形态，订单均值、峰值，业务未来规划等。

（2）硬件规划。物流中心的硬件设备非常多，包括输入/输出设备、存储设备、作业设备、周转容器、运输设备等，在规划硬件时要结合业务流程调研结果，挑选最贴合业务需求的设备，通常遵循以下原则。

①适用性原则。硬件必须适用于现场作业，并与业务流程、现场布局完美结合。例如，规划的传送带需要与物流流向保持一致，出入口设计需要与人行通道相结合，宽度要与物流中心内的商品体积相匹配，传递的效率要能满足业务均值和峰值的要求等。

②可扩展性原则。设备规划既要着眼眼前，又要能支持业务扩展，即既能满足当前业务需求，也可以支持未来业务增长后的扩展需求。

③可靠和安全原则。硬件设备必须性能稳定、技术成熟，坚持安全第一。

④经济性原则。要考虑预算，在预算范围内选择性价比最高的设备。

（3）设备选型招标。硬件设备确定以后，就需要选择合适的设备规格和寻找合适的设备供应商了，招标流程如下。设备采购部门编写设备招标标书，通过官网公开招标或向指定的设备供应商发送投标邀请函。各供应商收到招标通知后，根据招标要求编写投标文件，并按约定时间投标，双方就业务需求、设备方案、价格预算进行多次沟通确认，最终确定最合适的供应商，设备采购部门向其发送中标通知。

（4）设备采购。设备采购部门的相关人员与中标的设备供应商签订采购合同，约定设备的规格、要求、价格、技术参数和交付时间等，然后在企业内部走完采购审批流程，财务部门的相关人员根据采购流程预付部分款项给供应商。

（5）设备工艺设计与制造。设备供应商针对业务需求对设备进行细化，设计详细的设备参数、样式并出具设备设计图稿，确认无误后投入生产。

（6）设备安装调试。物流中心建设符合进场条件后，设备供应商会将生产制造好的设备送至项目现场安装调试，保证设备能顺利通电并正常运转，此调试过程只是对硬件的质量、性能进行调试，并不代表可以交付了，只有与软件系统进行联调后，信息流能够正常交互，且能够满足各种业务场景，设备才算真正可用。

3. 系统软件开发

项目建设的最后一个建设工程就是系统软件开发，系统软件开发整体上分为系统需求调研、需求分析、系统设计、系统研发、软硬件联调、系统测试、上线发布七个环节。

（1）系统需求调研。基础建设、硬件设备建设和系统软件开发都需要对业务进行调研，三者有相同的地方，如都需要关注业务的均值、峰值、范围、未来规划，但也有各自偏重的调研内容。系统软件方面的调研由产品经理负责，可以通过电话、面谈和实地调研等方式完成，调研方向包含但不限于以下方面。

①当前业务流程。不同的业务流程对应的系统功能是不一样的，调研时要重点确认作业流程、作业模式、操作节点、操作岗位、各操作节点的作用和产出、有没有设备支持、有哪些痛点、打印单据及样式、出入库均值与峰值，以及各流程的异常处理、逆向处理等，总之和流程相关的内容调研得越详细越好。

②上下游系统交互。除了本系统功能，还需要调研上下游系统功能及设备功能，弄清楚各系统之间的交互流程、交互方式（接口、消息）和交互细节（核心字段）。

③业务规划和期望。分别和高层管理人员、中层管理人员和基层业务人员沟通业务的发展目标及对新系统的建设要求。

调研完成后，产出系统调研结果。对于不清楚的地方，还可以进行二次调研，直到对所有细节都了解清楚为止。

（2）需求分析。需求分析是将业务需求转换为系统可实现的功能的过程。基于调研的结果，我们需要设计系统的产品规划图，以及对应的系统功能模块，再将其细化为可以落地实现的系统功能清单，并对系统功能清单进行优先级排序，按照版本进行迭代，产出当前版本必须实现的系统需求说明书，并将未实现的需求放进需求池中，做好需求管理。

在需求分析的过程中，产品经理要有甄别真伪需求的能力，并对需求进行取舍，对于不合理的需求要大胆说不，在满足业务的同时，还需要保证系统的结构完整性及技术的可实现性，该坚持时坚持，该让步时让步。

需求文档产出以后，相关人员需要组织需求评审会，与业务、研发等相关部门的人员一起对系统逻辑和功能进行评审，评审通过以后才能正式提交给研发人员。

（3）系统设计。针对较为复杂的大型系统项目，研发部门在接到需求后不能直接进入系统开发流程，而应该先由架构师对系统需求进行架构设计，设计完成后再进行系统开发。

系统设计主要分为总体设计和详细设计。总体设计包括明确系统的功能目标与性能目标、系统架构图、选用的技术框架、开发语言、数据库及系统设计与折中等，总体设计评审通过后再进行详细设计。详细设计包含系统数据库设计、接口细节设计、功能交互流程细节设计等。除系统总体设计和详细设计，系统设计还包含 UI（用户界面）设计师对系统交互的 UI 设计，以及测试工程师在测试前的测试方案设计，以上设计都需要产出设计文档并召集产品经理、研发人员、测试人员和 UI 设计人员一起评审。总之，开发前期的设计准备工作做得越充分，开发过程中变更功能的风险就越小。

（4）系统研发。设计工作完成后，进入正式的系统研发阶段，这也是研发人员最享受的时刻了，一行行的代码产出，对应的是一个个系统功能的实现。研发工作分为前端开发和后台开发，前端开发偏重页面交互，后台开发偏重底层逻辑和算法实现，前端和后台通过接口的方式交互。

（5）软硬件联调。软件功能开发完成后，还需要进行联调，联调分为内部各功能模块之间联调、前端与后台联调、软件与硬件之间联调和上下游系统之间联调，所有的功能都自测通过后，便可以提测了，项目进入系统测试阶段。

在一些流程严谨的公司，在提测前还有个冒烟测试环节，研发人员需要针对测试人员抽取的核心测试功能进行自测，达到测试预期以后方能提测。

（6）系统测试。正式开始系统测试前，测试人员需要先针对需求进行测试用例编写，并召集项目组成员进行用例评审，评审通过后再按照测试用例对系统功能进行一一核对，将测试出的 Bug（程序错误）提交研发人员修改，然后复测，直到所有功能都符合测试预期为止。

除了保证系统功能正常，还需要保证系统的稳定性、安全性和可靠性，根据测试的偏重点不同，系统测试分为功能测试、性能测试、安全测试、压力测试等。

在测试过程中，为提升效率，测试人员可以借助自动化测试工具来辅助测试，如 Selenium（Web 自动化工具）、JMeter（压力测试工具）、Loadrunner（负载测试工具）等，有开发能力的测试人员还可以基于 Pytest、Robot Framework 等测试框架自行编写测试脚本并辅助测试。

（7）上线发布。测试完成后，系统便具备了上线条件，但此时不能直接上线，因为测试环境和线上的生产环境是有很大区别的，所以需要先将程序发布到预发布环境中，然后在预发布环境下进行功能验证。预发布环境和生产环境的区别：预发布环境中的程序是最新的程序，但没有真实的线上业务，其他功能代码和生产环境中的一致。

预发布环境验证通过以后，才能在生产环境中发布，一个全新的供应链信息管理系统即便在生产环境中发布了，也不能算真正的上线，需要等到上下游系统、软硬件、现场实施工作都准备到位以后，才能真正接入业务。

（四）上线实施

供应链的项目涉及线下物理区域规划、流程运营、一线操作、硬件设备，所以上线前的实施流程也比纯系统软件要复杂得多，任何一方准备不充分，都有可能导致上线失败。上线实施过程主要由实施工程师主导，当然也可以由产品经理、研发人员和测试人员主导，由上线项目组、业务方运营和业务负责人一起推进，整体包括制订上线实施计划、软硬件部署、系统初始化、权限及账号开通、实操培训、正式上线和上线跟进七个环节。

1. 制订上线实施计划

在上线前，项目经理通常会召集项目组成员制订一个上线实施计划，把所有上线过程中需要完成的任务全部罗列出来，责任划分到人，时间精确到小时级。

计划做完以后，项目经理应该召集项目组全体成员召开一个上线动员会，动员会有两个作用：一是同步上线计划及各方责任，让所有人都清楚自己和他人的工作职责；二是增加上线的仪式感和使命感，对于准备了很久的大项目，这种仪式感和使命感很有必要，可以极大地鼓舞士气。启动会后，各负责人便分头行动，按照实施计划一项一项地跟进、处理待办工作，直到所有上线准备工作全部完成。

上线前，系统应该封版，除非发现了特别致命的漏洞或 Bug，否则不能再对程序进行任何修改，以免影响系统上线。如果必须修改，则应该由项目经理或者研发负责人审批。

2. 软硬件部署

正式切换到生产环境前，项目组成员需要按岗位、按楼层对所有的硬件和软件进行一次集中部署和检查，保证正式切换后每个岗位都能直接开始作业，软硬件的部署包含以下内容。

（1）服务器的安装及部署。所有软件、硬件的服务器（PDA、自动化设备等），无论是本地机房，还是云端服务器，都要配置正式的环境，包括操作系统、系统程序、数据库、网络、容灾备份等。在部署程序时，有一个先后顺序：先下游系统、再上游系统，先硬件、后软件。

（2）硬件配置及驱动安装。所有的硬件设备在上线前都要检查一遍，保证硬件的正常使用，并安装最新的驱动程序，包含 PC（个人电脑）、PDA、打印机、扫描枪、摄像头等。

（3）部署系统。一线操作岗位的计算机和其他操作设备需配置生产环境，并保证电源、网络可用。

（4）设备设施检查。设备设施都要保证完好无损，并按照系统规则打印并粘贴正式的编码。

3. 系统初始化

程序部署以后，接下来就是对系统进行初始化配置，系统的初始化配置包括以下内容。

（1）基础数据初始化。基础数据是供应链信息管理系统运行的底层支撑，根据各系统的设计，初始化的基础数据包含商品资料、物流中心资料、库区货位资料、供应商资料、组织结构等，数据量大的基础数据通过 Excel 或程序导入，简单的基础数据可登录系统直接维护。

（2）系统参数初始化。针对每个物流中心、每个业务的一些个性化需求，配置不同的系统参数，这也是系统运行的前提。例如，有的仓库有自动化设备，有的仓库只有 PDA，这就要根据不同的业务诉求配置不同的系统参数，这些参数一旦配置了，除非模式发生变化，不会轻易调整。

（3）存量数据导入。针对一些已经有历史数据的系统，需要将存量的业务记录、库存数据、人员信息等迁移到新系统中，保证新旧系统信息的完整性。

系统数据初始化以后，针对关键信息，最好再对编写脚本进行一次“二次校验”，避免数据初始化出错，主要包括非空数据的校验、相互冲突的数据校验、多个表中数据不一致的校验等。

4. 权限及账号开通

系统部署完成以后，负责现场运营的相关人员便可以登录系统为一线操作员工开通系统登录账号，并按照岗位角色为账号分配系统功能权限和数据权限。功能权限包含页面权限、操作权限和字段权限，数据权限根据每个系统的数据规则进行设置，可以按角色设置、按仓库设置、按业务设置等。

为了准确地记录每个人的操作记录，以便可追溯，最好为每位操作员工开通独立账号，账号不共用。

5. 实操培训

供应链项目的用户方通常是一线操作员工，在新系统正式切换前，现场运营人员和实施工程师需要对一线操作员工进行实操培训，让各岗位操作员工熟练掌握各环节的操作流程，实操培训包括系统操作培训、硬件操作培训和异常流程处理培训。很多时候，我们会给一线操作员工一份系统操作手册，但这样的培训效果往往不理想，最好的方式是在系统切换前下发一些测试单，让操作员工在真实环境中参与测试，感受实操。

6. 正式上线

所有准备工作做完后，就可以正式进行系统上线了，系统正式上线的意思是接入真实的业务到新系统中，让新系统接受真实业务的考验，而不单是之前的模拟测试了。

为降低上线风险，相关人员可以采用爬坡切换的方式，前期新旧系统并行运行，业务慢慢向新系统迁移，逐步过渡到新系统中。切换系统时有两个需要重点关注的点：①如果旧系统中还有未处理完的单据，抑或在切换过程中下发的单据，应该继续在旧系统中处理完；②任何项目上线都存在失败的风险，相关人员应该提前编制风险预案，万一上线失败，能及时切换旧系统。

7. 上线跟进

新系统上线后，通常会存在与原流程不一样的地方，加上一线操作员工对新系统的适应需要一个过程，项目组成员需要驻场一段时间对项目进行上线跟进，一方面对一线操作员工进行辅导，另一方面能及时发现操作方面存在的问题和系统问题并及时处理。

在系统上线跟进过程中，必然会出现很多待优化的需求和待解决的问题，为了统一管理，通常需要建立一线员工反馈的需求和问题的对接通道，从现场收集，统一汇总后进行处理。

（五）项目收尾

系统的成功上线意味着新系统运行与维护的开始，同时也意味着本项目到了收尾阶段，项目收尾阶段主要有五项工作：上线问题处理、上线需求处理、上线指标分析、项目验收、上线复盘总结。

1. 上线问题处理

系统平稳上线后，项目组会逐步将基础建设、硬件设备建设和系统软件开发相关资料移交给业务方，并分批撤离项目现场，这就需要建立上线后的问题定位、反馈和处理机制，对上线后的问题进行分级处理，常见的做法是项目组整理出项目过程中常见的问题及处理方式，将其留给现场运营人员，日常问题交由业务方的现场运营人员自行解决，紧急、疑难问题可以由项目组提供远程支持。

2. 上线需求处理

针对系统上线后的需求，建立上线需求的对接通道，由产品经理进行对接，紧急需求及时研发、上线，非紧急需求可以按照版本迭代的方式定期研发上线，如每半个月更新一个版本。像仓库、配送中心这些多网点、多业务的供应链项目，由于各个网点都有自己的需求，如果统一由产品经理进行对接，其精力必然不够，会顾此失彼，合理做法是由各仓库、配送中心的现场运营人员负责一线的需求收集和整理，再将其汇总到总部运营部门，由总部运营部门的相关人员统一与产品经理进行对接。

3. 上线指标分析

做项目，特别是做大型供应链项目，有投入必然需要有产出，产品经理和运营人员应该在系统上线后及时对业务指标进行监控和分析，评估项目的投入产出比是否与预期相符，如果达不到预期，要从中分析原因并予以优化，和业务方一起将项目向良性的方向牵引。

4. 项目验收

大型项目在交付业务方之前，都有项目验收环节，相关人员验收通过并签字确认，项目组才能正式离场，如果该项目有尾款未支付，也会在验收通过后再走尾款支付流程。验收流程由项目经理发起，项目组和业务方一起整理验收清单，由业务方逐一检查验收并签字，如果某些环节验收不通过，需要及时解决。

供应链项目的验收可以分阶段实施。基础建设类项目一般在水电装修完成后达到进场标准即可安排验收，验收项目包含地基及基础建设质量、主体工程、水电、暖通规划等，需要各负责主体方一起确认；硬件项目和软件项目需上线运行稳定并达到业务预期后再进行验收，验收项目包含硬件的质量、性能及软件的系统流程和系统功能等。

5. 上线复盘总结

项目验收之后，有必要对项目做一个复盘总结，并对项目做结项验收。复盘总结会一般由项目经理组织核心项目组成员召开，包含如下议程。

（1）回顾整个项目历程。从项目启动，到各个里程碑节点，到最后的项目验收，项目经理带领实施人员进行回顾。

（2）分享系统上线后给业务带来的价值，以及上线后的数据指标与业务预期的差异，并分析原因。此项工作需要产品经理和运营人员配合完成。

（3）向业务方收集上线后的满意度调查情况，并将满意度结果同步项目组。

（4）组织每一位核心项目成员对项目过程中的好坏优劣进行复盘，可以从计划执行、目标完成、需求变更、团队合作等多个方面展开，最终形成复盘结论。复盘总结不是目的，而是为了总结经验，吸取教训，以求项目越做越好。

三、供应链信息管理中的项目管理

供应链信息管理系统的建设和管理是一项复杂的系统工程。从20世纪70年代开始，人们认识到如果在信息管理系统的开发中引入工程化项目管理理论和方法，这样就可以加快系统开发的速度、保证质量，以及降低开发成本。而这一引入必须遵循科学的方法，需要结合信息管理系统的实际，开发出一套合适的管理方法。

（一）供应链信息管理中项目管理的概念和步骤

项目是一种一次性的工作，它应当在规定的时间内，由为此专门组织起来的人员来完成。它应有一个明确的预期目标，还要有明确的可利用的资源范围，需要运用多种学科的知识解决问题，没有或很少有以往的经验可以借鉴。

与项目的概念相对应，项目管理可以说是在一个确定的时间范围内，为了完成一个既定的目标，并通过特殊形式临时组织的运行机制，通过有效的计划、组织、领导与控制，充分利用既有资源的一种系统管理方法。项目管理适用于那些投资巨大、关系复杂、时间和资源有限的一次性任务的管理，包括团队管理、风险管理、采购管理、流程管理、时间管理、成本管理和质量管理等很多层面。

项目管理理念在美国得到了系统化的发展。20世纪60年代，美国只有航空、航天、国防和建筑工业愿意采用项目管理。到了20世纪70年代，越来越多的中小企业也开始注重项目管理，将其灵活地运用于企业活动的管理中，项目管理技术及其方法本身也在此过程中逐步发展和完善。项目管理在20世纪80年代已经被公认为是一种有生命力并能实现复杂的企业目标的良好方法。项目管理逐渐发展成为一门涵盖关于项目资金、时间、人力等资源控制的综合管理科学。

项目管理需要一定的管理方法，可以按照以下步骤进行。

（1）首先需要定义好一个项目并且确定项目的关键点。

（2）确定项目中各方面的角色，如项目经理、赞助商、核心成员、客户等，并且让大家充分了解项目的目标和要素，形成坚定的向心力。

（3）确定项目阶段，项目一般有启动、计划、执行、监督、结束等阶段。

（4）可行性检查，在这个步骤，项目组织者必须同时分析出项目的驱动力和项目的阻力，制定合理的激励和管理政策。

（二）供应链信息管理中项目管理的主要模式

在企业生产制造的过程中，供应链属于一个非常大的供需网络体系，主要包括从商品生产到产品流通的过程，企业通过对相应资金流、商品流、信息流及物流等情况进行有效控制与管理，从而更好地将生产商、供应商、运输商及消费者等各个环节的主体进行链接。例如，新产品的开发工作无法通过一个企业完成，而需要多个企业共同完成，这一工作的开展就需要建立完善的供应链体系，要在实际工作中，对各个企业的主要负责项目进行分工，从而使其明确自身职责，并且也要对各个企业的风险情况进行分担，避免不平衡现象的出现，从而保证供应链中的企业在整个项目开展中保障协调性、同步性和集成性的管理工作，为供应链中企业的发展奠定坚实的基础。

供应链信息管理中项目管理的有效实施高度依赖于科学的管理模式。当前，主流管理模式主要包括预测型模式、敏捷型模式及混合型模式三类，其核心差异体现在需求响应机制与技术适配维度上。

预测型模式（计划驱动型）适用于技术成熟度高、需求边界明确的项目场景，如仓库管理系统或自动识别设备的标准化部署。该模式采用线性生命周期管理，强调前期需求的完整冻结与结构化方案设计，通过严格的分阶段开发控制技术风险。其优势在于成本预算精度与过程的可控性，然而该模式对动态业务需求的适应性较弱，当外部环境突变导致需求变更超过阈值时，系统重构成本将呈指数级增长。

敏捷型模式（迭代适应型）则面向创新性强、需求不确定的信息系统项目。其方法论根基在于将复杂目标解构为最小功能单元，依托短周期迭代以实现持续价值交付。在供应链数据智能开发（如需求预测算法或区块链溯源平台）中，该模式通过高频用户反馈显著降低开发冗余。需要特别关注的是，过度碎片化开发可能引发技术债务积累，表现为接口标准不统一、文档缺失等系统性风险。

针对大型供应链数字化转型的复杂性，混合型模式（预测-敏捷融合型）逐渐成为行业优选方案。该模式在战略规划层保持预测型框架，确保基础设施层（如云平台）与数据治理层的稳定和作业有序推进，在执行层引入敏捷机制，使应用开发能动态响应业务变化。

（三）供应链信息管理中项目管理的作用

1. 坚持以满足顾客需求为主

企业在进行供应链管理时，顾客属于其中最为重要的部分，企业要坚持以满足顾客需求为标准，这也是保证企业实施供应链项目管理工作的核心环节。而对于顾客这一主体来说，可以将其分为关键顾客、合适顾客及一般顾客三种形式。对于企业供应链管理工作来说，就可以根据不同顾客的需求为其提供相应的服务，满足其相应的要求。之后再由企业项目部建立相应的小组专门对顾客供应链进行合理的管理，从而为顾客提供满意的产品及服务项目。

2. 在供应链中对不同企业的组织结构进行整合

对于传统企业组织结构来说，通常是以垂直的、职能式的组织形式为主，该组织结构的优点主要是能将相应的资源进行合理的运用，并为企业间部门相互支持提供有力保障。但这一组织结构还是有缺点的，表现为在多个项目中不同项目的资源优先使用权，会出现矛盾和相应的冲突。因具有权力集中的弊端，信息传递中会出现不确定性问题，导致项目决策与原要求不统一。而供应链信息管理能够对不同企业的组织结构进行整合，避免上述问题。

3. 合理地运用企业项目组织结构中的人力资源

企业项目组织结构中，项目经理可以通过企业招聘或是从基层选拔。他们将会在企业组织机构中获得较大的权力，从而更好地调动企业内部及外部的资源，无须经过企业最高领导层决定，这给其开展相应工作提供了极大的便利。

4. 为企业供应链管理提供新思路、新方向

现今，随着我国网络技术的快速发展和信息技术的稳定进步，供应链管理在企业中也逐渐凸显其重要性。所以企业可以将项目管理基本思想运用到供应链管理中，通过以“组”为单位的顾客服务形式，建立企业供应链管理新组织结构体系。在这一环境下，企业必须明确意识到，企业产品竞争力不单单是由一个企业决定的，而是由产品生产经营的整个过程决定的，并且产品间的竞争也会逐渐形成供应链的竞争形式。

四、供应链信息管理系统的运行与维护管理

在信息管理系统的生命周期中，系统的运行与维护阶段是持续时间最长的。信息管理系统开发工作结束，投入使用以后，并不意味着系统建设的结束，还存在系统运行与维护管理的工作。如果运行与维护管理工作不善，则新系统仍然不能充分发挥其效益。只有这些工作做好了，信息管理系统才能正常地、可靠地、高效地运行，信息管理系统才能发挥出最大效益。

（一）信息管理系统的运行管理

所谓运行管理工作，是对信息管理系统的运行进行实时控制，记录其运行状态，进行必要的修改与功能扩充，以便信息管理系统真正符合管理决策的需要。如果缺乏科学的组织与管理，信息管理系统就不能自动地为管理工作提供高质量的信息服务，而且信息管理系统本身也会陷入混乱。信息管理系统的管理工作也不能与机器设备本身的管理工作等同起来。计算机应用系统的任务是为管理工作服务，它的管理工作是以向一个组织提供必要的信息为目标，是以能够满足管理工作人员的信息需求为标准，而机器本身的管理工作只是这项工作的一小部分内容，只是提供了硬件的保障，真正

要做到向管理人员提供有用的信息还需要做许多软件操作、数据收集、成果提供等工作。因此，信息管理系统应该配备专职人员负责运行管理工作。这里的专人，不仅指管理硬件设备的工作人员，还应该是了解信息管理系统功能及目标、与项目管理人员直接接触的信息管理专业人员。

从系统运行的角度出发，信息管理系统的运行管理有两方面的工作需要充分保证。一是对系统例行的检查和管理，包括检查是否有文件描述人工操作步骤，计算机程序是否都有文件说明，数据的输入、存储、更新、复制、统计、输出是否按规定的操作规程进行，这些规程是否符合标准程序。二是对系统运行情况的记录和积累，记录内容包括系统工作的数量（如开机时间、积累的数据总量、数据使用频率等）、系统工作的效率、系统提供服务的质量、系统维护的修改情况、系统的故障等。

（二）信息管理系统的维护管理

维护既是信息管理系统经常性的工作，也是信息管理系统生命周期中持续时间最长、代价最大的一个阶段。在信息管理系统的整个使用寿命中，都将伴随系统维护工作的进行。系统维护的目的是要保证信息管理系统正常而可靠地运行，并能使系统不断得到改善和提升，以充分发挥作用。因此，系统维护的任务就是要有计划、有组织地对系统进行必要的改动，以保证系统中的各个要素随着环境的变化始终处于最新的、正确的工作状态。

系统维护工作在整个系统生命周期中常常被忽视。人们往往热衷于系统开发，当开发工作完成以后，多数情况下开发队伍被解散或撤走，而在系统开始运行后并没有配置合适的系统维护人员。这样，一旦系统发生问题或环境发生变化，最终用户将无从下手，这就是为什么有些信息管理系统在运行环境中长期与旧系统并行而不能转换，甚至最后被废弃的原因。随着信息管理系统应用的深入，以及使用寿命的延长，系统维护的工作量将越来越大。系统维护的费用往往占到整个系统生命周期总费用的60%以上。因此，有人曾以浮在海面上的冰山比喻系统开发与维护的关系，系统开发工作如同冰山露出水面的部分，容易被人看到而得到重视，而系统维护工作如同冰山浸在水下的部分，体积远比露出水面的部分大得多，但由于不易被人看到而常常被忽视。系统维护是信息管理系统可靠运行的重要技术保证，必须给予足够的重视。

维护是面向系统中各构成因素的。按照维护对象的不同，信息管理系统维护的内容可分为以下几类。

（1）系统应用程序维护。系统的业务处理过程是通过应用程序的运行而实现的，一旦应用程序发生问题或业务发生变化，就必然引起应用程序的修改和调整，因此系统维护的主要活动是对应用程序进行维护。

（2）数据维护。业务处理对数据的需求是不断发生变化的。除了系统中主体业务数据的定期正常更新，还有许多数据需要进行不定期的更新，或随环境/业务的变化而进行调整，以及随数据内容需要增加、随数据结构需要调整。此外，数据的备份与恢复等也是数据维护的工作内容。

（3）代码维护。随着系统应用范围的扩大、应用环境的变化，系统中的各种代码都需要进行一定程度的增加、修改、删除，以及设置新的代码。

（4）硬件设备维护。主要是指对主机及外设的日常维护和管理，如机器部件的清洗、润滑，设备故障的检修，易损部件的更换等，这些工作都应由专人负责，定期进行，以保证系统正常、有效地工作。

（5）机构和人员的变动。信息管理系统是人机系统，人工处理占有重要地位，人的作用占主导。为了使信息管理系统的流程更加合理，有时涉及机构和人员的变动。这种变化往往也会影响到设备和应用程序的维护工作。

信息管理系统维护需要较大开支，必须专款专用，并根据系统各种维护要求的重要性确定当年维护项目的优先次序。信息管理系统维护是十分琐碎和枯燥的工作，许多信息管理系统工作人员，特别是系统设计人员和程序开发人员的兴趣总是在于开发新系统，而不愿花时间和精力去修补旧系统的缺陷。为了解决这一问题，激发系统工作人员的积极性和工作热情，可以把系统工作人员分配到各个具体项目，负责这些项目的维护工作，定期（如2~3年）轮换。这样，对系统工作人员来说，一方面，他们在不断承担新的任务，对维护的项目可能会有新的兴趣；另一方面，系统工作人员通过维护工作熟悉了系统不同的项目，拓宽了他们的知识面并丰富了经验，增加了他们对整个系统的了解，从而可以提高信息管理系统的维护质量，避免系统工作人员对系统不熟悉或掌握的数据资料不全时对系统进行修改维护所导致的故障和失败。

为了提高信息管理系统的可维护性，适应系统的变化，在系统开发和设计时就必须考虑建立一些标准，如标准数据定义、确定的程序设计语言、标准系统结构、模块化程序设计、系统文件标准等。尤其是系统开发和系统维护由不同的人员承担时，建立完善正确的标准和系统文件就更为重要。

❖课后习题

1. 简述 ERP 系统与 SCM 系统的关系。

2. 简述供应链信息管理系统分析与设计方法的类型及对应的步骤和特点。

3. 如果一家电商企业需要进行配送物流的选择，请分析应如何在自营物流和第三方物流中进行抉择。

4. 假定单位指定你来负责某个信息管理系统的建设，你将如何做好项目管理工作？

❖拓展阅读

供应链视角下汽车配件企业采购与库存优化策略

随着市场竞争的加剧，市场全球化的进程加快，产品寿命周期缩短，顾客期望值越来越高，市场竞争已从单个企业对单个企业的竞争变成供应链对供应链的竞争，它是围绕核心企业，通过信息流、物流、资金流，将供应商、制造商、分销商、零售商直到最终用户连接成一个整体的功能网络。

对于C公司这样的汽车配件制造企业来说，由于原材料的种类较为繁多，采购的原材料数量又很大，通常难以避免用订单驱动的方式进行物料订购，但这就需要通过多个方面的协同来保障供应商的供货及时性，主要分为内部协同和外部协同。首先，在公司内部应该加强系统优化视角下的合作与协同。C公司目前的物料采购系统是一个逻辑性较强且容易被理解和接受的方案，对于公司本身的物料采购和管理来说具有较好的应用价值，但包括采购在内的相关管理部门过分强调规划，而不够重视执行。在协同过程中，各个部门之间没有贯彻良好的合作思想，相互间的信息没有进行及时的共享，不能将管理指令和订单信息及时地传达和反馈，因此，可以考虑采用系统性更强的JIT模式，即在采购部门与生产部门之间、采购部门与市场部门之间、采购部门与生产车间之间，以及销售队伍之间，进行及时的交流，通过了解生产进度，时刻把握物料供需情况，并通过交流产品品质要求及物料质量需求等信息，提高物料采购的性价比。

对于C公司而言，在加强内部系统协同的基础上，也要不断改进企业的外部协同，即加强与供应商的联系，通过了解其生产能力及生产进度，帮助预测供货时间节点，由此进一步将采购周期和时段精确化。由于需求管理是所有作业计划的开始，因此，建立有效的供应链系统预测流程则显得十分重要，而该流程的建立，基于部门间的合作还不够，更应该注重企业外部的合作，即与供应商，甚至是与客户之间的信息分享。C公司应该从供应链系统的整体性进行考虑，通过将市场需求信息与供应商供给信息，以及自身的生产能力和资源信息结合起来，构建一个即时动态更新的数据分享系统，从而根据销售量的预测，调整企业的生产计划，继而调整企业的物料需求计划，在提高市场满足能力的同时，降低库存，更加合理地对整个供应链上的资源进行分配。根据C公司目前的库存管理现状来看，主要问题在于库存的实时变通能力较差，应对变化的反应速度较慢，究其原因在于库存管理信息与生产等其他环节信息的脱节，以及部门间的孤立作业等。针对类似的库存管理问题，首先要强调JIT采购管理思想，即精准化采购方案，但仅仅根据订单确定采购数量依然会面临采购量过大及采购周期把握不准确等问题，因此，库存控制的优化，需要在供应链管理的系统环境下，将各个环节的活动同步进行，因此需要引进供应商管理库存（VMI）系统。该库存管理系统主要的优势在于突破了现有库存管理模式中的功能条块分割传统，以一种集成化的、系统化的管理思想对库存进行控制，从本质上说也是基于供应链系统优化的视角。具体来说，优化后的库存控制模式就是将用户和供应商的成本都最低化，在一个双方同意的目标下通过供应商管理库存，并随着目标的不断修正和用户企业的不断监督，形成一种持续改善的环境。这一库存控制模式显然要精诚合作，因此，适用于战略合作型的供应商伙伴，基于相互信任和信息透明的前提，让库存管理与供应商的供货融为一体，风险共担。当然，库存控制模式最大的目标是互惠，即通过精诚合作最终形成的结果是双方在履行各自义务的同时获得最大的收益。同时，还应本着动态改进的原则，通过双方信息的互通及相互监督不断调整库存目标，从而制定灵活的供给策略，形成精确的库存控制。对于C公司而言，针对战略伙伴型的供应商，采取VMI系统下的库存控制模式，将有效降低供应链系统的库存水平，从而减少资源及资金的占用，加快资金流动，并且由于供需信息的及时反馈，供应链系统和采购系统更加透明和可信，从而在供应商方面获得更高水平的服务和更低成本的物料。

要实现采购过程的内外部协同优化，必须在内外部沟通过程中贯彻准时制采购策略。当然，前提是需要选择好最佳的供应商，与供应商之间建立有效的沟通机制，同时也加强企业内部各个部门之间的联系，形成细致的信息分享网络，具体的实施举措如下。第一步是创建准时制采购的班组。拥有高素质的专业化采购队伍是实现准时制采购策略的重点。因此，C公司采购部门第一步就是成立两个特殊的班组，其中一个班组负责专门处理供应商的事务，其主要任务是对供应商进行资质认定、能力评估、信誉评价，同时还包括与供应商谈判并进一步签订相应的准时制采购合同等；另外的一个班组则负责从事消除采购过程中的浪费，为供应商发放相关物料的免检证，负责供应商的培训和教育等。这两个工作班组的协同工作，将提高企业与供应商的外部交流，同时也加强了企业内部不同功能部门之间的交流。第二步是制订相关的采购计划，确保准时制采购策略能够有步骤、有计划地实施。在具体实施过程中，C公司将制定相应的采购策略，从而改进目前的采购方式，尽量减少供应商的数量，提高其质量，通过准确地评价供应商、向供应商签发免检证等策略提高与供应商之间的交流速度，从而快速制订采购计划，并实现信息的持续化沟通。第三步是在精简供应商的基础上，与重点供应商建立长久合作关系，主要从供应商的供货数量，供应商所供物料的质量，供应商对市场反应的应变能力，供应商的地理位置，供应商的规模、技术和财务能力等方面进行考虑，当然还应该考虑与其他供应商之间的可替代性情况等。第四步是进行试点化工作。C公司采购部门应选择某一种产品或者某一条生产线开始试点，进行物料或零部件的准时制供给。在试点过程中，强调企业内部各个部门之间的相互支持和信息交流，尤其是生产部门应给予及时的信息支持和技术指导。通过类似的试点工作，总结其中的经验教训，为准时制采购策略的正式实施做好准备。第五步是对供应商进行有效的培训，C公司采购部明确培训的主要目的是让供应商与企业形成共同的努力目标，即实现共赢互利。因为以供应链系统优化为目标的采购管理需要供需双方都参与到共同的业务活动中去，无论是单靠供应商，还是单靠采购组织的努力都是无法实现的。因此，对供应商进行采购策略及运行方法上的认知和理解培训是十分有必要的，这样能够取得供应商的理解和支持，进而配合企业采购部门开展相关工作。要实现供应链系统下的采购协同，还应该有一种动态管理的思想，即在信息及时交流的过程中对采购模式及交易方式不断改进，使整个采购过程在内外部协同的环境下不断完善，通过总结经验教训，从降低物料的运输成本、增强交货的准确性和准时性、提高物料的质量、降低库存等方面共同改进，使整个供应链系统尤其是采购过程实现动态优化。

第五章　供应链信息管理中台与控制塔

❖教学目标

1. 了解供应链信息管理中台产生的背景，掌握供应链信息管理中台的概念和作用。

2. 掌握供应链信息管理中台架构。

3. 了解供应链控制塔产生的背景，掌握供应链控制塔的概念、功能和参考架构，了解供应链控制塔的价值矩阵和实践。

4. 了解供应链信息管理中台的实现。

❖引导案例

农产品供应链是指从农田到餐桌的全过程供应链，包括农产品生产、加工、流通、销售等环节。传统的农产品供应链存在“信息孤岛”、信息不对称等问题，导致效率低下、资源浪费、食品安全隐患等诸多问题。农产品供应链信息管理中台的出现，为解决这些问题提供了一个全新的方案。

农产品供应链信息管理中台可以通过传感器、无线网络等技术手段，实时采集农产品生产、加工、运输等环节的信息数据，并进行整合和分析，形成全链条的数据流；农产品供应链信息管理中台实现了各个环节之间的数据共享和协同，使得信息流动更加畅通，各个环节之间能够实时沟通和协作，提高供应链的响应速度和效率；农产品供应链信息管理中台通过分析信息数据，能够对供应链中的风险进行预警和控制，及时发现和解决问题，减少食品安全隐患和经济损失；农产品供应链信息管理中台能够实现对农产品的质量溯源和追踪，消费者可以通过扫描产品上的二维码，了解产品的生产地、生产过程、质量检测结果等信息，增加消费者对产品的信任和满意度；农产品供应链信息管理中台可以利用大数据分析技术，对供应链数据进行挖掘和分析，为农产品生产、销售等环节提供决策支持，优化资源配置和供需匹配，提高农产品供应链的效益和竞争力。

农产品供应链信息管理中台可以应用在农产品生产、流通、销售等不同环节。例如，在农产品生产环节，农产品供应链信息管理中台可以实时监测土壤湿度、温度、光照等指标，提供精准的农药施用建议，帮助农民合理管理农田，提高产量和质量；在农产品流通环节，农产品供应链信息管理中台可以实现对农产品的快速分拣、打包和配送，减少人工操作，提高物流效率，降低成本；在农产品销售环节，农产品供应链信息管理中台可以实现对销售数据的实时监测和分析，根据市场需求进行快速调整和决策，提高销售效率和利润空间。

本章将对供应链信息管理中台的概念、作用、架构及供应链控制塔等内容展开介绍。

第一节　供应链信息管理中台的概念和作用

一、供应链信息管理中台的相关概念

（一）供应链数字化转型

1. 概述

传统供应链是一个线性链，供应链的各个节点（如供应商、制造商、分销商、零售商和客户）通过通信介质依次联系起来。这种供应链注重内部联系，灵活性差，如果其中一个节点出现无序或延迟对接，会影响其他节点企业的价值创造活动，从而影响整个供应链的价值增值。此外，传统供应链还具有“信息孤岛”、非实时信息交换、可见性和可视化较低等痛点。

供应链数字化转型在很大程度上解决了传统供应链的问题。供应链数字化转型是旧的线性供应链转变为新的以客户为中心，基于网络相互连接、协同智能、数据驱动、动态、自适应、可预测、弹性、可持续的数字化供应链。具体而言，数字化供应链具有以下特征。

（1）数字化供应链是网络化、协同化、生态化的。

（2）供应链合作伙伴都是在线的，能随时监测市场的变化，提高预测水平。

（3）数字化供应链是动态的，能够适应市场的不断变化。

（4）数字化供应链是集成数字化技术，如云计算、物联网、大数据、5G 及移动技术、数字孪生、区块链等的协同平台。

（5）数字化供应链是按利润和服务水平进行决策优化的。

（6）供应链环节中加入了更多人工智能和机器学习元素，机器是在人的监督下驱动决策的。

（7）数字化供应链具有可见性和可视化。

数字化转型对供应链的各个阶段都有积极的影响。据研究，在定制化订单阶段，数字化供应链可以通过协同客户共创、在线定制订单、客户洞见和互动，使客户满意度评分提高30%~50%；在产品开发阶段，数字化供应链可以通过3D（三维）打印原型、快速实验与模拟、产品全生命周期管理，使设计和工程前置时间缩短20%~50%；在智能供应链阶段，数字化供应链可以通过大数据预测、实时供应链绩效与优化、先进排产计划，使库存持有成本降低20%~50%；在数字化采购阶段，数字化供应链可以通过数字化开支分析、线上供应商名单、电子招标平台、线上下单，使采购成本降低3%~10%；在数字化生产阶段，数字化供应链可以通过数字化业绩管理、数字化质量管理、预见性维护、能耗优化，使生产成本降低20%~40%；在自动化生产阶段，数字化供应链可以通过人机协作、知识工作自动化、远程监控和控制，使人员生产效率提高20%~50%；在智能物流阶段，数字化供应链可以通过自动化仓库、运输路径优化、货车运输在线平台，使物流总成本降低10%~30%；在客户服务阶段，数字化供应链可以通过产品可追溯性、预见性维护、远程专家指导，使售后维护成本降低10%~40%。

2. 推动因素

供应链数字化转型的推动因素可以分为以下几种。

（1）以客户为中心的市场需求带来新挑战。

①消费者个性化需求特征更加明显，消费者可以依据个人的喜好随意选择商品，制造正从批量和集中式生产向定制化和分布式生产变革，这要求供应链向数字化、智能化转变。

②客户要求商品按规定的时间送达，规定时间甚至短到当日数小时，所以传统的供应链物流已经无法满足客户的需求。

③客户要求交付产品过程透明、可跟踪追溯，并且货到后有好的售后服务，这要求产品有数字标识，物流交接有扫码，在途物流有数字管控，并且退货可追溯。

（2）传统的商业模式向数字化的商业模式转型。

在数字经济时代，制造服务化已成为一种趋势，它同时推动了供应链服务化。例如，富士康名下的供应链部门从富士康分离出来成立了准时达国际供应链管理有限公司，它不仅服务于富士康，还服务于其他制造业企业。不管是制造业本身的服务化，还是供应链的服务化，数字化转型成了其必由之路。

传统线下（门店）零售业转型为以线上为主，“线上+线下”的新零售商业模式极大地推动了供应链的销售交付短链的数字化转型。例如，苏宁曾经是一个传统的电器零售商，它成功转型为“数字化平台+线下渠道”的新零售商，推动了供应链从传统的

“生产—销售—顾客”模式演变为“顾客需求—销售端反馈—生产端—销售端—顾客”的新模式。

（3）数字经济的发展促进供应链数字化转型。

数字经济的变革体现在组织方式、生产要素、生产方式、驱动力上。

①组织方式从传统的基于产业链的层级式、离散式、中心化和规模化的全球专业化分工与集聚模式，逐步转变为基于互联网的平台化、协同化、分布式、定制化的全球资源与服务协同模式，这促使供应链从链式结构转变为网状的结构，基于互联网和物联网的数字平台已成为供应链新的协同服务模式。

②数据要素成为新型的生产要素，数据成为供应链变革的驱动力。例如，阿里巴巴的菜鸟供应链用数据打通从采购、仓储、交付物流到售后服务的整个过程，提供了端到端的实时/分时可见性，提高了顾客满意度。

③生产方式由“自动化+标准化+集中式”转变为“智能化+定制化+分布式”，这给供应链带来的变革包括智能供应链计划和物流、数字化采购和动态的物料配送、数字化供应链协同和供应网络。

④驱动力由要素驱动转变为创新驱动。创新驱动供应链的数字化变革包括技术创新（如无人机配送、仓库机器人的应用等）、模式创新（如数字化平台、数字供应链金融等）、管理创新（如数字化的供应链管理、供应商关系管理等）。

（4）工业 4.0 带来的新兴技术驱动供应链数字化转型。

第四次工业革命是信息时代到数字智能时代的转型，它以数字革命为基础，涉及机器人、人工智能、纳米、量子计算、生物科技、物联网、3D 打印和自动驾驶等新兴技术领域。正在发生的第四次工业革命和数字化转型将极大提高劳动生产率并进一步丰富人类的物质和精神生活。而在这个过程中，供应链与物流必然要经历数字化的变革。

（5）提高供应链的竞争力和国家战略的需要。

近年来，国家高度重视数字化发展，明确提出要把握新发展阶段、贯彻新发展理念、构建新发展格局的核心要义，加快数字化发展，发展数字经济，推进数字产业化和产业数字化，推动数字经济与实体经济深度融合，打造具有国际竞争力的数字产业集群。2017 年，国务院办公厅发布《关于积极推进供应链创新与应用的指导意见》（国发办〔2017〕84 号），为供应链的数字化转型奠定了基础。

（二）数据中台

1. 概述

数据中台最早是由阿里巴巴提出的，其核心思想是让数据共享，具备应用价值，

2019年是数据中台的元年。在传统信息技术建设方式下，企业的各种信息系统大多是独立采购或者独立建设的，无法做到信息的互联互通，导致企业内部形成多个“信息孤岛”。互联网、移动互联网的发展带来很多新的业务模式，很多企业尝试通过服务号、小程序、O2O（线上线下商务）平台等新模式触达客户、服务客户，新模式是通过新的平台支撑的，其产生的数据与传统模式下的数据也无法互通，这进一步加剧了“信息孤岛”问题。分散在各个孤岛的数据无法很好地支撑企业的经营决策，也无法很好地应对快速变化的前端业务。因此需要一套机制，通过这套机制融合新老模式，整合分散在各个孤岛上的数据，快速形成数据服务能力，为企业经营决策、精细化运营提供支撑，这套机制就是数据中台，数据中台定位如图5-1所示。

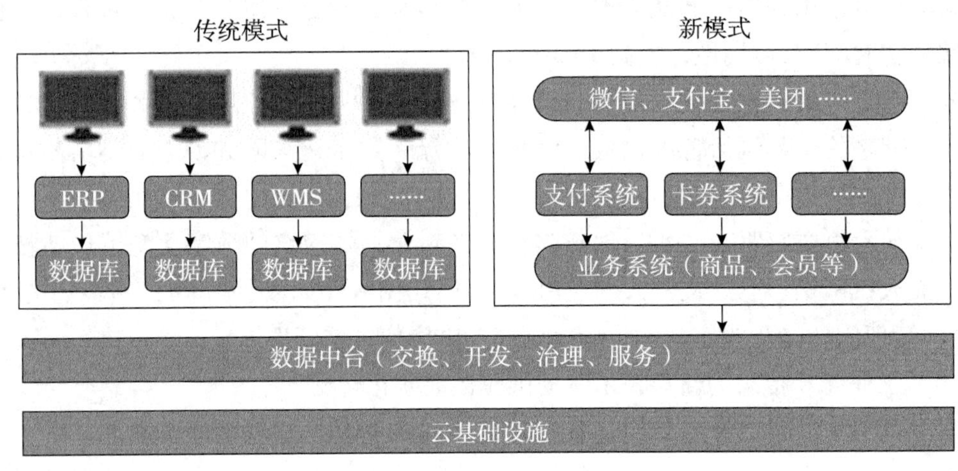

图5-1　数据中台定位

数据中台是指企业利用大数据技术，对海量数据统一进行采集、加工、计算、存储，通过前期的设计形成统一的数据标准、计算口径，统一保障数据质量，面向数据分析场景构建数据模型，让通用计算和数据能沉淀并能复用，提升计算效能的一套机制。数据中台实现了让企业的数据可持续地用起来，使各个系统的数据互联互通，解决“信息孤岛”问题。

2. 数据中台与业务中台

阿里巴巴的双中台体系即“数据中台+业务中台”，这两个中台既有区别又相互联系。

（1）区别。

业务中台更多偏向于业务流程管控，将业务流程中共性的服务抽出来，形成通用的服务能力。比如电商平台，有C2C（顾客对顾客）、B2C（企业对顾客）、B2B（企业对企业）等模式，其中订单、交易、商品管理、购物车等模块都是有共性的。将这些组件沉淀出来，形成电商行业的业务中台，再基于这些业务中台组件的服务能力，可以快速搭建前台应用，如 C2C 模式的淘宝、B2C 模式的天猫、B2B 模式的 1688 等，用户通过这些前台业务触点使用业务服务。

通过上述描述，可以看出业务中台是基于业务流程的共性形成通用业务服务能力，而数据中台则是基于数据能力的共性形成通用数据服务能力。

（2）联系。

业务中台中沉淀的业务数据通过数据中台进行体系化的加工，再以服务化的方式支撑业务中台上的应用，而这些应用产生的新数据又流转到数据中台，形成循环不息的数据闭环。

业务中台与数据中台互相促进，为企业业务的发展、管理者的决策提供支持。其中，业务中台的存在是为了给公司业务运营服务，将获取的多维度数据传递给数据中台，由数据中台挖掘新的价值反馈给业务中台，以优化业务运营。

（三）供应链信息管理中台的定义

各种企业逐步信息化和数据化，供应链企业也不例外。大数据已经被应用到当下的供应链中，供应链企业相应地建立起供应链信息管理中台。供应链信息管理中台是企业实现供应链数字化转型的重要工具。

供应链信息管理中台是一种基于供应链背景下的智慧数据中台，它是一套可持续的“让供应链企业的信息和数据用起来”的机制，是一种战略选择和组织形式，是依据供应链企业中特有的业务模式和组织架构，通过有形的产品和实施方法论支撑，构建的一套持续不断把信息数据变成资产服务于供应链业务的机制。通过供应链信息管理中台把供应链中的信息数据变为一种服务能力，既能提升管理、决策水平，又能直接支撑企业业务，可以高效地实现供应链的需求预测、优化供应链业务、与供应链伙伴协同合作，从而提高供应链的效率。

二、供应链信息管理中台的作用

供应链信息管理中台的作用体现在它的核心能力和价值方面。

（一）核心能力

供应链信息管理中台需要具备对供应链信息数据的汇聚整合、提纯加工、服务可视化、价值变现四个核心能力，让供应链相关员工、客户、伙伴能够方便地应用信息数据。供应链信息管理中台的四大核心能力如图 5-2 所示。

1. 汇聚整合

随着供应链业务的多元化发展，供应链企业内部往往有多个信息部门和数据中心，

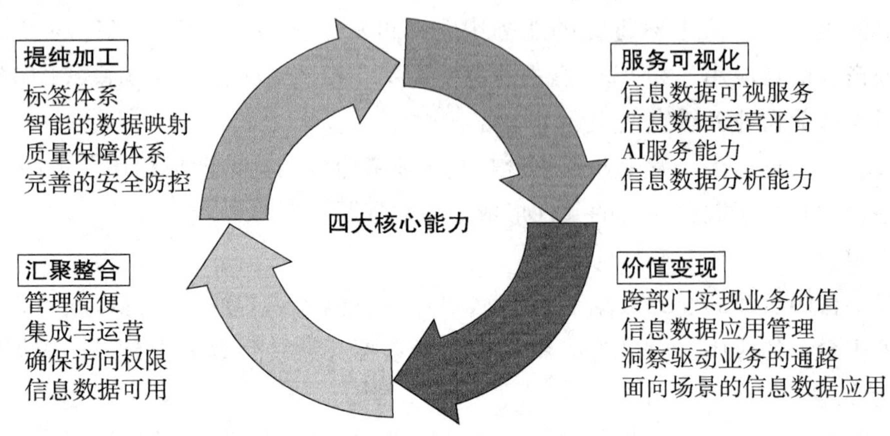

图 5-2　供应链信息管理中台的四大核心能力

大量系统、功能和应用重复建设，存在巨大的信息数据资源、计算资源和人力资源的浪费，同时组织壁垒也导致“信息孤岛”的出现，使得内外部数据难以全局规划。

供应链信息管理中台需要对供应链信息数据进行整合和完善，提供适配、成熟、完善的“一站式”大数据平台工具，在简便、有效的基础上，实现信息数据采集、交换等任务配置及监控管理。

供应链信息管理中台必须具备信息数据集成与运营方面的能力，能够接入、转换、写入或缓存供应链企业内外部多种来源的数据，协助不同部门和团队的数据使用者更好地定位数据、理解数据。同时，信息数据安全、灵活可用也是很重要的，供应链信息管理中台能提升供应链信息数据的可用性和易用性，且在系统部署上能支持多种模式。

2. **提纯加工**

信息数据就像石油，需要经过提纯加工才能使用，这个过程就是信息数据资产化。

供应链企业需要完整的信息数据资产体系，围绕着能给供应链业务带来价值的信息数据资产进行建设，推动业务信息数据向信息数据资产转化。

传统的数字化建设往往局限在单个业务流程，忽视了多业务的关联信息数据。供应链信息管理中台必须连通全域信息数据，通过统一的数据标准和质量体系，建设提纯加工后的标准信息数据资产体系，以满足供应链企业业务对信息数据的需求。

3. **服务可视化**

为了尽快利用供应链信息数据，供应链信息管理中台必须提供便捷、快速的信息数据服务，让相关人员能够迅速开发信息数据应用，支持信息数据资产场景化能力的快速输出，以响应供应链中客户的动态需求。

供应链信息管理中台可以提供数据化运营平台，帮助供应链企业快速实现信息数据资产的可视化分析，提供实时流数据分析、预测分析、机器学习等更为高级的服务，为供应链企业数据化运营赋能。

此外，伴随人工智能技术的飞速发展，AI 的能力也被应用到供应链信息管理中台，实现自然语言处理等方面的服务。数据洞察来源于分析，供应链信息管理中台必须提供丰富的分析功能，信息数据资产必须服务于业务分析才能解决企业在数据洞察方面的短板，实现与供应链业务的紧密结合。

4. 价值变现

供应链信息管理中台通过打通供应链企业信息数据，提供以前单个部门或者单个业务单元无法提供的信息数据服务，以实现供应链信息数据的更大价值变现。

供应链信息管理中台能提升跨部门的普适性业务价值能力，以更好地管理信息数据应用，将数据洞察变成直接驱动供应链业务行动的核心动能，跨业务场景推进信息数据实践。同时，评估供应链业务行动的效果也十分重要，因为没有效果评估就难以得到有效反馈，从而难以迭代、更新信息数据应用，难以持续为客户带来价值。

（二）价值

1. 业务价值

（1）改善供应链企业与客户的关系。在以客户为中心的时代，客户的观念和行为正在从根本上改变供应链企业的经营方式及企业与客户的互动方式。供应链信息管理中台的出现，将会极大提升供应链信息数据的应用能力，将海量数据转化为高质量数据资产，为供应链企业提供更深层的客户洞察，从而为客户提供更具个性化和智能化的产品和服务。

（2）支持大规模商业模式创新。一方面，供应链信息管理中台可以通过算法将洞察直接转化为行动，实现大规模商业创新。另一方面，信息数据无法被业务用起来的一个原因是信息数据没办法变得可阅读、易理解。通过供应链信息管理中台，信息技术人员将信息数据变成业务人员可阅读、易理解的内容，业务人员看到内容后能够很快应用于供应链业务，这样才能更好地支撑商业模式的创新。

（3）充分利用海量信息数据。面对供应链中纷繁复杂而又分散割裂的海量信息数据，供应链信息管理中台能充分利用内外部信息数据，打破“信息孤岛”的现状，打造持续增值的信息数据资产。在此基础上，能够降低使用信息数据服务的门槛，实现信息数据“越用越多”的价值闭环，牢牢抓住客户，确保竞争优势。

2. 技术价值

（1）应对多数据处理的需求。针对供应链中不同的数据应用场景，供应链信息管理中台可以满足离线/实时计算需求、各种查询需求，同时在将来新数据引擎（更快的计算框架、更快的查询响应）出现时，又不需要重构目前的大数据体系。

（2）丰富标签数据。根据全国信息技术标准化技术委员会大数据标准工作组发布的《数据管理能力成熟度评估模型》，针对数据标准提到数据分类主要有主数据、参考数据和指标数据。根据目前真实的数据建设情况来看，需要对一类数据进行定义和分类，譬如标签名为“消费特征”，标签值为“促销敏感”“货比三家”“犹豫不决”。供应链信息管理中台能对这类标签进行快速定义和有效管理。

（3）支持跨主题域访问信息数据。企业早期建设的应用数据更多是为某个主题域服务的，如营销域、人力资源域，供应链信息管理中台可以帮助供应链企业打破各个业务主题界限，从业务对象主体出发考虑数据应用，从全域角度设计完整的、面向对象的数据标签体系。

（4）信息数据可以快速复用。传统的架构中，要将信息数据应用到业务中，通用的做法都是通过信息数据同步能力，把计算的结果同步给业务系统，由业务系统自行处理，这将无法获取数据在应用场景中的具体价值和热度，这是复制数据，而不是复用数据。供应链信息管理中台可以解决供应链业务中快速复用数据的问题。

第二节　供应链信息管理中台架构

通用的供应链信息管理中台架构（见图5-3）包括信息数据汇聚、信息数据开发、信息数据体系、信息数据资产管理、信息数据服务体系、信息数据运营体系和信息数据安全管理，囊括了从信息数据采集、清洗、加工、分析、应用到信息数据管理的整个流程。信息数据汇聚是供应链信息管理中台数据接入的入口。信息数据开发是一整套信息数据加工及加工过程管控的工具，数据开发人员、建模人员把汇聚来的信息数据加工成对供应链各业务有价值的形式，供业务人员使用。经过信息数据汇聚和信息数据加工，信息数据已经具备了一致性和可复用性，是有价值的信息数据资产。信息数据资产管理把信息数据资产以更直观、更好理解的方式分角色分权限地展现给供应链企业的人员，实现了信息数据资产的可视化。信息数据服务体系使信息数据参与供应链业务，激活整个供应链信息管理中台。信息数据运营体系和信息数据安全管理可以为供应链信息管理中台保驾护航，使其持续、健康地运转，持续发挥信息管理中台在供应链中的应用价值。

一、信息数据汇聚

供应链信息管理中台本身几乎不产生信息数据，所有信息数据都来自供应链业务

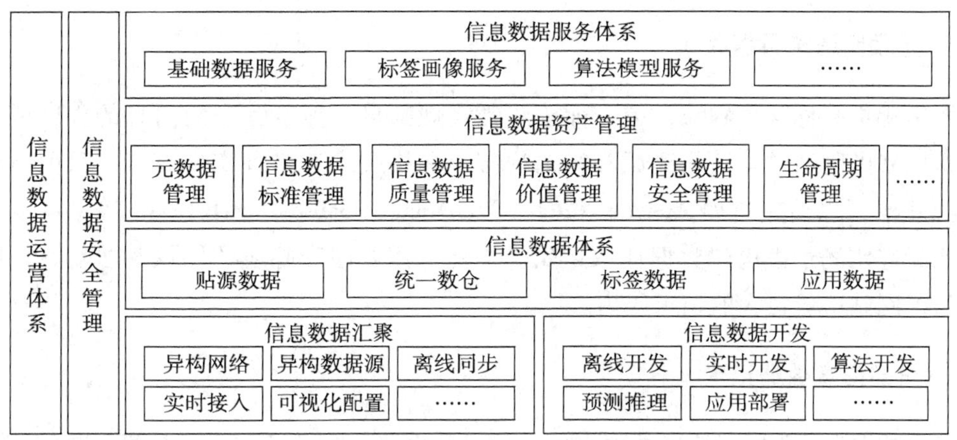

图 5-3 通用的供应链信息管理中台架构

系统、日志、文件、网络等，这些信息数据分散在不同的网络环境和存储平台中，难以利用，很难产生业务价值。信息数据汇聚是供应链信息管理中台必须提供的核心工具，把各种异构网络、异构数据源的信息数据方便地采集到供应链信息管理中台中进行集中存储，为后续的加工建模做准备。

（一）信息数据采集、汇聚的方法

1. 线上行为采集

线上行为的主要载体可以分为传统互联网和移动互联网两种，对应的形态有 PC 系统、PC 网页、H5（HTML5，第五代超文本标记语言）、小程序、App、智能可穿戴设备等。在技术上，信息数据采集主要有客户端 SDK（软件开发工具包）埋点和服务端 SDK 埋点等方式。其中，客户端 SDK 埋点主要是在终端设备内嵌入埋点功能模块，通过模块提供的能力采集客户端的用户行为，并上传回行为采集服务端；服务端 SDK 埋点通过在系统服务器端部署相应的数据采集模块，有时为了捕获服务端系统中无法通过常规访问获取的数据信息，会定制一些服务端的 SDK。

2. 线下行为采集

线下行为信息数据主要通过一些硬件采集，如常见的 Wi-Fi 探针、摄像头、传感器等。随着智能设备的不断升级，其在安防、客户监测、考勤等场景中的应用日益广泛，并逐渐渗透到日常生活之中。常见的主要有 Wi-Fi 信号采集、信令数据采集、图像视频采集及传感器探测等。

3. 互联网信息数据采集

网络爬虫又称网页蜘蛛，是一种按照既定规则自动抓取互联网信息的程序或者脚本，常用来做网站的自动化测试和行为模拟。网络爬虫有多种实现方式，目前有较多的开源框架可以使用，如 Apache Nutch、WebMagic、Scrapy、PHPCrawl 等，可以快速根据实际应用场景去构建数据抓取逻辑。当然，需要遵守相应的协议和法规，同时避免对目标网站造成过大的请求压力。

4. 内部信息数据汇聚

信息数据汇聚不同于信息数据采集，信息数据采集有一定的生产属性，将终端的用户行为信息通过特定的方法记录后，通过中间系统的流转完成目标存储。当然，也能通过某种形式在某个数据源中落地，如数据库或日志文件等，然后通过信息数据汇聚的能力实现信息数据采集和存储。实际应用时，可根据不同的场景选择合适的汇聚工具。

（二）信息数据交换

首先，信息数据交换中心的目的是屏蔽底层工具的复杂性，以可视化配置的方式将信息提供给企业用户；其次，为了解决“信息孤岛”，信息数据交换中心需要满足异构存储、异构数据类型的交换需求；最后，还要考虑不同时效要求下的信息数据互通。因此，信息数据交换中心需要屏蔽系统底层协议、传输安全、特性组件等信息，让开发人员在数据接入过程中无须关注数据格式转换、数据路由、数据丢失等，只需要关注与业务本身相关的信息数据交换部分。企业信息化建设的多种数据源类型，可以通过同步模块的数据源进行统一管理，方便用户快速通过可视化页面执行信息数据汇聚工作。

在构建信息数据交换中心的实践过程中，基于异构数据源、异构厂商集群、数据应用时效性和相关技术栈等因素，采取了不同的交换策略：离线信息数据交换和实时信息数据交换。离线信息数据交换适合对信息数据时效要求低、吞吐量大的场景，解决大规模信息数据的批量迁移问题，其实现原理是将不同数据源的交换抽象为从源头数据源读取数据的读取插件，以及向目标端写入数据的写入插件，理论上可以支持任意类型数据源的数据交换工作；实时信息数据交换主要负责把数据库、日志、网页爬虫等的数据实时接入数据库工具，便于后续进行实时计算或供业务查询等。

（三）信息数据存储

1. 在线与离线

在线存储是指存储设备和所存储的信息数据时刻保持“在线”状态，可供用户随意读取，满足计算平台对信息数据访问的速度要求，就像 PC 机中常用的磁盘存储模式一样。在线存储设备一般为磁盘、磁盘阵列、云存储等。

离线存储是对在线存储的信息数据进行备份，以防范可能发生的数据灾难。离线存储的信息数据不会经常被调用，一般也远离系统应用。离线存储的典型产品是硬盘、光盘等。

2. OLTP 与 OLAP

OLTP（Online Transaction Processing，联机事务处理）专注于面向事务的数据处理，通常涉及在数据库中插入、更新或删除少量数据等操作，主要处理大量用户下的大量事务，以简单查询和高频次操作为主。典型的 OLTP 系统有电子商务系统、银行业务系统、证券业务系统等。

OLAP（Online Analytical Processing，联机分析处理）常用于报表分析场景，主要用来执行大量的查询操作，相对于 OLTP，OLAP 对准确性、事务性和实时性要求较低。

3. 存储技术

为了应对数据处理的压力，过去十年间，数据处理技术领域有了很多的创新和发展。除了面向高并发、短事务的 OLTP 内存数据库，其他的技术创新和产品大部分都是面向数据分析的，而且是大规模数据分析，也可以说是大数据分析。有的采用 MPP（Massively Parallel Processing，大规模并行处理）架构的数据库集群，重点面向行业大数据；有的采用 Shared Nothing（无共享）架构，通过列存储、粗粒度索引等多项大数据处理技术，再结合 MPP 架构高效的分布式计算模式，完成对分析类应用的支撑，运行环境多为低成本的 PC 服务器，具有高性能和高扩展性的特点；也有采用从 Hadoop（分布式系统基础架构）技术生态圈中衍生的相关大数据技术，如 HBase 等。

二、信息数据开发

通过信息数据汇聚模块汇聚到供应链信息管理中台的信息数据没有经过处理，基本是按照信息数据的原始状态堆砌在一起的，这样的数据很难使用。有经验的数据开发、算法建模人员利用信息数据加工模块提供的功能，可以快速把信息数据加工成对供应链业务有价值的形式，提供给供应链业务使用。

信息数据开发的产品能力如图 5-4 所示。其主要能力包括离线开发、实时开发和算法开发等。

（一）离线开发

离线开发套件封装了大数据相关的技术，包括数据加工、数据分析、在线查询、

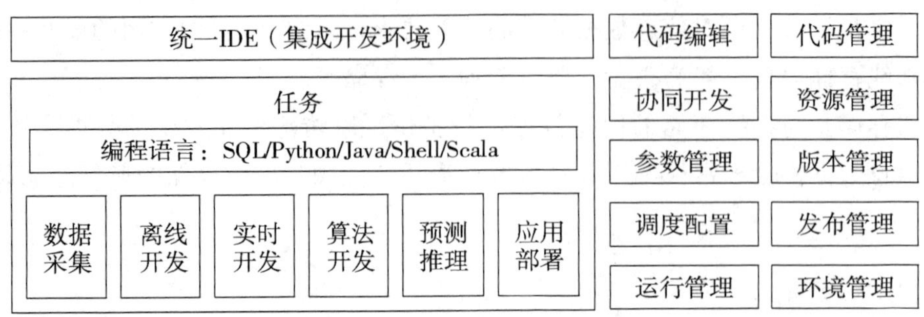

图 5-4 信息数据开发的产品能力

即时分析等能力，同时也将任务的调度、发布、运维、监控、报警等功能进行整合，让开发者可以直接通过浏览器访问，不再需要安装任何服务软件，也不用关心底层技术的实现，只需专注于业务的开发，帮助企业快速构建信息数据服务，赋能业务。

将信息数据汇聚到供应链信息管理中台后需要对其进行进一步加工处理，一般来说，企业有 60%~80%的场景需要用到离线开发，这个过程就像一条数据的生产流水线，将采集和汇聚起来的原始数据，通过离线加工的各个环节和相应的数据处理模型，形成有价值的数据资产。在这个过程中，离线开发套件需要具备一些核心的功能（如作业调度的策略机制、对于数据生产时效的基线控制、企业当前信息化架构下各类异构数据源的适配、数据权限的管控等），以保障数据加工的过程易用可控。

（二）实时开发

随着信息数据的应用场景越来越丰富，企业对于信息数据价值反馈到业务中的时效性要求也越来越高。实时开发套件是对流计算能力的产品封装。实时计算的出现是为了满足对信息数据加工时效性的严苛需求：信息数据的业务价值随着时间的流逝会迅速降低，因此在信息数据产生后必须尽快对其进行计算和处理。实时开发涉及的核心功能包括元数据管理、SQL（结构化查询语言）驱动式开发、组件化配置及多计算引擎。

通常而言，实时计算具备以下三大特点。

（1）实时且无界的数据流：实时计算面对的计算是实时的、流式的，数据流是按照时间发生的顺序被实时计算、订阅和消费的。由于数据产生的持续性，数据流将长久且持续地集成到实时计算系统中。

（2）持续且高效的计算：实时计算是一种“事件触发”的计算模式，触发源就是无界流式数据。一旦有新的流数据进入实时计算，实时计算立刻发起并进行一次计算任务，因此整个实时计算是持续进行的高效计算。

（3）流式且实时的数据集成：流数据触发一次实时计算的计算结果，可以被直接写入目的存储中，例如，将计算后的报表数据直接写入 MySQL 进行报表展示。因此，流数据的计算结果可以像流式数据一样持续写入目的存储中。

（三）算法开发

算法开发作为“一站式”的企业级机器学习工具，旨在快速赋予企业构建核心算法服务的能力，它集成了以批计算为核心的离线模型训练功能、以流计算为核心的在线机器学习，以及基于在线查询、即时分析的数据探索和统计分析能力。算法开发套件为算法人员提供可视化建模和 Notebook 建模两种建模方式，集成主流的机器学习、深度学习计算框架和丰富的标准化算法组件能力，在开展数据智能、数据科研、预测分析等方面能够帮助企业快速实现人工智能应用的构建与落地。

比较常见的应用场景如下。

（1）金融风控和反欺诈：利用关联分析、标签传播、PageRank（网页重要性排名）和社团发现等图算法组件，构建金融反欺诈核心能力，根据客户本身属性和行为数据识别虚假账号和欺诈行为，增强金融监管能力，保障金融业务的稳定和安全。

（2）文本挖掘分析：利用命名实体识别、图挖掘等文本算法能力，通过分析非结构化的文本信息自动识别其中的实体及它们之间的关系，构建关系网，可以深度分析以前未处理的一些线索。

（3）广告精准营销：通过深入洞察客户需求、偏好和行为，利用特征分箱、LightGBM 等算法组件构建的机器学习模型智能挖掘潜在客户，实现可持续的精准营销计划和高质量曝光率，有效提升广告点击率。

（4）个性化推荐：利用协同过滤、XGBoost（极限梯度提升）等推荐场景组件，通过分析海量用户行为数据构建多维用户画像，实现千人千面的推荐，提高转化率。

三、信息数据体系

有了信息数据汇聚、信息数据开发模块，供应链信息管理中台已经具备传统数据仓库平台的基本功能，可以做信息数据的汇聚及各种信息数据开发，就可以建立企业的信息数据体系。信息数据体系是供应链信息管理中台的“血肉”，开发、管理、使用的都是信息数据。大数据时代，数据量大、增长快，供应链业务对信息数据的依赖程度也会越来越高，必须考虑信息数据的一致性和可复用性。不同的供应链企业因业务不同导致信息数据不同，信息数据建设的内容也不同。

（一）特征

信息数据体系应具备以下特征。

（1）覆盖全域信息数据：信息数据体系集中建设，覆盖所有业务过程的信息数据，业务在信息数据体系中总能找到需要的信息数据。

（2）结构层次清晰：纵向的数据分层，横向的数据按主题域、业务过程划分，让整个结构层次清晰易理解。

（3）数据准确一致：定义一致性指标，统一命名、统一业务含义、统一计算口径，并有专业团队负责建模，保证数据的准确一致。

（4）性能提升：统一地规划设计，选用合理的数据模型，定义清晰，统一规范并且考虑使用场景，使整体性能更好。

（5）降低成本：信息数据体系的建设使得信息数据能被业务共享，这避免了大量重复建设，节约了计算、存储和人力成本。

（6）方便易用：易用的总体原则是越往后越能方便地直接使用信息数据，把一些复杂的处理尽可能前置，必要时做适当的冗余处理。

（二）数据体系架构

为了使信息数据体系在建设时具备以上特征，需要一个体系化的数据体系架构。图 5-5 显示了某公司的供应链信息管理中台的数据体系架构，该架构也适合其他同类公司的供应链信息管理中台。

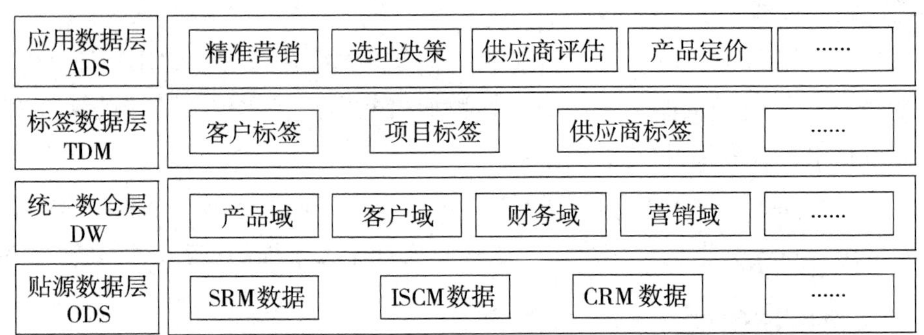

图 5-5　某公司的供应链信息管理中台的数据体系架构

（1）贴源数据层（Operational Data Store，ODS）：又称操作数据层，对各业务系统数据进行采集、汇聚，尽可能保留原始业务流程数据，与业务系统基本保持一致，仅做简单整合、非结构化数据结构化处理或者增加标识数据和日期描述信息，不做深度清洗加工。

（2）统一数仓层（Data Warehouse，DW）：又细分为明细数据层（Data Warehouse Detail，DWD）和汇总数据层（Data Warehouse Summary，DWS），与传统数据仓库功能基本一致，对全历史业务过程数据进行建模存储，对来源于业务系统的数据进行重新组织。业务系统是按照业务流程方便操作的方式组织数据的，而统一数仓层从业务易理解的视角重新组织数据，定义一致的指标、维度，各业务板块、业务域按照统一规范独立建设，从而形成统一规范的标准业务数据体系。

（3）标签数据层（Tag Data Model，TDM）：面向对象建模，对跨业务板块、跨数据域的特定对象数据进行整合，通过 ID-Mapping（ID 映射）把各个业务板块、各个业务过程中的同一对象的数据打通，形成对象的全域标签体系，方便深度分析、挖掘、应用。

（4）应用数据层（Application Data Store，ADS）：按照业务的需要从统一数仓层、标签数据层抽取数据，并面向业务的特殊需要加工业务特定数据，以满足业务及性能需求，向特定应用组装应用数据。

另外，建设过程中数据的读取也有严格的规范要求。按照规范，贴源数据层直接从业务系统或日志系统中获取数据。贴源数据层的数据只被统一数仓层使用，统一数仓层的数据只被标签数据层和应用数据层使用。贴源数据层、统一数仓层只保存历史数据及被标签数据层、应用数据层引用，不直接支撑业务，所有业务使用的数据均来源于标签数据层和应用数据层。

在实际建设过程中，由于业务使用数据都非常紧急及统一数仓层建设跟不上业务的需要，所以标签数据层、应用数据层也可以直接引用贴源数据层的数据，这种不规范操作有可能导致出现数据口径不一致的情况。待统一数仓层建设完毕，要切换回统一数仓层支撑标签数据层或者应用数据层。

四、信息数据资产管理

（一）概述

信息数据资产管理介于信息数据开发和信息数据应用之间（见图 5-6），信息数据资产管理向上承接以价值挖掘和业务赋能为导向的信息数据应用开发需求，向下依托大数据平台实现数据全生命周期的管理，并对企业信息数据资产的价值、质量进行评估，促进企业信息数据资产持续优化，持续向业务输出数据动能。

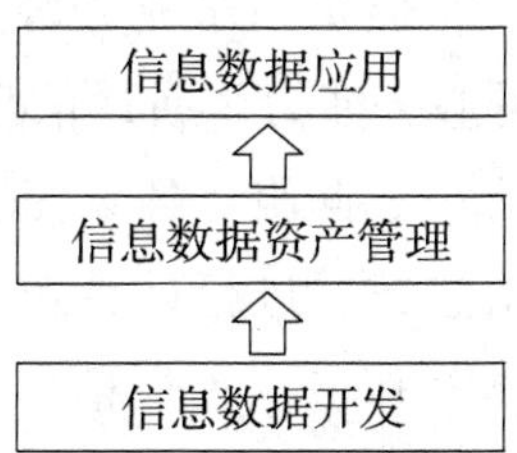

图 5-6 信息数据资产管理的位置

信息数据体系是通过信息数据开发得到的宝贵成果。一方面，良好的信息数据资产管理可以保证信息数据资产的质量，提升信息数据资产的可信度；另一方面，组织良好的信息数据资产，既能为各类角色的用户提供信息数据资产的直观视图，方便用户查看和使用，又能源源不断地输出信息数据资产服务能力，持续赋能业务场景。

信息数据资产管理包括信息数据标准管理、数据模型管理、元数据管理、主数据管理、信息数据质量管理、信息数据安全管理、信息数据价值管理、信息数据共享管理、生命周期管理、标签管理等。

（二）管理目标

企业希望通过信息数据资产管理实现信息数据资产的可见、可懂、可用、可运营。

（1）可见：通过对信息数据资产的全面盘点，形成信息数据资产地图。针对信息数据生产者、管理者、使用者等不同的角色，用信息数据资产目录的方式共享信息数据资产，用户可以快速、精确地查找到自己关心的信息数据资产。

（2）可懂：通过元数据管理，完善对信息数据资产的描述。同时在信息数据资产的建设过程中，注重信息数据资产业务含义的提炼，将信息数据加工和组织成人人可懂的、无歧义的信息数据资产。具体来说，在供应链信息管理中台之上，需要将信息数据资产进行标签化处理。标签化处理是面向业务视角的信息数据组织方式。

（3）可用：通过统一信息数据标准、提升信息数据质量和安全性等措施，增强信息数据的可信度，让数据科学家和数据分析人员没有后顾之忧，放心使用信息数据资产，降低因为信息数据不可用、不可信而带来的沟通成本和管理成本。

（4）可运营：信息数据资产运营的最终目的是让信息数据价值不断增大，因此，信息数据资产运营要始终围绕资产价值开展。通过建立一套符合数据驱动的组织管理制度流程和价值评估体系，改进信息数据资产建设过程，提升信息数据资产管理的水平，提升信息数据资产的价值。

五、信息数据服务体系

利用信息数据汇聚和信息数据开发建设企业的信息数据资产，利用信息数据管理机制有效呈现企业的信息数据资产，但是尚未充分释放信息数据的价值。信息数据服务体系就是把信息数据转化为一种服务能力，通过信息数据服务让信息数据参与业务，激活整个供应链信息管理中台，信息数据服务体系是供应链信息管理中台存在的价值所在。信息数据服务体系通过对信息数据进行计算逻辑（过滤查询、多维分析和算法推理等计算逻辑）的封装，生成 API 服务，上层信息数据应用可以对接信息数据服务 API，让信息数据快速应用到业务场景中。

企业的信息数据服务是千变万化的，供应链信息管理中台须内置通用服务组件，但是很难满足企业的服务诉求，大部分服务还需要通过供应链信息管理中台的能力，快速定制。供应链信息管理中台的服务模块并没有自带很多服务，而是提供快速的服务生成能力，以及服务的管控、鉴权、计量等功能。

按照数据与计算逻辑封装方式的不同，信息数据服务可以分为以下三类。

（1）基础数据服务：它面向的对象是物理表数据，主要面向的场景包括数据查询、多维分析等，通过自定义 SQL 的方式实现供应链信息管理中台全域物理表数据的指标获取和分析。

（2）标签画像服务：它面向的对象是标签数据，主要面向的场景包括标签圈人、画像分析等，通过界面配置方式实现供应链信息管理中台全域标签数据跨计算和存储的统一查询、分析和计算，加快信息数据应用的开发速度。

（3）算法模型服务：它面向的对象是算法模型，主要面向的场景包括智能营销、个性化推荐和金融风控等，主要通过界面配置方式将算法模型一键部署为在线 API，支撑智能应用和业务。

六、信息数据运营体系和信息数据安全管理

通过前面的步骤，已经完成了整个供应链信息管理中台的搭建和建设，供应链信息管理中台也已经在业务中发挥了一定的价值。信息数据运营体系和信息数据安全管理是供应链信息管理中台得以健康、持续运转的基础，如果没有它们，供应链信息管理中台很可能像个一般项目一样，在搭建起平台、建设部分数据、尝试一两个应用场景之后就止步，无法正常地持续运营，不能持续发挥供应链信息数据的应用价值，这也就完全达不到建设供应链信息管理中台的目标。

运营工作可以从四个层面来开展。一是统一战略，即在战略层面给予供应链信息管理中台足够的重视，明确供应链信息管理中台在供应链数字化转型中的关键位置和重要性；二是搭建组织，组织人员包括常规的信息数据分析人员、信息数据产品经理，还可能包括专门的信息数据运营专家及盘点开发整体信息数据资产的数据架构师等；三是打造氛围，即唤醒企业内部信息数据意识，使整个企业内部有使用信息数据的氛围；四是实践创新，即选定合适的业务方，一起进行信息数据结合业务的创新实践。供应链信息管理中台运营工作的四个价值切入点如图 5-7 所示。

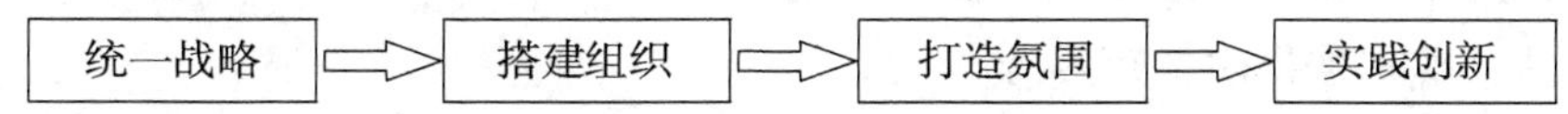

图 5-7　供应链信息管理中台运营工作的四个价值切入点

安全管理主要指的是对信息数据的安全管理。信息数据安全管理是对信息数据设定安全等级，按照相应国家/组织相关法案及监督要求，通过评估信息数据安全风险、制定信息数据安全管理制度规范、进行信息数据安全分级分类、完善信息数据安全管理相关技术规范，以保证信息数据被合法合规、安全地采集、传输、存储和使用。企业通过信息数据安全管理，规划、开发和执行信息数据安全政策与措施，以保障企业和个人的信息数据安全。

第三节　供应链控制塔

一、控制塔产生的背景

（一）复杂供应链

随着经济全球化，供应链也在走向全球化。全球化的供应链是一种动态的网络化的供应链，它比传统的线性资产驱动的供应链要复杂得多。供应链网络是全球性的，也就是供应商、制造商、分销商、零售商和客户等分布在不同国家，供应链的复杂性急剧增加。此外，传统的供应链正在向数字化供应链（或价值网络）转型，并且越来越受终端需求驱动。供应链转型如图 5-8 所示。

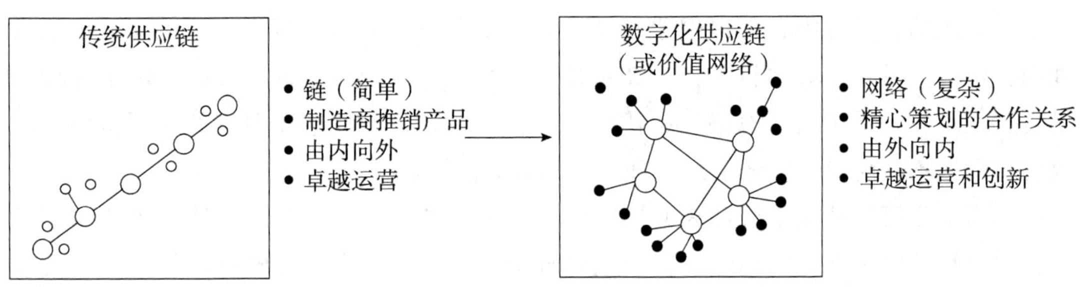

图 5-8　供应链转型

高德纳公司 2013 年的研究列出了十大实现新供应链目标的障碍，其中前四大障碍如下。

（1）预测精度低和需求不确定性。

（2）无法或难以协同的端到端供应链过程。

（3）缺乏端到端供应链可视化能力。

（4）供应链网络的复杂性。

供应链在以下情况下可被视为复杂。

（1）范围是全球性的/洲际的或大国跨多省/多州的。

（2）依赖性高，如依赖多家供应商或外部核心技术等。

（3）许多供应链活动已外包。

（4）客户的服务要求越来越具有挑战性。

由于不确定性、缺乏端到端的可见性和复杂性，供应链充满风险。为更有效地管理供应链、避免收入损失，供应链控制塔应运而生。

（二）两个前身

供应链控制塔的两个前身分别是航空控制塔和物流控制塔。

1. 航空控制塔

世界航空网络非常复杂，为了控制和管理飞机的起降时间，以及避免空难事故，任何大中型机场都设有航空控制塔，它实际上是一个空中交通管制系统。1920 年，伦敦的克罗伊登机场引入了第一座空中交通管制塔楼，这样做是为了更好地管理日益复杂的运营状况并确保每位飞行员和乘客的安全。该系统通过地面空中交通管制员提供服务，地面空中交通管制员指挥飞机在地面滑行和通过管制空域，并能为非管制空域的飞机提供咨询服务。全世界实行空中交通管制的主要目的是防止碰撞，组织和加快空中交通的流动，为飞行员提供信息和其他支持。在一些国家，空中交通管制系统还承担着安全或防御的任务。航空控制塔的作用和功能非常接近供应链运营中心控制和管理物流的系统的要求，因此，它既是供应链控制塔的前身，也是物流控制塔的“祖先”。

2. 物流控制塔

随着公司成长并扩展到新兴市场，供应链变得更加复杂，在整个供应链中集中控制和获取信息至关重要。为了与竞争对手保持同步并应对不断变化的格局，企业需要从线性供应链向敏捷、全球化的网络转变。为了满足不断变化的需求，托运人开始依靠各种运输方式的多渠道物流。近年来一些跨国大型物流公司，如 C. H. Robinson（罗宾逊全球货运有限公司）、Kuehne+Nagel（德迅）借用了航空控制塔的方法，推出了物流控制塔（Logistics Control Tower）。物流控制塔是一个物理或虚拟的仪表盘，用于提供来自组织内部和跨组织及服务运营供应链的准确、及时和完整的物流事件和数据，以协调所有相关活动。物流公司通过单个技术平台连接的全球控制塔地点网络优化了供应链网络，简化了物流提供商之间的通信和连通性，缩短了组织的交货和周转时间。

二、控制塔的理论

（一）概念

当前对于供应链控制塔没有一个统一的概念。凯捷咨询有限公司认为供应链控制塔是一个中心枢纽，具有所需的技术、组织和流程，能捕捉和使用供应链数据，以提供与战略目标相一致的短期和长期决策的可见性。阿伯丁认为控制塔作为一个概念，可以解决跨越供应链的复杂性问题，提供端到端的无缝整体可见性；可以提供实时警报，问题可在供应链中任何地方解决；可以大幅减少过程和数据延迟。高德纳公司认为，供应链控制塔是一个概念，提供供应链端到端的整体可见性，以及近实时的信息和决策支持。埃森哲认为，供应链控制塔是一个共享服务中心，负责监控和指导整个端到端供应链的活动，使之成为协同、一致、敏捷和需求驱动的供应链。

综上可见，供应链控制塔是一种受需求驱动及以信息服务与数据处理作为支撑，并且能够依托前沿的科技，不断地整合连接资源，实现供应链协同、风险防控及决策的集成控制中心。

（二）供应链控制塔的特点及功能

1. 供应链控制塔的特点

根据各机构对供应链控制塔不同的定义和侧重点，总结出供应链控制塔具有以下特点。

（1）提供端到端的无缝整体可见性。

（2）提供实时数据分析。

（3）提供预测和决策。

（4）能及时解决问题。

（5）能使供应链成为协同、一致、敏捷和需求驱动的供应链。

2. 供应链控制塔的功能

供应链控制塔通过适当组合的技术元素将人员、流程和组织结合在一起，具有的功能如下。

（1）数据驱动：端到端供应链的洞察力。

（2）可视化：交互式数据可视化功能。

（3）诊断：通过供应链的统一模型诊断症状的根本原因。

（4）预测：预测未来（如事件对供应链的影响），并预测未来事件发生的概率。

（5）模拟：通过供应链统一模型可以模拟和预测供应链的中断或事件的影响。

（6）响应：为特定事件或中断创建一系列解决方案（结果不同），通常以接近实时的方式完成。

（7）协作：对于还不能自动支持与利益相关者、组织内部及实时环境中跨多个企业进行协作的解决方案而言，信息可以在各种设备中访问，并与信息的正确合作者和消费者共享。

（8）学习：利用人工智能、机器学习检测异常、趋势或从事件和反应中学习（如自学供应链的基础）。

（9）自动化：使用各种技术（如可见性、上下文协调、机器学习和场景生成）实现不同程度的决策自动化。

（10）资源和核心供应链功能：例如，不同类型的流程管理、资源管理、业务合作伙伴管理及 SCP（供应链计划）和 SCE（供应链执行）功能。

（11）供应链成熟度背景下的控制塔：在不同的供应链成熟阶段，控制塔支持不同的功能组合，重塑在市场上的控制塔技术产品。

（三）参考架构

供应链控制塔分为三个层次，供应链控制塔的参考架构如图 5-9 所示。

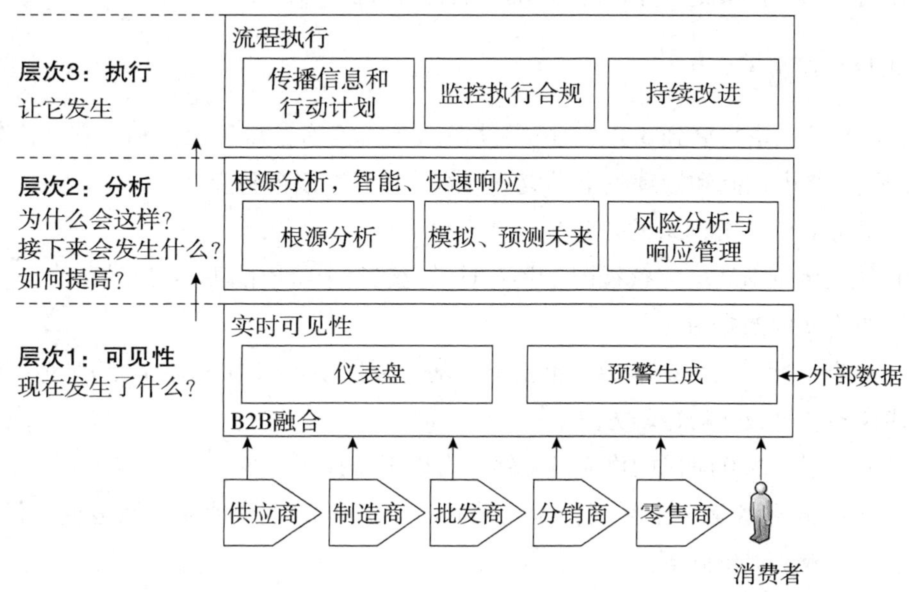

图 5-9　供应链控制塔的参考架构

层次 1：可见性。它包括边缘的数据层，它与供应链内部和外部的各种系统的数据源（内部数据包括来自供应商、制造商、批发商、分销商、零售商及直接客户（消费者）的数据，外部数据包括政治、社交、气候等数据）和物联网的实时数据源（如车联网、库联网、港口、机场网络等）连接，获取实时数据，经加工后显示于仪表盘，并对外部风险数据生成供应链预警，告诉供应链管理者现在发生了什么，以提供实时的可见性。

层次 2：分析。这是任何控制塔的核心部分。它将基于层次 1 获取的实时数据集对现在发生的事件进行分析。这包括异常事件根源分析，用供应链优化模型模拟并通过当前和历史数据预测未来需求，还包括风险分析与响应管理。从而告诉供应链管理者为什么当前状态会这样、接下来会发生什么，并且提供提高当前供应链计划及运营水平的决策性意见。

层次 3：执行。执行层根据分析层所提供的决策性意见，启动和优化相应流程，它包括传播信息和行动计划、监控执行合规，以及供应链计划和运营的持续改进。

（四）演进过程

1. 供应链控制塔 1.0 和 2.0

供应链控制塔 1.0 和 2.0 是传统方式的控制塔。它们都以单个企业为中心，贸易伙伴是外部的，能见度有限，信息共享程度低。供应链控制塔 1.0 只有描述性的可视化，供应链控制塔 2.0 有预测性分析能力，但没有指标性的分析能力。

2. 供应链控制塔 3.0

当供应链控制塔发展到 3.0 的时候，与 1.0 和 2.0 有了本质的区别，它是在客户驱动的供应链网络中控制和管理整个供应链网络。它具有以下特点。

（1）企业是供应链网络的一部分。

（2）能展示价值链的完整视图，具有对供应链每个阶段能力的可见性。

（3）具有实时数据流。

（4）具有指标性的分析能力，也就是能基于数据学习（如机器学习）为决策者提供优化建议和制定最佳的行动方案。

供应链控制塔 3.0 时代的供应链网络具有以下特征。

（1）供应链网络是一个社区，包括消费者、零售商、分销商、制造商、供应商、运营商、物流服务提供商等。

（2）供应链网络不是集线器，因为每个节点都可以在自己的优势点成为集线器。

（3）多个端到端的业务流发生在供应链网络，如接收订单到交付、采购到付款等。

3. 供应链控制塔 4.0

当供应链控制塔发展到 4.0 时，它和供应链控制塔 3.0 一样都处于客户驱动的供应链网络中。然而，供应链控制塔 4.0 是下一代具有人工智能的数字化供应链控制塔。它有以下特征。

（1）自主反应与学习。

（2）协同共享信息。

（3）自校正供应链。

（4）机器学习。

（5）认知分析。

其中认知分析就是通过交互式学习的方式，让分析能力逐步提升、让认知逐步提高的过程。它能分析大数据并从数据中提取供应链的商业价值，以便制定更好的解决方案和决策。

三、控制塔的价值矩阵和实践

（一）价值矩阵

Nucleus Research 成立于 2000 年，是总部设立在美国波士顿的独立研究机构，旨在为行业带来基于事实、数字驱动的分析方法。它专注于投资回报率和可衡量的结果，以提供独立、客观和诚实的研究。自 2014 年以来，Nucleus Research 每年发表一份关于供应链控制塔的研究报告《控制塔的价值矩阵》。该研究报告根据价值的关键驱动因素——功能性和可用性——将供应链控制塔的解决方案及软件产品划分成四个象限：领导者、专家、促进者、核心供应商，图 5-10 所示为供应链控制塔的价值矩阵。

图 5-10　供应链控制塔的价值矩阵

1. 领导者（Leader）

领导者象限中的供应商（如 One Network、Blue Yonder）已经在功能性和可用性上进行了投资，这些特性可能会带来巨大的潜在回报。这些供应商提供了多样化的产品，使企业能够最大限度地提高投资回报率，并提供了帮助企业部署大规模应用程序的资源。

凭借较高的功能性和可用性，这些供应商在所有核心应用程序领域、用户交互方法及其他有助于更快部署和用户采用的因素中都拥有相对先进的功能。领导者象限中的供应商不断开发和投资新功能，以响应市场和用户的期望。

2. **专家**（Expert）

专家象限中的供应商（如 SAP）投资于深层的功能，这些功能使他们的应用程序更复杂，因此专家象限中的供应商需要比领导者提供更多的培训和专业知识。这些供应商投资于特定行业的功能，以在特定的应用领域为独特的垂直市场提供最佳的功能。由于所提供的功能可能比一般市场上常见的功能更高级，因此支持这些应用程序的有足够经验的分析人员和开发人员可能更少。

3. **促进者**（Facilitator）

促进者象限中的供应商（如 MPO、Alloy）专注于提供特定市场定位的解决方案，这些方案相对容易应用和快速实施。在促进者象限的供应商的投资使他们的应用程序直观和易于使用，然而这些应用程序也可能缺乏更复杂的用户所需的深层次功能。

4. **核心供应商**（Core Provider）

核心供应商象限中的供应商（如 Elementum、Viewlocity）是那些以相对较低的成本提供有限功能的供应商，当需要有限功能时，它们提供了高价值的主张。对于那些在有限的预算下寻求核心功能的公司来说，这些供应商通常是一个很好的选择。

值得注意的是，价值矩阵中没有“不好的”象限，正如没有适合所有公司的“最佳”技术解决方案一样。价值矩阵旨在强调其解决方案相对于其他解决方案的市场地位，而不是指定市场上的最佳解决方案。位于右上象限的解决方案提供了高度的可用性和功能性，但往往伴随高昂的价格。具有最低功能需求的组织可能会选择在其他象限中寻找能够以较低价位满足其需求的解决方案。

除了定位解决方案，价值矩阵还包括一个小箭头标记，用于估计解决方案相对于其他解决方案的趋势，该标记基于 Nucleus Research 对供应商投资、路线图和客户期望的评估。例如，用一个向上的直箭头表示相对于市场上的其他解决方案，该解决方案有望提高可用性。

（二）实践

1. One Network 智能控制塔 4.0 技术和区块链智能控制塔

One Network 一直致力于为客户的直接贸易伙伴提供供应链可见性。随着多方消费者参与驱动网络的发展，One Network 智能控制塔 4.0 现在提供实时可视性、协作性和强大的人工智能服务，使其从决策支持转向决策和自主控制。One Network 智能控制塔 4.0 具有全局供应链网络的洞察力，并能提供实时的可见性、协同性和 AI 驱动的决策及自主控制。One Network 智能控制塔 4.0 如图 5-11 所示。

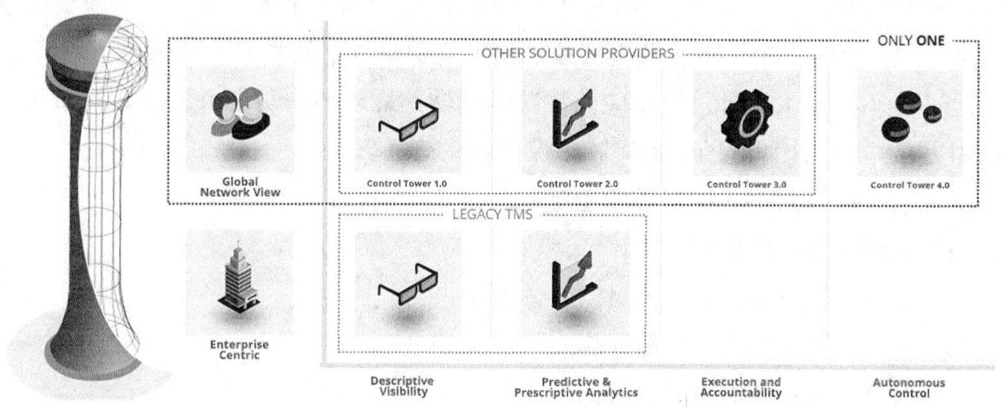

图 5-11　One Network 智能控制塔 4.0

One Network 智能控制塔 4.0 具有以下关键性能。

（1）端到端可视性——覆盖供应商、合同制造商、运输承运人、第三方物流。

（2）协作信息共享——实时共享信息和协作。

（3）预警警报和异常管理——在供应链中断之前发现并解决问题。

（4）预测性和规定性决策支持——进行预测性和规定性分析。

（5）自主决策和控制——让机器人脱离人类指令，提高生产力。

（6）提高认知——具有决策和机器学习功能的自我修正供应链。

新兴的区块链技术可以大幅改善控制塔的运营状况。区块链是一个分布式账本系统，它使业务网络的每个成员都拥有账本的镜像副本。当新交易添加到分类账时，整个网络将同时镜像。区块链和网络为实现控制塔的愿景提供了一个巨大的机会，它提供的协调整个贸易伙伴网络并优化各方消费者和客户体验的能力，对于公司保持竞争力和采用新的商业模式至关重要。

2. Blue Yonder Luminate **控制塔**

Blue Yonder 是 2021 年控制塔价值矩阵的领导者。它的新控制塔解决方案 Luminate 控制塔提供了规划和执行两者兼得的可见性，使客户与合作伙伴之间能够紧密协作。自 2018 年 8 月后，Blue Yonder 加速实现其提供决策支持和自主供应链的目标。为此，Blue Yonder 将 AI 和 ML（机器学习）技术放在平台的中心，将这些功能嵌入其所有应用程序中，Nucleus Research 发现，即使应用相对有限，客户也开始从这些技术中实现初步价值，这表明 ML 在供应链领域的潜在前景。

在 Blue Yonder Luminate 控制塔发展路线图中，Blue Yonder 继续推进 Luminate 应用，包括供应链解决方案和协同。Blue Yonder 专注于向客户提供决策支持，通过机器学习分析，控制塔解决方案产生了若干规定性建议。该控制塔能够查看历史数据及上下文、实时数据。尽管 ML 的使用还处于初级阶段，Blue Yonder 通过与供应链控制塔的早期采用者合作，让其展示供应链控制塔在仓储优化、运输调度等场景中的有效应用。Nucleus Research 预计，该供应商将继续凭借其最新的控制塔解决方案在市场上获得吸引力，并在未来版本的价值矩阵中保持领先地位。

Blue Yonder Luminate 控制塔的主要特点如下。

（1）预测未来的供应链中断。

（2）高效、有效和有力地应对供应链中断。

（3）实现扩展型企业的智能计划。

（4）加强内部和外部协同。

（5）提高客户服务水平。

（6）降低服务总成本。

3. 供应链控制塔技术的发展趋势

早期的供应链控制塔技术主要提供物流和供应链的端到端的可见性，但这对于数字时代的供应链管理是远远不够的。供应链控制塔技术利用现代数字技术已有长足的发展，《控制塔的价值矩阵》研究报告总结了这些核心控制塔供应商的技术发展及潜在的价值趋势。

（1）供应链的实时可见性（连接各种传感器和数据源）和控制能力（通过高级分析和算法驱动的控制机制）的强组合构成供应链大脑——虚拟决策中心。

（2）智能控制塔作为一个使用人工智能技术，促使贸易伙伴参与其中的系统，能够协调公司、人员和系统实时协同工作，为最终消费者服务。

（3）将 AI 和 ML 等高级算法引入其应用程序，提供一个自主的供应链。

（4）为了提高产品的可用性，通过计算机界面和移动设备提供所有可用的功能。

（5）把控制塔设计作为企业价值链的端到端数字孪生。

（6）采用灵活的内存数据库以提高其解决方案的可伸缩性。

（7）采用人工智能需求建模，提高预测精度。

（8）供应链控制塔是一种基于云的服务，如 Blue Yonder Luminate 控制塔。

（9）与区块链技术相结合的区块链智能控制塔，可提供可信的交易可见性，提高决策的可信度，如 One Network 智能控制塔。

第四节　供应链信息管理中台的实现

一、建设的保障条件和目标准则

（一）保障条件

供应链信息管理中台是企业级战略，支撑供应链企业数字化转型，涉及供应链企业的方方面面，供应链信息管理中台战略的执行必然伴随企业组织保障及整个企业数据意识的提升。

首先，供应链信息管理中台战略的实施需要有组织保障。与组织对应的是资源与责任，供应链信息管理中台由谁来建、谁来维护、谁来经营、业务需求怎么承接、效果怎么衡量等问题，已经超出IT的范畴，需要企业更高层面对应的组织保障。企业实施供应链信息管理中台战略，必须先建立起供应链信息管理中台团队，让他们负责中台的建设、维护、运营，以及业务的承接和供应链信息管理中台服务的推广等。另外，有了供应链信息管理中台，供应链企业的运转模式发生了变化，业务、后台、管理等团队也需要有对应的组织人员与供应链信息管理中台团队对接。

其次，供应链信息管理中台战略的实施需要提升全企业的数据意识，数据意识包括数据采集意识、数据标准化意识、数据使用意识和数据安全意识。数据文化是供应链信息管理中台战略不可或缺的部分，用一句话概括数据文化那就是"用数据说话"。供应链信息管理中台的推进依赖于数据文化的建立，反过来，供应链企业数据文化的沉淀又是供应链信息管理中台建设的产出。

（二）目标准则

供应链信息管理中台的三项目标准则——可见、可用、可运营，不仅可以作为企业在供应链信息管理中台建设中的具体建设指引，也可用来客观评估目前建设内容的完整度。

1. 可见

（1）指标管理的可视化：是否具备统一的指标管理能力，如指标的定义、修改、删除和生命周期管理等。

（2）元数据管理的可视化：是否已经具备针对元数据（如表、字段、分区、任务和标签等）的可视化管理工具。

（3）信息数据资产类目的可视化：是否已经具备资产的可视化类目管理，如自由增、删、改、查类目结构和类目下的标签名称或指标名称。

（4）信息数据源的可视化：是否已经具备对供应链信息管理中台所涉及的所有业务信息数据源的可视化管理，如自由增删。

（5）信息数据集成的可视化：是否已经具备业务信息数据到供应链信息管理中台的批量集成或实时集成的可视化操作能力。

（6）数据 ETL（抽取、转换、加载）的可视化：是否已经具备数据 ETL 的可视化开发、发布等能力。

（7）数据建模的可视化：是否已经具备数据建模的可视化管理能力，如批量生成指标、模型标准管理等。

（8）数据消费者的可视化：是否已经对数据消费方进行统一管理，包括权限、限速、并发、高可用等。

（9）算法建模的可视化：是否已经具备可拖拽式可视化和 Notebook 建模方式。

2. 可用

（1）信息数据内容的可用性：信息数据内容是否无歧义，是否符合业务所需的标准和质量要求。

（2）信息数据服务的可用性：是否已经具备信息数据服务的快速生成功能，可通过可视化的形式完成。

（3）信息数据任务的可用性：是否已经具备信息数据任务的运维能力，可自动重跑、空跑，自动调整任务资源配比等。

（4）信息数据的指标化：是否已经把信息数据定义为指标，企业的日常经营分析依赖于各类 BI（商业智能）报表和可视化大屏。

（5）信息数据的标签化：是否已把信息数据定义为标签，标签来源于原始字段、统计类加工后的字段和算法类加工后的字段，企业的信息数据应用依赖于各类标签体系。

（6）资产（指标或标签）的易阅读性：对于业务人员来说，资产和资产类目是否看得懂、易查找。

3. 可运营

（1）质量量化管理：是否已经可以通过任务失败次数、产出时间稳定性、标签覆盖率等构建质量量化模型，信息数据研发团队日常是否已根据分值进行优化管理。

（2）价值量化管理：是否已经可以通过任务资源占用情况、生命周期和最近访问周期等构建价值量化模型，信息数据研发团队日常是否已根据分值进行优化管理。

（3）信息数据运营角色：是否已经配有针对信息数据本身的运营角色或岗位，该角色是否围绕核心 KPI（关键绩效指标）进行信息数据的质量优化和价值挖掘。

二、建设的内容

建设内容是供应链信息管理中台建设的核心，既是可呈现的产出物，也是供应链信息管理中台价值所在，前面的保障条件、目标准则都是为了建设内容能够顺利产出并且可以持续发挥价值。供应链信息管理中台的建设内容包含技术体系、信息数据体系、服务体系、运营体系四大体系，通过这四套体系的建设，供应链信息管理中台可以让供应链信息数据持续用起来。技术体系是基础支撑，就像骨架一样撑起整个供应链信息管理中台。信息数据体系就像供应链信息管理中台的血肉，供应链信息管理中台对外呈现的主要内容就是信息数据体系。服务体系是供应链信息管理中台的价值所在，就像供应链信息管理中台的灵魂一样，激活静止的骨架、血肉，让供应链信息管理中台动起来，发挥价值。运营体系是供应链信息管理中台的守护者，通过运营体系保证整个供应链信息管理中台健康、持续运转。

1. 技术体系

技术体系分两个层面：大数据存储计算技术和供应链信息管理中台工具技术组件。对于大数据存储计算技术，比如 Hadoop、Spark、Flink、Greenplum、Elasticsearch、Redis、Phoenix 等，企业只需要进行合理选型即可，并不需要自己建设。供应链信息管理中台工具技术组件包括信息数据汇聚、信息数据开发、信息数据资产管理、信息数据服务管控等。供应链信息管理中台是供应链企业制定和实施信息数据汇聚、建模和加工规范的平台，也是供应链企业信息数据体系存储管理的工具平台。供应链信息管理中台通过工具化、产品化、可视化降低技术门槛，让信息数据能够被更方便地加工使用。

2. 信息数据体系

信息数据体系是供应链信息管理中台建设、管理、使用的核心要素，供应链企业的信息数据通过各种方式汇聚到供应链信息管理中台，在供应链信息管理中台按照一定的建模方式进行加工，形成企业的信息数据体系。供应链信息管理中台始终围绕着供应链信息数据体系的建设和使用，让信息数据体系尽可能完整、准确、广泛适用。不同供应链企业的业务不同、信息数据不同，信息数据体系的内容不同，但是建设的方法和对工具的要求是相似的，需要在供应链信息管理中台工具和建设方法的基础上针对不同的供应链企业建设不同的信息数据体系。

3. 服务体系

与大数据平台相比，供应链信息管理中台最主要区别是数据能更方便地以服务化的方式支撑业务，这是通过供应链信息管理中台的服务体系实现的。服务体系通过供应链信息管理中台的服务组件能力把供应链信息数据变为一种服务能力，比如客户微观画像服务、信用评估服务、风险预警服务等，让供应链信息数据能够方便地参与业务并为业务带去价值。每家供应链企业的业务不同，对信息数据服务的诉求也不同，供应链信息管理中台无法产品化地提供供应链企业所需的所有信息数据服务。供应链信息管理中台通过提供信息数据服务生成、发布、监控、管理功能，帮助供应链企业逐个建立属于自己的信息数据服务，逐步完成企业信息数据服务体系的构建。

4. 运营体系

运营体系是供应链信息管理中台得以健康、持续运转的基础。运营体系的功能包括平台流程规范执行监督、平台资源占用的监管及优化推动、信息数据质量的监督及改进推动、信息数据价值的评估、信息数据服务的推广、稽查排名等。其目标是让供应链信息管理中台可以持续健康运转，产生持续价值。供应链信息管理中台是一个复杂工程，供应链信息数据的汇聚、开发、管理、服务都是要持续进行的工作，如果没有运营体系的保障，可能会导致后期的参与者无从下手，随着时间的推移，信息数据的质量、服务的效率也会持续下降，进而导致供应链信息管理中台无法使用。

三、建设的整体流程

大部分供应链企业都需要借助外部信息化、数据化产品和中台服务商的能力一起完成供应链信息管理中台的建设。这个过程涉及双方工作配合的情况，供应链企业应该做到需求明确、认知准确、定位清晰，中台服务商则要具备较强的中台服务能力。在供应链信息管理中台项目启动时，供应链企业和中台服务商一般会共同成立项目组。下面对供应链信息管理中台建设的整体流程进行简要描述，同时在介绍流程时也描述双方工作配合的大致边界，供应链企业可以根据自己的建设策略和实际情况进行必要调整。

1. 前期沟通

（1）企业介绍及了解。

企业可以对相关供应链伙伴情况、自身情况进行相对完整和详细的介绍，以便中台服务商了解。介绍内容应该包括行业背景、企业业绩、经营特点、企业当前对信息数据方面的关注点和痛点等。

（2）通用方案介绍。

中台服务商应该向供应链企业介绍供应链信息管理中台的通用解决方案和有针对性的行业解决方案，以及实施的方法和成功案例等内容。当前供应链信息管理中台建设处于起步阶段，如果中台服务商不能提供更有针对性的行业解决方案，那么供应链信息管理中台的通用解决方案和标准服务也可以作为评价标准。

中台服务商应该具备的中台服务至少包括信息数据资源盘点服务、信息数据应用规划设计服务、数据仓库设计服务、信息数据开发服务、信息数据应用开发服务、算法类服务、中台技术框架设计服务、业务指标及实体标签设计服务等。

供应链企业可以通过中台服务商的介绍，判断其是否具备服务能力，从而确定进一步的合作意向。

2. 微咨询

微咨询是一种敏捷版的中台咨询规划服务，如果企业的规模较大、业务复杂，那么可以启动相对正式和完整的咨询工作。由于各种原因，以往的供应链信息管理中台项目在签订合同时可能还会存在边界不清、目标不够明确的情况。对于这种情况，在供应链信息管理中台项目启动后，双方还需要调研和设计以便让项目边界与目标进一步清晰、细化，但是由于合同已经签订，双方在合作的同时又有各自的利益诉求，这就会使供应链信息管理中台建设产生一定的风险隐患。供应链信息管理中台立项前的微咨询工作能在很大程度上降低供应链信息管理中台建设的风险，明确供应链信息管理中台建设的工作内容和目标。

供应链信息管理中台建设前的微咨询工作包括以下内容。

（1）业务调研。

项目组需要从企业组织、岗位、企业规章制度、企业价值链、业务场景等方面对业务有相对完整和全面的认知。

（2）IT 调研。

项目组需要了解企业信息化建设情况，主要了解应用系统，充分了解企业应用系统的现状和应用系统所覆盖的数据情况。

（3）信息数据应用调研。

项目组需要了解当前企业的信息数据应用建设情况，比如数据仓库建设、商业分析平台建设、企业的业务指标和实体标签体系等内容。

（4）定制方案撰写与汇报。

项目组需要根据企业当前的情况、业务的需求和中台服务商的专业经验，撰写针对企业的数据化解决方案。

在实际操作过程中，相关资料最好由企业直接提供，中台服务商阅读资料并完成报告撰写工作。微咨询阶段提供的成果包括技术及产品选型建议、中台建设策略、中台建设内容和边界及重点信息数据应用描绘等。

3. 供应链信息管理中台项目启动及环境搭建

项目组需要根据供应链信息管理中台建设的策略确定组织和干系人。

如果是单纯的信息数据资产层平台构建，那么要以数据化组织为主要负责部门，其他部门配合就可以完成整体工作。

如果供应链信息管理中台建设较为关注供应链企业管理，那么数据化的管理一定要有企业高层领导甚至“一把手”介入，信息数据对于个人和业务部门都是相对敏感的，而供应链信息管理中台的最大价值就是供应链企业内部所有信息数据的汇聚。在数据的基础上产生的统计考核数据是最准确的，所以数据统计的权限从各个部门转移到了供应链信息管理中台部门，这是一个根本权限的变革，需要最高层领导的支持。

如果在供应链信息管理中台建设中较为关注信息数据对业务的支撑，那么项目组需要明确供应链信息管理中台的应用点和受益部门。因为供应链信息管理中台建设的成果是以业务为导向、以业务价值为体现的，所以项目组紧密地与业务部门配合、获得业务部门的指导和支持才是供应链信息管理中台建设成功的关键，甚至业务部门可以担任供应链信息管理中台建设中的需求主导角色，项目组作为技术协助角色。

（1）供应链信息管理中台项目的启动及系统部署。

供应链信息管理中台项目的启动环节是整个项目中尤为关键的一个环节。在供应链信息管理中台项目的启动环节，我们需要确定供应链信息管理中台项目的组织、干系人，同时向企业内部中高层宣贯项目内容、边界、目标，提出风险点和约束条件，在企业内部争取最大限度的支持。

（2）技术方案的确认。

项目组需要针对供应链信息管理中台的产品选型、产品部署方式、信息数据采集和获取方式等内容制作相关的技术方案，然后进行方案评审，直到方案最终通过。

（3）环境搭建。

项目组需要搭建环境，部署与供应链信息管理中台相关的产品。

4. 信息数据应用设计、数据仓库设计

信息数据应用设计、数据仓库设计由中台服务商主导，供应链企业提供业务支撑。供应链企业还需要构建设计成果和规范、标准的执行监控体系，一方面保证设计的落地，另一方面保证设计思维和理念的长期贯彻执行。如果可以把设计规范在产品中做部分的固化和强制性限定，那么会有利于标准的长期执行。

（1）信息数据应用设计。

信息数据应用设计包括细颗粒度的业务指标和实体标签设计，还包括给最终用户的展示方式设计，如是以商业分析软件为载体进行展示，还是以与应用系统结合的数据 API 方式进行展示等。

（2）数据仓库设计。

数据仓库设计是指整体的数据仓库模型设计。

5. 信息数据开发、信息数据应用开发与信息数据结果核对

（1）信息数据开发。

绝大部分的信息数据开发将在数据仓库内完成，供应链信息管理中台也是信息数据开发的平台。

（2）信息数据应用开发。

在信息数据应用开发中，除了已经在供应链信息管理中台上完成的信息数据开发内容，还有很多页面和接口开发工作，这些工作以信息数据应用的设计为指导。

（3）信息数据结果核对。

信息数据结果核对是一个相对烦琐的过程。复杂的信息数据结果核对的工作量甚至可以与信息数据开发的工作量相等。很多信息数据项目最终因信息数据不准确而失败。

6. 信息数据运营

（1）信息数据应用的效果评估。

供应链企业和中台服务商要共同制定信息数据应用的效果评估体系，尤其是数据算法类应用。要想评估数据算法类应用所带来的业务效果，中台服务商可以先提出评估方案，再由供应链企业进行调整，最终双方达成一致。如果供应链企业和中台服务商忽视了效果评估体系或者双方无法达成一致，则会导致很多数据算法类应用的失败。

（2）信息数据应用的效果提升。

信息数据应用的效果提升是一个综合问题，每条信息数据最终是否产生了业务价值，除了取决于本身的信息数据供给情况外，外部条件、业务配合程度、组织架构等方面都会对最终结果产生影响。信息数据运营团队需要不断地从事协调和推动工作，以确保信息数据应用的效果提升。

❖课后习题

1. 供应链信息管理中台的核心能力和价值是什么？
2. 供应链信息管理中台架构包含什么？它们的地位和作用是什么？

3. 供应链信息管理中台信息数据体系的特征是什么？
4. 企业希望通过信息数据资产管理达到什么目的？
5. 供应链控制塔的特点及参考架构包括什么？
6. 供应链信息管理中台建设的内容包括什么？

❖拓展阅读

联想全球供应链智能控制塔

联想是一家年营业额近4240亿元的全球化、多元化的中国企业。服务全球180多个国家和地区，累计服务超过10亿用户，在2024年《财富》世界500强排名中位列第248名。联想全球供应链在高德纳发布的《2024年全球供应链25强》榜单中，位列第8。

联想全球供应链致力于打造高效协同的一体化平台，通过新品导入、采购、计划、制造、物流、交付、质量管理等各个职能部门支持公司个人计算机及智能设备、移动设备及数据中心的业务，为全球各地客户提供产品与服务的全面支持。

在数字变革趋势下，联想全球供应链是联想集团智能化变革的先锋，明确制定了长期愿景，即通过在全球范围内提供无与伦比的产品及客户体验，成为公司可持续发展与智能化成长的引擎。

一、供应链运营痛点问题亟待解决

新时代，联想供应链面对的是更加多样化的客户需求、更复杂的产品，以及对更高效和更敏捷的供应链运营和服务的强烈诉求。然而联想作为一家全球化运营的跨国公司，管理着极其庞大且复杂的供应链网络，高效和敏捷的难度超乎想象。这不仅意味着联想供应链管理必须更及时地了解遍布世界各地的供应链各个环节的运作情况，同时还必须更快速地做出决策；在决策之后，还要精准驱动供应链各个节点之间的供需匹配，确保物料供应与生产的高效衔接，完美达成物流配送与订单履行。

然而，供应链生态中从供应商到消费者等主体间关系日益复杂，联想供应链的内部运营及生态体系之间的信息渠道频频出现交流不畅的情况，“信息孤岛”问题日益突出。同时，协同运作的模式也对问题决策提出更高要求，不仅需要实现单一职能部门最优或某一公司利益最大，还要考虑整个生态体系内合作伙伴的集体最优。传统的决策方式已经无法满足这种要求，智能解决方案应运而生。

二、供应链智能控制塔应运而生

联想全球供应链为进一步提升整体运营效率和精准度，提升客户交付体验和满意度，自主研发设计了联想全球供应链智能控制塔。该项目自2017年启动，就得到联想管理层的高度重视和大力支持，管理层调配优秀的联想内部人才资源参与推动，包括全球供应链团队、联想研究院团队、开发团队、企业数字化转型团队等。联想全球供应链智能控制塔通过构建数据驱动的智能供应链生态体系，基于供应链的发展提供实时数据、智能分析和决策参考，为供应链实现智能运营转型赋能。

联想全球供应链智能控制塔作为联想全球供应链的智能大脑和指挥中心，负责监控和指导端到端的供应链活动，使之成为协同、一致、敏捷和需求驱动的供应链。它为联想全球供应链及其合作伙伴（包括生态圈内的供应商、合同制造商、第三方物流供应商等）提供端到端的整体可见性、近乎实时的大数据运营分析，应用人工智能、机器学习等技术进行运营重点问题的决策建议和仿真模拟，辅助供应链管理者做出决策，从而更好地服务终端客户。

三、供应链智能控制塔的实践应用

（一）订单管理

对于供应链来讲，订单的管理直接影响到终端客户对于品牌的信任和依赖，因此订单管理对于每个公司而言都尤为重要。订单管理就是对订单整个生命周期的管理，包括订单创建、信用调整、生产制造、物流运输、客户签收、发票生成等。对外需要提供实时有效的订单状态共享，响应客户的诉求，从而使客户满意。不同团队在沟通中使用邮件、报表等多种方式，点对点的线性沟通不仅耗时、耗力，效率不高，同时数据的实时性得不到保障。针对这一痛点，供应链智能控制塔结合订单自动化解决方案，探索出了订单可视化的方法，创建订单追踪中心和自动化解决方案。

订单可视化主要解决企业内部的销售和管理问题，尤其能够应对催单或者订单延迟的情况。可即时在平台上查询到延迟原因及目前负责人，加速订单履约。订单追踪中心和自动化解决方案主要通过订单系统集成，基于事先制定的规则，自动完成订单初步创建，同时满足不同区域、不同终端客户类型的订单查询需求。客户可以基于自己的需求设定进行订单的实时追踪、人机工作协同，完成订单修改工作，从而大幅度提升运营效率。

（二）供需管理

在复杂多变的市场环境下，企业如何及时、准确感知市场需求并快速应对，对企业的供应链管理是一个巨大挑战。在需求驱动下的供应链管理流程中，需求管理是整个流程的起始点，而基于需求预测的计划管理始终是供应链管理的关键命题。供应链智能控制塔基于交易系统数据输入，自动更新基于区域和类型维度的产品供应量、需求量和出货量数据，同时提供关键物料分配结果、可供销售的产品清单和需求调整建议。从需求到供应的全链条视角，辅助管理层及时了解业务实际运作情况，指导决策。通过关键部件需求与供应的差异分析，基于订单的消耗量，提供交付周期内的总体需求趋势，揭示关键物料需求与供应差距的根本原因，为业务采取下一步行动提供指导和建议。

（三）库存管理

在供应链管理视角下，构建符合制造企业业务流程的内控体系，不但可以提高企业运营管理效率，还能提升供应链的抗风险能力。由于产品特性，电子产品零件难以统一管理，这不仅造成了当前货物管理的困难，还对后续的生产产生负面影响。供应链智能控制塔通过辅助精细化管理存货业务流程，实现数据信息共享，包括提供自有工厂、代工厂维度的整机和部件库存数量及金额，提前盘点并分析库存趋势、供应天数，自动计算库存健康状况及老化库存体量。针对呆滞物料，提供部件级别库存状态分配规则或未来预测比率，辅助业务开展定期的、全面的科学分析，及时反馈库存积压、工程余料等情况。与此同时，供应链智能控制塔进一步强化库存管理内控流程，及时更新或审核信息化系统平台上的相关信息，设定风险预警指标，帮助业务建立有针对性的风险预警机制。

第六章　制造型供应链信息管理

❖教学目标

1. 掌握制造型供应链的资源和能力。
2. 掌握供应链运营平台的作用。
3. 掌握企业信息化水平提高的途径和意义。
4. 掌握 ERP（企业资源计划）中生产管理系统的五个层次。
5. 掌握 MRP（物料需求计划）的作用和制定流程。
6. 掌握制造企业物流活动的典型组成要素。

❖引导案例

作为汽车制造行业的领头羊，一汽丰田始终以产品的高质量、低成本、低油耗优势占领着市场，一汽丰田的供应链管理模式来源于丰田生产方式（TPS），包括精益生产、准时制生产等。一汽丰田的制造型供应链有两个目标：在必要时制造和搬运必要数量的必要物品；品质要在工序中造就。

汽车产业本质上是一个组装工业。它将数量庞大、各种各样的零部件组合在一起，其中很多零部件是由其他工业部门中彼此独立的企业制造的。供应商提供数以千计的汽车零部件，用来组装汽车，分第一级、第二级、第三级等多个层级。针对全球市场不同区域、不同车型，汽车厂商还会选择不同的供应链支撑、应用不同的供应链流程。

随着专业化分工和全球化贸易程度的加深，一汽丰田着眼于提升核心竞争力，开展的是上下游一体化的制造型供应链管理。面对不时反复的新冠疫情，一汽丰田一方面在生产战线上战疫情、保供给、调结构、抢节奏，定期囤积汽车的关键零部件，并提出“业务连续性计划”，建立供产销一体化推进体制和紧急应对机制，坚持质量制胜战略，保证了艰难状况下高标准完成汽车生产；另一方面在采购战线上，一汽丰田全力以赴保障资源，建立采购协同推进机制，构筑采购集体决策体制，将零库存、1 个月库存进行调整以应对缺货风险。

传统供应链模式中沟通效率低下，亟待数字化改造，逐步实现自动化、数字化、智能化升级。从国际形势来看，全球产业链供应链区域化，要求设计、采购、制造、物流、服务等多方高效协同，并行开展业务活动，提高敏捷性和韧性。此外，一汽丰田结合“绿色物流”的理念和先进物流技术的发展，改变以往陆运为主的方式，倡导公路运输节能减排；不断提高物流环节的安全和质量管理控制，增加仓库里的摄像头，提升流程可视化水平。美国著名供应链管理专家马丁·克里斯托弗指出：21世纪的竞争不再是企业与企业之间的竞争，而是供应链之间的竞争；供应链中各成员的利益是由供应链上各节点企业自身与其他成员共同作用的结果，供应链管理使松散的独立企业运作转移到供应链的整体协调运作，从而提高合作的效率。在大数据、信息化、物联网迅速发展的变革时代，一汽丰田努力构筑“供应商——一汽丰田—顾客”三位一体、行业领先的智慧供应链体系，用更低成本、更短周期实现零库存、实现柔性生产。一汽丰田的电动化战略不仅面临路线选择，也面临数字化转型、产业链重塑等时代性考题。能否顺利实现内部整合、外部竞合，等待着时间的检验。

第一节　制造型供应链概述

一、制造型供应链的定义

整体来看，我们可以将制造型供应链分为“制造”和“流通”两个环节（见图6-1）。简单来说，流通供应链负责将产品卖给目标客户，制造供应链则是组织资源将产品及时、准确地生产出来，保障流通。而制造型供应链和流通型供应链共同组成以核心企业（品牌商/制造商等）为主导的，为最终用户提供产品与服务的制造业供应链。

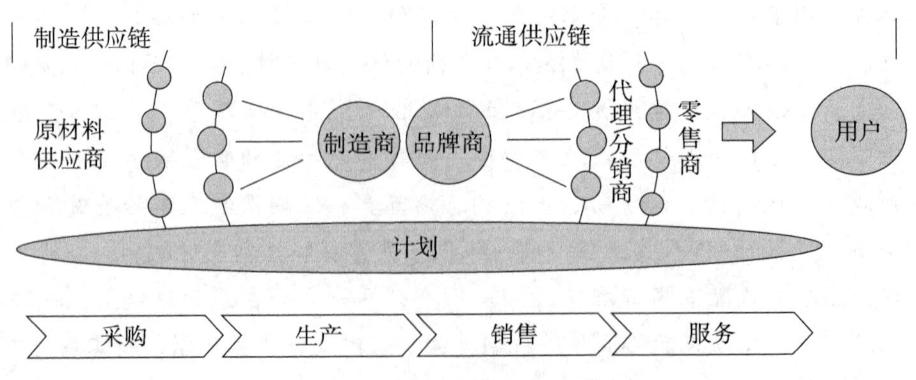

图6-1　制造型供应链示意

制造型供应链为品牌商/制造商主导的供应链，是指品牌商/制造商在其所处的供应链中拥有该供应链的“瓶颈”约束资源（技术、市场、原始资源、信息等），决定着供应链的运行节拍与效率，在物流、信息流、工作流等资源配置方面胜任组织协调工作，能够实现并提升整体供应链核心竞争优势。

制造型供应链的特点主要体现在以下两个方面。

（1）原材料品类的复杂性。一部手机有 80 多个零配件，而一辆小汽车的零部件数量更是多达上万个。复杂的原材料背后是面向众多原材料供应商的采购协调的难度。

（2）产线时效的精确性。在成品组装、制造环节，为保障生产线的正常运转，对原材料采购、产线排程及供料的管理维度、时效精确性要求非常高。

传统以产定销、大规模批量生产的模式下，品牌商/制造商更多关注产能与产线，而随着需求的不确定性、个性化带来的制造模式转向以销定产、小规模生产，供应链计划、协同的重要性愈加凸显。而计划、协同的准确性，依赖于端到端准确、完整的数据支撑。流通型供应链的数字化发展，随着用户、渠道的数字化而逐渐成熟；制造环节的精益要求，也驱动厂内以较高的数字化水平实现智能制造。而连接众多规模不一、信息化程度不一的原材料（及半成品等）供应商、制造商（及组装厂等）的制造型供应链，实现数字化的难度相对大得多，这也因此成为诸多核心企业的供应链管理痛点。

制造型供应链管理以合作关系、核心竞争力、资源（信息）共享、顾客价值主张等为管理核心。在制造型供应链中，制造型企业就处于核心地位，其上游企业是制造企业生产过程中所需要的各种原材料和设备的供应商，下游企业就是销售产品的经销商及使用产品的客户。

二、制造型供应链中的资源和能力

制造型供应链，其节点企业的六种基本资源在供应链运作实现增值的过程中，按照是否参与和其他企业的交换可以分为三种情况：完全流动性资源、部分流动性资源和非流动性资源。完全流动性资源主要包括信息资源和资金资源；部分流动性资源主要包括物质资源和知识资源；非流动性资源主要包括关系资源和人力资源。

完全流动性资源和物质资源中流动的那一部分最终在供应链范围内形成了三种资源流，即信息流、资金流和物流，是实现供应链增值过程的核心部分。知识资源流动的那一部分，产生了知识和能力的扩散，促进和加强了供应链企业间的联系，是实现供应链增值过程的辅助手段。物质资源和知识资源不流动的那一部分及非流动性资源，体现了节点企业的核心能力，形成了供应链节点企业参与交换的基础，是实现供应链增值过程的基本保障。

另外，供应链中还存在一种比较特殊的资源，它促使供应链中节点企业供需关系的形成，并在整个供应链范围内串联起各个环节，形成所谓的商流，这是建立在众多资源和能力基础上的一种核心资源，既是供应链形成的基础，也是供应链增值过程的初始驱动。

制造型供应链中的能力，往往与资源密切相关，本质上就是配置和管理供应链资源进行增值活动的知识和关系的集合，因此更适合将供应链节点企业的业务、组织、学习和创新能力与相应的资源结合起来，从在此基础上形成的跨企业的供应链能力角度进行分类分析。下面针对制造型供应链中的不同资源和能力进行具体的分类分析。

1. 商流和合作能力

商流是指制造型供应链上的相邻两级节点企业的供需关系通过层层相连、环环相扣所形成的契约流，实际上体现的是交易机会，具体表现为订单流，由需求方向供应方单向流动。商流虽然没有直接产生供应链增值效果，但却是供应链能够形成的原始基础，没有商流的形成，供应链节点企业的资源就不能被使用到供应链运作增值的过程中，也不能形成跨企业的供应链能力。

和商流的形成密切相关的是制造型供应链节点企业间的合作能力，体现的是节点企业获得交易机会的实力，这是一种以单个企业各项资源和能力为基础的，通过供需双方资源和能力匹配决策所形成的综合衡量结果，和节点企业的物质资源、知识资源、关系资源、资金资源、人力资源和信息资源均有直接或间接的联系，通过节点企业业务能力、组织能力、学习和创新能力在供应链运作层面上的融合综合体现出来。

2. 物流和物流能力

物流是指制造型供应链上的实物资源在空间上的流动，以及实物在流动中所发生的物理变化和化学变化，包括原材料、零部件、在制品、半成品、产成品和回收物等实物资源的仓储、运输和制造、装配等过程。物流是实现供应链增值的实物承载资源，实物资源所发生的物理变化和化学变化的过程，实质上就是供应链的增值过程，而实物资源在空间上的流动最终实现了从最初的原材料商到最终消费者的所有者转换。物流是单向的，一般由供应方向需求方流动，是供应链三大资源流之一。

物流能力是物流系统在接受客户需求、处理订单、分拣货物、运输、交付给客户的全过程中，在响应速度、物流成本、订单完成准时性和订单交付可靠性等方面的综合反映。物流能力既包括能够运送货物的能力（有形要素），也包括执行物流过程的组织和管理能力（无形要素）。

3. 资金流和财务能力

制造型供应链中的资金流主要是指由企业参与供应链增值的业务活动资金（企业账务中的应收、应付、成本、费用等）所形成的货币价值流动，并不包括企业独立运行的资金（债券、投资、融资的资金等）。资金流是单向的，一般由需求方向供应方流动，是实现供应链增值过程的货币承载资源，是供应链三大资源流之一。

财务能力是指管理和控制资金资源合理流动、保证供应链的正常运作并获得持续盈利的能力。财务能力基本上属于单一资源业务能力，但在某些方面体现出多资源业务能力的特点，如反映财务现金周转能力的现金流量周期，除了与应收天数和应付天数等纯粹资金资源控制水平相关，还和存货周期相关，因而会受到对物流资源控制水平的影响。

4. 信息流和信息协同能力

信息流是指存在于供应链运作过程中的各种信息资源所形成的总和，包括反映资源状态的信息（如物质信息、资金信息、组织信息等）和反映管理控制的信息（如需求信息、供应信息、计划信息等）。实际上，供应链上的节点企业交易的整个过程都伴随着信息资源的交换和管理，即企业通过管理活动协调企业资源，输出产品和服务，而管理组织活动主要通过信息完成企业业务控制。

信息流是双向的，是供应链三大资源流之一，并且信息流在供应链增值运作中居于主导地位，总体上是它来带动和控制物流、资金流的运动。信息协同能力指供应链上节点企业分享各自信息资源和传递相关交易信息的能力，是在企业信息化能力的基础上形成的，特别与其中的信息技术能力和信息组织能力相关。

综上所述，从资源动态性和能力协同性的角度对制造型供应链中的资源和能力进行分类分析的结果如表 6-1 所示。

表 6-1　　制造型供应链中的资源和能力

资源名称	流动性质	对应能力	相关企业资源	增值直接相关
商流	需—供	合作能力	全部	否
物流	供—需	物流能力	物质、知识、关系、人力	是
资金流	需—供	财务能力	资金	是
信息流	双向	信息协同能力	信息、物质、知识、关系	否
知识	部分流动	知识管理能力	知识	否
关系	否	关系管理能力	关系	否
人力	否	人力资源能力	人力	否

三、制造型供应链管理服务

从分工的视角，品牌商/制造商一般专注于产品设计、市场营销等核心业务，并基于发展策略进行不同程度外包供应链活动，以实现面向终端用户的产品提供，以及成本、效率、服务的最优化。制造型供应链管理服务，即围绕核心企业的供应链，基于计划实现上下游协同，通过业务层面的资源整合、运营与管理，保障各环节活动的有序开展。

在面向核心企业的制造型供应链管理服务中，供应链运营平台扮演着协调、统筹与运营的角色，对上基于对核心企业供应链计划的理解，协同供应链上下游参与者；对下组织各类资源，推进核心企业供应链各环节的高效运转，体现在物流服务中，则是整合各类物流服务提供者，实现入厂、厂内、销售及售后物流的运营与管理。制造型供应链管理服务框架如图 6-2 所示。

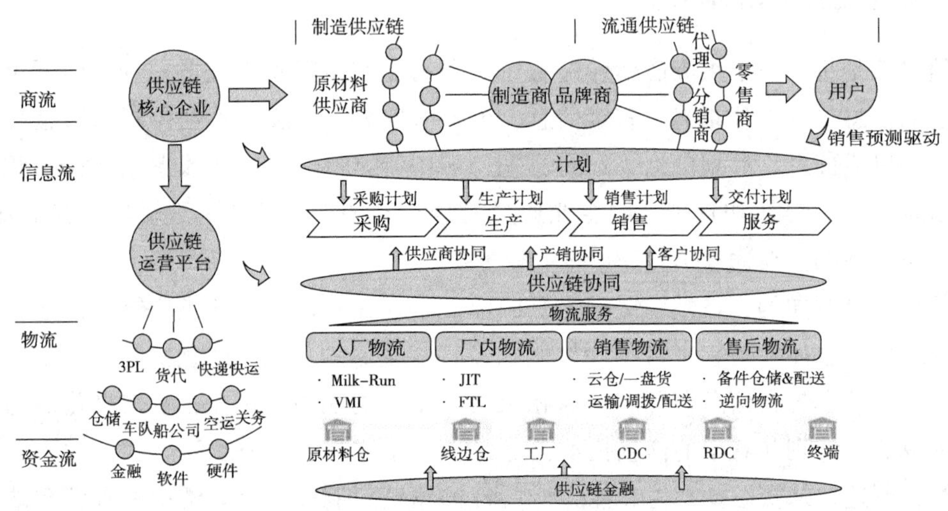

图 6-2 制造型供应链管理服务框架

注：3PL 为第三方物流；Milk-Run 为循环取货；CDC 为中央配送中心；RDC 为区域配送中心；FTL 为整车运输。

1. 基于行业的整体解决方案

供应链管理服务需求具备行业与企业双重属性。制造型供应链管理服务商，从行业特征及客户业务出发，提供定制化整体解决方案，满足客户供应链服务需求。因此，对所服务行业供应链特征、现状的深刻理解，是服务商能够提供契合客户需求的供应链管理服务的核心与基础。

2. 计划驱动的制造型供应链协同

计划由销售预测驱动，在制造端以物料供应为主导，在流通端以产品（订单）供应为主导。从供应链管理服务的视角，深刻理解核心企业的供应链结构、产品与服务、采购制造流程、渠道与销售模式，是提供有效服务的基础，进而通过供应链协同平台，协同上下游（供应商协同、产销协同、客户协同），实现物料/产成品的及时交付、库存优化、成本控制。

例如，准时达通过JUSDA供应链实施协同平台，串联客户供应链端到端各环节，协同上下游资源，实现全链条的可视化与智能管控（见图6-3）；三星Cello（全球物流服务平台），从供应链计划出发，进行供应链与物流解决方案的设计与执行；飞力达通过打造制造型供应链协同平台及供应链物流服务协同平台，全局性提升供应链效率。

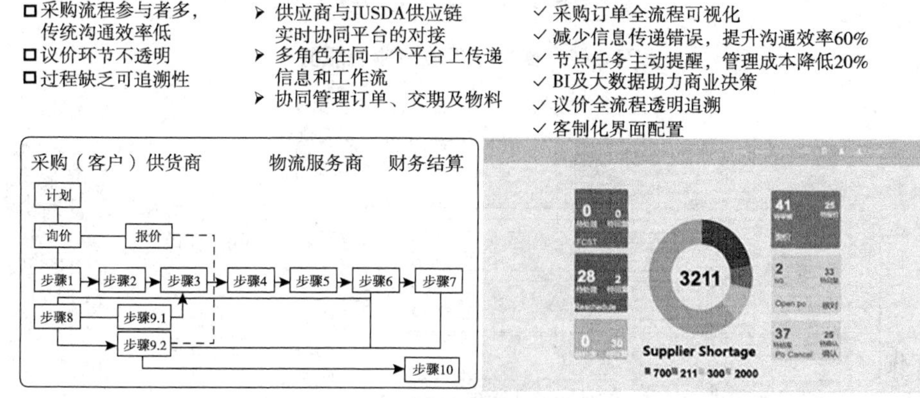

图6-3　准时达：基于供应链实施协同平台的采购协同服务

3. 制造型供应链物流服务

物流需求渗透于制造型供应链的“制造”环节，基于上下游客户的业务场景，提供仓、运、配等服务，保障制造业的服务需求。同时，大型制造企业的供应链一般为全球范围的，对于供应链服务商，为客户提供端到端的供应链物流服务，需要具备全球化的服务网络、资源调度能力和业务运营能力。图6-4所示为制造型供应链物流服务。

4. 制造型供应链信息服务

制造型供应链信息服务（见图6-5）基于中台架构，对接内外部业务系统、智能设备，以业务中台驱动业务统一管理，以数据中台驱动匹配业务的标准化数据语言，并在此基础之上，为客户提供基于控制塔的供应链整体可视化服务。

服务于制造业的产业供应链平台（如准时达、安吉物流等），既不同于电商供应链平台（如菜鸟、京东物流等），也不同于合同物流服务商（如中外运等），其面对的服

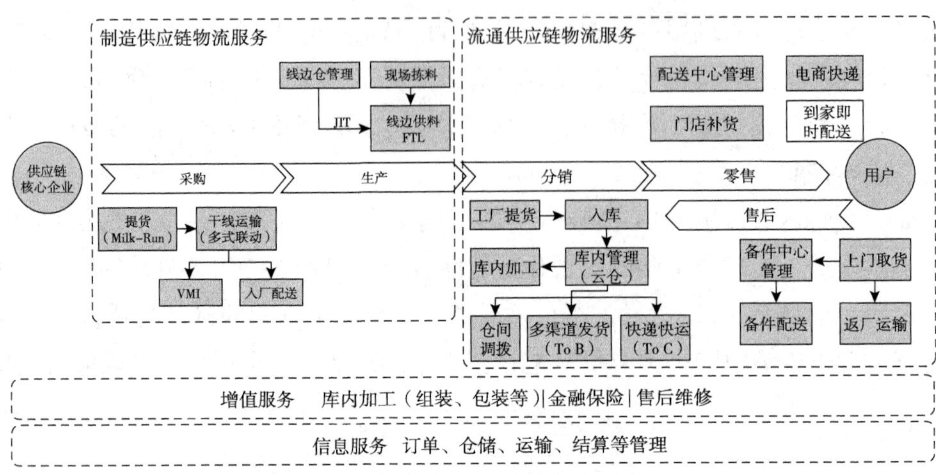

图 6-4　制造型供应链物流服务

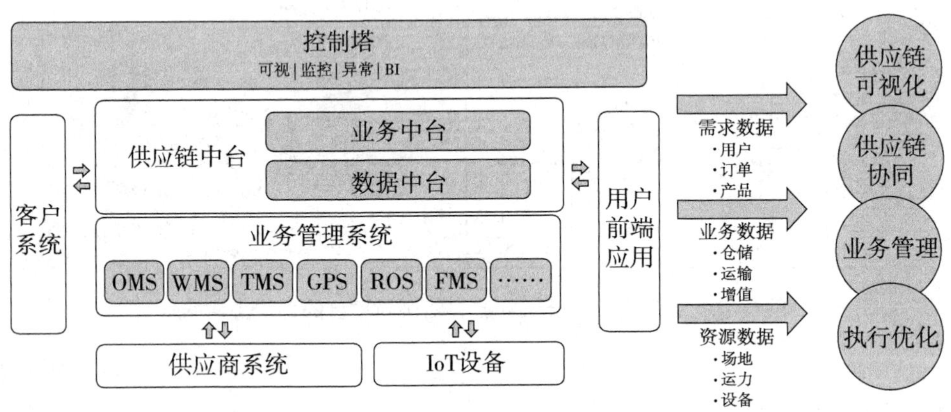

图 6-5　制造型供应链信息服务

注：ROS 为机器人操作系统；FMS 为柔性制造系统；IoT 为物联网。

务场景、服务内容的复杂度远远不同，更加强调对产业的理解，更加强调对于客户供应链上下游参与者的协同支持，并通过打通制造与流通供应链数据，实现供应链整体的优化与管控。在这个过程中，物流业务的运营与管理仅是供应链管理服务提供商提供的服务内容的一部分。

第二节　制造型供应链采购信息管理

一、采购信息管理的发展历程

采购管理的发展离不开信息技术的进步和人们对供应链管理的深入认识。根据采购管理理念的演进及信息技术的发展阶段，可以将企业采购管理信息化的进程分为四个阶段。

第一个阶段是在20世纪50年代以前，采购活动大多停留在货物的“买”的意义上，企业采购信息的采集、传输主要依靠普通信函、电话、手工记录等方式，采购信息管理处于简单粗放阶段。

第二个阶段是在20世纪50年代初期到50年代中期，企业采购信息管理主要围绕交易和库存进行，极少数的先进企业开始使用计算机处理采购信息，但是由于采购管理理念及计算机技术的限制，企业采购信息化仍处于一个较低的水平。

第三个阶段是从20世纪50年代中期到80年代中期，企业开始注重采购与物流管理的系统化和整体化，物料需求计划（MRP）、制造资源计划（MRPⅡ）的概念被提出，企业的信息管理流程逐步向规范化、标准化迈进，各种先进的信息技术和信息管理模式被用于采购管理当中，信息管理在采购管理中已逐步体现出中枢神经的作用。

第四个阶段是20世纪80年代中后期至今，全面质量管理（TQM）、准时制（JIT）工作法、业务流程重组（BPR）、企业资源计划（ERP）、供应链管理（SCM）、客户关系管理（CRM）、电子商务（EC）的逐步提出和普遍采用，大大丰富了采购管理与信息管理的概念。通信技术的广泛应用，识别技术、数据仓库技术等的飞速发展，使采购与物流信息系统在真正意义上跃入了“高级”阶段。

当前阶段的采购信息管理包括四个层次。

（1）单点应用：针对个别功能的各种软件工具和单点系统的建设。

（2）流程优化：针对采购活动的个别业务流程或管理职能，实施部门级的信息系统建设。

（3）综合管理：针对整个企业的综合管理，实施企业级的信息系统建设。

（4）公共平台：所要解决的问题是整个采购与物流行业的信息化问题，如采购与物流信息的发布与共享，采购与物流行业与其他相关机构的信息交互。

二、信息化对采购信息管理的意义

采购信息管理作为连接制造业供应链上下游企业的桥梁，是制造型企业提高供应链管理工作效率、降低供应链成本的关键环节。企业信息化水平的提高，对提高采购信息管理的效率和质量有着至关重要的作用。

（1）积极利用公共采购与物流信息平台。

公共采购与物流信息平台，以其跨行业、跨地域、多学科交叉、技术密集、多方参与、系统扩展性强、开放性好的特点对现代物流的发展构成了有力支撑。公共采购与物流信息平台包含五大功能：保证货物运送的准时性；跟踪货物与车辆，提高交货的可靠性；提高对用户需求的响应性；提高政府行业管理部门工作的协同性；提高资源配置的合理化。企业直接使用公共采购与物流信息平台，可以利用其庞大的资料库及开放性的商务功能实现企业自身的信息交流、业务贸易、决策支持等的信息化管理，可以说使用公共采购与物流信息平台是企业信息化的捷径。

（2）采购中心与物流节点的网络化。

随着采购与物流活动的复杂化，企业采购中心和物流节点逐步增多，网络化已经成为企业信息管理的关键点。以美国亚马逊（Amazon）为例，为配合网上销售，其在全球建立了配送中心，并先后规划和实施了配送节点的网络化管理。完善的配送网络体系使该公司订货和配送中心作业处理速度大大加快，送货标准时间有效缩短。目前，其配送中心的规模及信息化水平足以与大型的传统零售公司的配送系统相媲美。

（3）业务流程重组。

业务流程重组是通过重新思考、优化作业流程，以便在成本、品质、服务和速度等方面获得“戏剧化”的改善。其核心是以顾客、流程为导向，根本性地重新思考与设计，加上信息技术的运用，最终达到绩效改善。业务流程重组一般包含三个方面：功能内的 BPR，即对职能内部的流程进行重组；功能间的 BPR，即在企业范围内跨越多个职能部门边界的业务流程重组；组织间的 BPR，即发生在供应链中跨企业边界的企业之间的业务重组。

（4）实施企业资源计划，通过电子商务实现信息集成化。

ERP 的核心管理思想是实现对整个供应链的有效管理。电子商务的主要特征是利用互联网的优势，减少传统商务模式的中间环节。ERP 与电子商务结合，可使采购、物流和生产有机结合，实现资源优化。Dell（戴尔）公司通过自身网站销售计算机，消费者在网上订货，Dell 确定订货后，通过计算机将信息传输给内部 ERP 系统并完成定制生产。Dell 公司运用的这种营销管理模式使其在真正意义上实现了接近“零库存”的管理，有效地降低了物流成本，提高了用户的采购效率。

（5）借助通信技术、数据交换技术及其他信息技术。

信息技术的发展与通信、数据交换及其他应用技术密切相关，目前非对称数字用户线（ADSL）、数字数据网（DDN）、异步传输模式（ATM）、光纤分布式数据接口（FDDI）、电子数据交换（EDI）、有线电话/传真、智能技术、识别技术、条码技术等已在采购和物流业务活动中广泛应用，企业因地制宜地利用信息技术及其他交叉学科技术，有助于提升企业的采购与物流信息综合管理水平。

三、面向制造型供应链的采购信息管理

在制造企业中，采购成本占总成本的大部分，因此规范和优化采购流程，可以为企业节省采购成本，实现利益最大化。传统的采购管理只是对采购后的事后管理，比

如供应商订单交货日期的承诺执行情况管理、价格的管理、不合格品的处理，而不是对整个采购过程的管理。在制造型供应链管理环境下，由于供应商和企业关系的转变，双方转变为合作伙伴关系，企业应该对整个采购过程进行监督和管理，也就是从发布采购物料需求的说明、供应商的竞标到选择供应商，再到下订单，最后到订单完成都要管理。因此，在制造型供应链管理环境下采购流程所要管理的范畴更大，管理的内容也更加复杂。如果企业已经实施了 VMI 的库存管理方法，采购信息管理的重点应该集中在前期的采购标书信息的管理、供应商投标信息的管理和筛选、VMI 框架协议的管理等方面。

供应商的评选是采购信息管理中重要的一环，应避免以价格为单一标准，而应该把供应商的企业信誉、质量体系和客户服务水平作为衡量供应商的主要标准，加强供应商关系管理。因此，定点管理、质量管理、采购协议管理是供应链管理环境下采购信息管理的新需求。

（一）面向制造型供应链的采购信息管理的原则

在面向制造型供应链的采购信息管理的功能模块中，一个要解决的重要问题是建立与 ERP、财务软件等系统的接口。采购量、采购时间信息可通过 ERP 系统的物料需求计划（MRP）模块获得。MRP 基于产品的 BOM（物料清单）和生产计划等计算生成，为采购部门制订采购计划提供数据参考，从而为生产提供及时到位的原材料和零部件。综合起来，面向制造型供应链的采购信息管理主要遵循以下三个原则。

1. 采购过程规范原则

优化供应商群体，共享采购信息，监督整个采购过程，降低采购成本，提高采购信息化水平。采购员的任务分工与业绩考核要规范，与供应商共赢，实现制造型供应链上价值最大化。

2. 多样化细分的原则

现代供应链管理的一项重要原则是不应对所有产品、所有客户提供同样水平的服务，而应针对不同的产品、不同的客户，制定不同的服务标准，即采用细分战略。比如，企业应根据运输费率的不同、客户需求的不同而采用空运或海运等不同的运输方式。

3. 大规模物流定制的原则

制造型企业应将小批量的零担运输合并为大批量运输，采用拼舱或沿线运输的方式，利用运输费率的变化，降低物流运输成本，从而降低制造型供应链成本。

（二）采购与供应信息管理系统的子系统

采购与供应信息管理系统可根据制造型企业需求分为以下子系统：基础管理子系统、供应商管理子系统、价格管理子系统、请购管理子系统、采购管理子系统、合同管理子系统、招标管理子系统、库存管理子系统、辅助决策子系统等。

（1）基础管理子系统：其主要功能为进行各项基础信息的设定和维护。

（2）供应商管理子系统：供应商选择是 JIT 采购得以有效实施的重要保证，供应商信息管理对采购信息管理乃至整个供应链管理都是至关重要的。

（3）价格管理子系统：对于每一种物品，都要采用内部价格和外部价格管理，内部价格为考核或计划价格，外部价格是供应商的报价或市场价。对于内部价格的设定需要审核和监审。

（4）请购管理子系统：请购计划的来源包括客户订单驱动的物料需求计划和库存补货触发的自动请购等。

（5）采购管理子系统：各部门提出的请购计划经采购资金预算、同项物资合并和选择供应商后生成采购总计划。

（6）合同管理子系统：包括管理合同文档、合同的分批到货及分期付款信息，并对合同的执行进度进行跟踪监控。

（7）招标管理子系统：招标管理适用于大宗物资采购，通过设定招标采购方式，可进入招标管理子系统。

（8）库存管理子系统：包括入库、仓储和出库信息管理。

（9）辅助决策子系统：该系统可以多方位、多角度地反映采购信息管理中不同侧面的情况，使不同级别的企业领导者可以及时、准确地获取所需信息，从而为企业的采购决策提供科学有力的依据。

第三节　制造型供应链生产信息管理

一、制造型供应链生产信息管理概述

制造型供应链生产管理是供应链中制造商管理生产并协调与供应链合作伙伴之间关系的各种活动，其主要任务是根据客户（市场或下游伙伴）需求对生产进行合理安排，从产品品种、数量、质量和交货期等方面满足客户的需要。

生产管理的主要职能包括：制订各层次的生产计划（包括短期、中期和长期计划）、在生产中执行生产计划、控制车间作业进度和质量等。一个制造型供应链能良性运营的关键是使“计划”与“执行”密切配合，供应链上下游各企业和企业内的生产管理人员可以在最短的时间内掌握生产现场的变化，做出准确的判断并采取快速的应对措施。

建立在互联网、物联网、云计算、大数据和人工智能等信息技术基础上的信息系统，可使供应链上下游企业建立生产系统联运机制，实现信息在供应链中的实时共享和智能分析，把各企业生产的各个环节有效地衔接起来，避免“牛鞭效应”的产生。其中，企业资源计划中的生产管理系统解决了上层的计划管理问题，负责完成从销售订单到生产订单的转化；而从生产订单投入到产品完成的整个制造执行阶段的管理任务由制造执行系统（MES）实现，MES 解决了生产现场层面实时管控及追溯的问题。上层 ERP 的计划指令通过 MES 传达到生产现场底层的生产设备控制系统，同时，生产现场的信息又通过 MES 及时收集、传递和处理，并将结果提供给 ERP。

（一）制造型供应链在生产信息管理中遇到的问题

制造型供应链在生产信息管理中遇到的问题主要体现在以下几个方面。

（1）计划和管理的问题。在制订生产计划的过程中，不能及时获得来自下游客户、自身库存、生产现场和上游采购等方面的准确数据，计划的制订依靠管理人员的经验或不准确、不完整的信息，从而不能保证计划的有效性，如可能经常出现加班或紧急采购等问题。

（2）生产和控制的问题。由于生产计划不稳定，造成生产进度不均衡，各种原来需配套生产或采购的零部件可能产生数量上的不匹配，造成零部件积压或不足，生产周期变长。

（3）数据的及时查询和控制问题。生产管理人员希望可以随时查询生产现场的数据、库存数据和采购计划数据等，财务管理人员希望可以随时查询成本数据、资金使用数据等，但如果在企业中采用手工数据管理或只有分散于各职能部门的一些零散的信息系统，上述目的是不可能达到的。

（二）ERP 中的生产管理系统

生产管理的进步是管理理论和信息技术紧密结合的产物。MRP 和 MRP Ⅱ 系统对生产效率的提高发挥了很大的作用。发展到 ERP，其基于信息系统的综合集成理念，有助于实现供应链上信息的充分集成和共享，带来一系列生产管理变革。

1. ERP 中生产管理系统的作用

ERP 中生产管理系统的主要功能是利用集成的信息系统制订生产计划并控制计划的执行。传统生产管理过程存在许多问题，ERP 中的生产管理系统通过利用先进的信息技术和与其他子系统的信息集成，有效地解决了以下几个问题。

（1）解决计划和管理的问题。制订计划时管理人员可以全面获得来自销售、生产、库存和采购系统中的准确数据，利用软件中提供的各种计划方法和模型，及时制订出合理、有效的计划。

（2）解决生产和控制的问题。与制造执行系统进行集成，采用各种先进的自动数据采集技术（如物联网），及时获知生产中的各种实时数据，实行有效控制，同时生产计划的变动情况会及时反映在生产控制中。

（3）解决数据的及时查询和控制问题。生产管理人员可以随时查询生产现场的数据、库存数据和采购计划数据等，财务管理人员可以随时查询成本数据、资金使用数据等。

2. ERP 中生产管理系统的层次

ERP 中生产管理系统分为五个层次。

（1）经营规划。

经营规划是计划的最高层次，是企业总目标的具体体现。企业的高层决策者根据市场调查和需求分析、国家有关政策、企业资源能力及竞争对手的情况等有关信息，制定经营规划。它包括（在未来相当长的一段时间内，往往以年为单位）：本企业生产产品的品种及市场定位、预期的市场占有率、产品的年销售额、年利润额、生产率、生产能力规划和人力资源建设等。

经营规划是 ERP 系统其他各层计划的依据，所有层次的计划都是对经营规划的进一步具体细化，不允许偏离经营规划。

（2）销售与运作规划。

销售与运作规划（Sales and Operations Planning，S&OP）的任务是根据企业经营规划的目标，把经营规划中用货币表达的目标转换为用产品系列的销售量和生产量表达的目标，制定一个均衡的年度生产计划大纲，以便均衡地利用资源。S&OP 可作为编制主生产计划的依据。

（3）主生产计划。

主生产计划（Master Production Schedule，MPS）基于生产计划大纲制定企业每时段应生产的最终产品的数量、交货时间，并在生产需求与可用资源之间做出平衡。主生产计划是计划系统中的关键环节，连接了销售与生产。一个有效的主生产计划保证了企业对客户需求的承诺。它充分利用供应链资源，协调生产与客户，实现生产计划大纲中所表达的企业经营计划目标。

（4）物料需求计划。

物料需求计划根据主生产计划得出的最终产品的需求数量和交货时间，推导出构成产品的各种零部件的需求数量和需求日期，包括自制零部件的生产订单下达日期和采购件的采购订单发出日期，并进行需求资源和可用能力的进一步平衡。

（5）生产（或采购）作业控制。

生产（或采购）作业控制是计划的最底层，属于微观执行层面。它根据 MRP 的输出信息编制生产排程或采购计划，并进行日常调度控制。

在五个层次中，经营规划和销售与运作规划是宏观规划；主生产计划是宏观向微观过渡的层次；物料需求计划是微观计划的开始，是具体的详细计划；而生产（或采购）作业控制是进入执行或控制计划的阶段。上层计划是下层计划的依据，全流程遵循一个统一的规划，是 ERP 中生产管理系统最基本的要求。每一个层次都要回答如下几个问题。

（1）生产什么？生产多少？何时需要？

（2）需要多少能力资源？

（3）有无矛盾？如何协调？

每一个层次都要处理好需求与供给的矛盾，做到计划既切实可行，又不偏离经营规划的目标。ERP 就是在此分层结构的基础上取得计划与控制的极大成功的。后面三部分内容重点介绍生产管理系统中的三个主要层次，即销售与运作规划、主生产计划和物料需求计划。

二、销售与运作规划（S&OP）

销售与运作规划是 ERP 生产管理系统中很重要的一部分。ERP 实施成功率低的一个主要原因是很多公司没有在 ERP 实施中设置销售与运作规划模块。销售与运作规划是企业经营规划的阶段性具体实现，它以年度生产计划大纲的形式，制订了产品的销售与生产的年度计划，用以协调满足经营规划所需要的产量与可用资源之间的矛盾。

销售与运作规划是企业经营规划的细化，说明为了保证年度经营规划目标的实现，应完成的年度销售总量，并以此为依据制订月度生产计划。

（一）S&OP 的作用

S&OP 有以下两个方面的作用。

一是把战略级别的经营规划与战术级别的主生产计划连接起来，并协调市场、销售、研发、工程技术、生产、库存、采购、财务和人力资源等部门，形成企业共同的计划目标。

二是管理所有的下层计划，包括主生产计划和更详细的物料需求计划。

在制定销售与运作规划的过程中，企业应从整体上对市场需求和企业资源（包括生产能力）进行平衡，生成与企业资源匹配的销售规划及支持销售规划的生产规划。

制定销售与运作规划是企业高层领导的职责。销售与运作规划既体现了企业高层领导对生产管理系统的输入，也是企业高层领导控制和管理企业的操纵杆。

（二）S&OP 的制定流程

S&OP 的制定涉及两方面工作：一是对每个产品类制定销售规划；二是根据销售规划制定生产规划。企业应每月召开一次销售与运作规划会议，会议由企业高层领导主持，讨论协调市场、销售、研发、工程技术、生产、库存、采购、财务和人力资源等各方面的问题，形成一致接受的方案。

制定 S&OP 涉及企业的生产计划方式。企业最基本的生产计划方式有两种，即按库存生产（Make to Stock，MTS）和按订单生产（Make to Order，MTO）。前者是一种在接到客户订单之前已经完成产品生产的生产方式，客户订单由库存直接满足，而生产订单是为了补充库存。后者是一种在接到客户订单之后才完成产品生产的生产方式，其最终产品通常要由客户的特定需求来确定。

制定生产规划的依据包括销售规划、供应商和企业的生产能力限制及企业的生产计划方式。生产规划为每个产品类建立适当的生产率。根据产品的不同，生产率的表述也不同，可以是每周 1000 辆汽车、每月 25 台机器或每两个月 1 台机器等。

S&OP 流程本身和参与执行它的步骤非常简单。但是现实情况是 S&OP 很难被成功实施。这是因为销售与运作规划对企业来讲是一个全新的流程，而改变流程意味着企业员工要改变他们做本职工作的某些方法和习惯。一般来说，高层管理人员通常是非常繁忙的，因而具有对非生产性活动花费时间的低耐受性。但是，对于几乎所有实施 S&OP 的企业，在六个月之内就会获得明显收益。S&OP 使企业能够更好地着眼于未来，这意味着企业可以通过提前采取纠正措施来避免可能发生的问题。

以下是实施 S&OP 的主要流程。

（1）确认/修改销售预测流程。

需要对该企业预测未来需求的流程进行审查。这个预测是由资深的销售人员和营销部门管理者授权的。不能有销售部门的预测、营销部门的预测和财务部门的预测等多种预测同时存在的情况。S&OP 不支持多种预测共存，只有单个预测是可行的。

（2）建立产品系列和子系列。

产品系列应基于最适合销售功能来选择，使企业的预测工作尽可能容易进行。高层管理者审查的最优系列数量为 6~12 个。

（3）制定 S&OP 电子表格。

S&OP 涵盖关于决策的一切内容，而电子表格包含进行决策需要的事实，所以企业必须有 S&OP 电子表格。ERP 软件供应商可能提供的生成 S&OP 表格的功能有两种：精简和每月。精简功能用于快速生成关键指标摘要（如需求预测、库存水平或短期产能约束），便于进行临时性快速决策；每月功能以月为单位滚动生成综合性计划，支持中长期分析。

（4）制定 S&OP 规定。

S&OP 规定需要体现出企业 S&OP 流程的目标、流程的步骤、每个步骤的参与者和每个步骤需要采取的行动。S&OP 规定应由总经理和其他相关人员酌情签署。S&OP 规定应该解决以下问题：谁的责任、谁出席 S&OP 会议、谁提供资料、会议的频率如何安排、会议内容有哪些、怎样更改 S&OP 的指导、产品系列是什么等。

（5）试点一个或两个产品系列。

推出所有产品系列的任务是非常艰巨的，因此需要预先做试点。在做试点时应该挑选哪个系列（最难的或最简单的）是首先需要考虑的问题。一般来说，应该选择中等难度的系列。一方面，不挑最复杂、最棘手的产品系列是因为这个系列成功实施可能需要一段艰难的时间。而企业早期的主要任务不是提高经营业绩，而是要实施一个流程使其能正常工作。另一方面，不选择过于简单的系列是因为该系列不能够带来足够的影响，不能起到促进作用。

（6）开发能力报告。

大多数情况下，企业的资源（工厂、部门等）与其所生产的产品系列不完全匹配。在这些情况下，有必要收集各系列的生产负载，这些数据能显示过载和负载不足，管理人员根据这些数据可以对供应计划进行调整，确保其科学性和有效性。

（7）将所有产品系列加入 S&OP 流程。

试点成功后，大多数企业在未来数月将每月增加三个或四个产品系列，直到所有的产品系列都加入 S&OP 流程。理想情况下，在开展试点的 90 天内就会将所有产品系列加入 S&OP 流程。

（8）将供应计划、财务计划及新产品的引进加入 S&OP 流程。

一般，这些功能需要等到所有的产品系列都加入 S&OP 流程后才能正常地工作。例如，如果某个生产部门服务于所有九个产品系列，那么在所有的产品系列都被添加之前，该部门将无法准确掌握其整体工作量。

三、主生产计划（MPS）

（一）MPS 的作用

MPS 是对生产规划的细化，用以协调生产需求与可用资源之间的差距。MPS 将生产规划的产品系列计划转换为具体的产品计划，它按时间分段计划企业应生产的最终产品的数量和交货期，说明在可用资源的条件下，企业在一定时间内生产什么、生产多少、什么时间生产。MPS 是个实际的、详细的产出计划，它给出了特定的产品在每个计划时段的生产数量。

MPS 在制造业中广泛应用，它是联系市场销售和生产制造的桥梁，使生产计划和能力计划符合销售计划要求的优先顺序，并能适应不断变化的市场需求。同时，主生产计划又能向销售部门提供生产和库存信息、可供销售的信息，作为同客户洽商的依据，起到了连接供应链上下游的作用。

MPS 驱动了整个生产和库存管理系统，是 MRP 系统的一个关键输入信息。编制主生产计划是生产管理系统的主要工作内容，主生产计划的编制要以生产计划大纲为依据，并结合预测和客户订单的情况，安排计划期内各时段中提供的产品种类和数量。

（二）MPS 的制订流程

主生产计划综合平衡客户需求和可用库存的现状，协调生产需求和可用资源的矛盾，输出详细、合理且可行的产品出产进度报表。

根据毛需求量和事先确定好的订货策略和批量，以及安全库存量和期初库存量，计算出各时段的主生产计划产出量和预计可用库存量，并根据预计可用库存量情况选择生产批量，形成一份主生产计划报表。

1. 确定需求来源

MPS 针对的是独立需求的项目，以此来安排生产。需求来源主要包括未交付的客户订单、最终产品的市场需求预测量及维修件等。

2. 计算毛需求量

根据市场需求预测和已收到的客户订单等的数量，计算毛需求量。

3. 计算主生产计划产出量和预计可用库存量

根据毛需求量和事先确定好的订货策略和批量，以及安全库存量和期初库存量，计算各时段的主生产计划产出量和预计可用库存量。

4. 进行粗能力计划核算

粗能力计划是对生产中所需的关键资源进行计算和分析。关键资源通常指瓶颈工作中心、关键供应商、有限自然资源、专业技能、不可外协的工作、资金、仓库等。

粗能力计划用于核定主要生产资源的情况，即关键工作中心、人力和原材料能否满足 MPS 的需要，使 MPS 在需求与能力之间取得平衡。

5. 评估和调整主生产计划

一旦初步的主生产计划测算了生产量，测试了关键工作中心的生产能力并对主生产计划与生产能力进行平衡之后，初步的主生产计划就确定了。之后需要对主生产计划进行评估，对存在的问题提出解决建议。如果需求和能力基本平衡，则同意主生产计划；如果需求和能力偏差较大，则否定主生产计划，并提出修正方案。

6. 批准和下达主生产计划

提交 MPS 初稿及分析报告，等待审批。正式批准后，作为下一步制订物料需求计划的依据，下达给有关的使用部门和有关人员，包括生产制造部门、采购部门、工程技术部门、市场销售部门、财务部门及其他有关人员等。

四、物料需求计划（MRP）

（一）MRP 的作用

MRP 是对主生产计划的细化，用以处理生产所需的各种物料的需求量和库存量之间的差距。MRP 以主生产计划为基础测定每种物料需求的准确时间和数量，提供每种物料在未来的供应计划。

MRP 根据物料清单（BOM）的具体特征，将主生产计划具体分解成加工件的生产进度计划及采购件的采购进度计划，确定加工件的投产日期与完工日期、采购件的订货日期和入库日期。MRP 输入输出逻辑如图 6-6 所示。

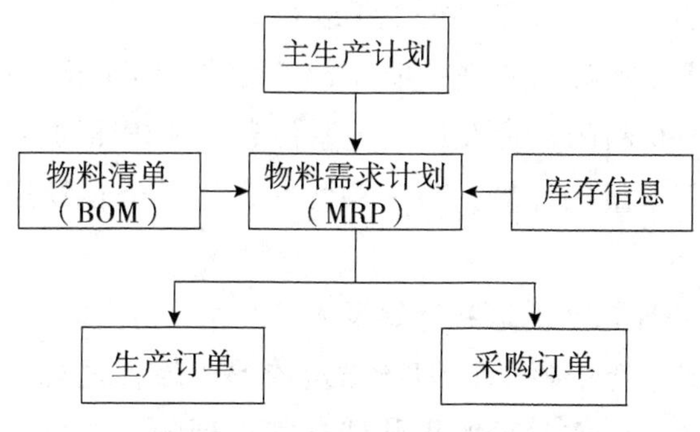

图 6-6 MRP 输入输出逻辑

MRP 是生产管理系统微观计划阶段的开始，既是 MPS 需求的进一步展开，也是实现 MPS 的保证和支持。

MPS 只是对最终产品的计划，一个产品可能由成千上万种相关物料组成，一种物料也可能会用在多种产品上，不同产品对同一种物料的需求量和需求时间又不相同，而且，不同物料的加工周期或采购周期不同，需用日期也不同。而生产管理要求每种物料既要在需用日期配套备齐、满足装配或交货期的要求，又要在不需要的时期不过量占用库存，还要考虑合理的生产批量甚至安全库存。如此，需要进行大量数据运算，以计算机算法为基础的 MRP 提供了令人满意的解决方案，有效地克服了手工管理难以解决物料短缺和库存量过大的问题。

MRP 最终要提出每一个加工件和采购件的建议计划，除说明每种物料的需求量，从生产加工角度，还要说明每一个加工件的投产日期和完工日期，从采购角度，则说明每一个采购件的订货日期和入库日期。

MRP 主要解决如下几个问题。

(1) 要生产什么？生产多少？(来源于 MPS)

(2) 要用到什么？(根据 BOM 展开)

(3) 已经有了什么？(根据物料库存信息、即将到货或产出信息得出)

(4) 还缺什么？(计算出结果)

(5) 何时安排？(计算出结果)

(二) MRP 的制订流程

MRP 是一种分时段的优先级计划，它根据 MPS、物料清单、物料可用库存量和提前期，按照产品出厂的优先顺序，计算出全部加工件和采购件的需求数量和需求时间。

制订 MRP 时，应该从其对应期间的 MPS 入手，具体可表述为以下流程。

(1) 承接和核实主生产计划。

主生产计划推动 MRP 的运行，它是 MRP 的一个主要输入。

(2) 逐层分解与合并运算零部件的毛需求量。

毛需求量是根据主生产计划并进一步考虑产品结构特征得出的。从 BOM 中能得到有关产品的零部件和原材料的数量及结构关系信息，MRP 根据主生产计划和结构关系信息进行各种物料毛需求量的计算。每一项物料、每一个运算层次均要严格按时段核算出相应的毛需求量。

(3) 计算零部件的计划产出量和计划投入量。

以毛需求量为基础，零部件的计划产出量依赖于库存情况。计划投入量是根据计划产出量的要求，并考虑生产与采购提前期计算得到的，它决定了各项物料的最终需求量，这个量是重要的生产决策或者采购决策的依据。

(4) 分析零部件的来源，生成物料生产计划和采购计划。

根据各项物料是自制还是外购，形成物料生产计划和采购计划。

(5) 能力需求计划的检验和调整。

能力需求计划需要对 MRP 中所需的所有资源进行计算和分析。这不仅包括关键资源、关键工作中心、关键供应商、专业技能等，还包括人力、原材料、资金、运输、仓库等所有的企业要素。

能力需求计划以物料需求计划的输出作为输入，根据计划的零部件需求量和生产基本信息中的工序、工作中心等信息，计算出设备与人力的需求量、各种设备的负荷量，以便判断生产能力是否足够。若发现能力不足，则进行设备负荷调节和人力补充；如果能力实在无法平衡，可以再返回至 MPS，调整产品的主生产计划。

（6）批准、下达和执行作业计划。

计划批准之后，接下来就是计划的执行。如果某物料是需要企业内部生产加工的，就产生一个生产制造指令，并下达加工单到相应的车间班组进行生产；如果是需要采购的，就产生一个采购订单。

五、制造执行系统（MES）

（一）生产执行过程中面临的问题

随着供应链竞争加剧，如何提升生产管理绩效是生产管理人员迫切希望解决的问题。为此，链上的企业越来越重视整个生产流程的透明化和生产管理的实时化。

如果只依赖于 ERP 中的生产管理系统，则会出现如下问题。

（1）生产计划往往跟不上市场变化。面对客户对交货期的苛刻要求、产品种类不断变化及订单的不断调整，决策者却不能及时、透明地了解生产过程信息及生产计划的执行情况。

（2）缺乏来自生产现场的反馈导致计划的不准确。管理人员在不符合实际的情况下制订了不准确甚至矛盾的生产计划，最终难以被执行。生产管理系统没有达到所承诺的预期目标。

（3）不能妥善地解决生产调度过程中复杂多变的问题。无法实时获取制造资源及制造过程信息，即使企业实施了 ERP，可是生产管理人员仍然依靠电子表格运行他们的工厂，获得的数据经常与实际情况有很大的差距。

制造型供应链上的各企业都关心四个问题：生产什么？生产多少？何时生产？如何生产？ERP 回答的是前三个问题，而“如何生产”（什么时间可以生产什么？在什么时间已生产什么？质量如何？效益如何？）则由生产现场的制造执行系统解决。该系统需要全面、及时并准确地提供如下信息。

（1）生产计划完成状况如何？生产班组、生产车间日/月绩效如何？产量、质量、消耗、工艺操作水平如何？发生了什么问题？问题的原因是什么？

（2）目前仓库，以及前、中、后工序线上每种产品的数量各是多少？

（3）设备的运作效率如何？期间（班、日、月）效率如何？目标值或额定值如何建立？偏离的可能原因有哪些？

（4）能否根据产品代码追溯这批产品的所有生产过程信息？

（5）同一条生产线需要混合组装多种型号产品的时候，能否自动校验和进行操作提示，以防止部件装配错误、生产流程错误、混装和交接错误？

（6）能否自动统计每个过程的生产数量、合格率和缺陷代码?

MES 就是计划与生产之间起承上启下作用的“信息枢纽”。MES 采集从接受订单到生产完成最终产品全过程的信息，它强调数据的全面、准确和及时。目的在于优化生产管理活动，对复杂多变的生产活动做出快速反应。只有在 MES 提供了详尽的生产现场信息反馈后，ERP 才能制订有效的计划。

（二）MES 的定义与作用

1. MES 的定义

MES 是美国制造研究和生产管理界于 20 世纪 90 年代提出的关于生产组织和管理的新概念。

制造执行系统协会（MESA）对 MES 的定义为：MES 能通过信息传递，对从订单下达到产品完成的整个生产过程进行优化管理。当工厂里有实时事件发生时，MES 能对此及时做出反应、报告，并利用当前的准确数据进行指导和处理。这种对状态变化的迅速响应使 MES 能够减少内部非增值的活动，有效地指导工厂的生产运作过程，从而使其既能提高工厂及时交货能力、改善物料的流通性能，又能提高生产回报率。MES 还通过双向的直接通信在企业内部和整个产品供应链中提供有关产品行为的关键任务信息。

该定义主要强调了以下三点。

（1）MES 是对整个制造过程的优化，而不是单一解决某个生产瓶颈。

（2）MES 必须提供实时收集生产过程数据的功能，并做出相应的分析和处理。

（3）MES 需要与计划层和控制层进行信息交互，通过企业的连续信息流来实现供应链上的信息集成。

美国先进制造研究机构（AMR）将 MES 定义为位于上层计划管理系统与底层工业控制之间的、面向车间层的管理信息系统，为操作人员、管理人员提供计划的执行、跟踪，以及所有资源（人员、设备、物料、客户需求等方面）的当前状态。

AMR 提出了企业信息集成三层业务模型：第一层为决策层（企业资源计划，ERP），主要为企业提供全面管理决策；第二层为执行层（制造执行系统，MES），主要负责车间级的协调、跟踪，发现并监控相关趋势；第三层为控制层（制造车间控制系统，SFC），直接负责工厂生产控制的环节。

美国国家标准与技术研究院有关 MES 的定义是：为使从接受订单到制成最终产品全过程的管理活动得以优化，采集硬件、软件的各种数据和状态信息。

2. MES 的作用

MES 是近年来企业信息化的又一个热门领域，是通过对企业生产组织和管理的实践进行总结后，适应产品的个性化和制造过程的敏捷化的需求而产生的信息系统。MES 以精益生产和“订单拉动”式生产模式为目标，把原来的生产排程、设备管理、质量管理、数据采集等独立的系统有机地集成在一起，能够从执行生产计划、追溯生产过程、高效使用设备、保障产品质量、进行工人排班及合理激励等方面对生产现场进行集成管理。在此基础上，实现对生产制造过程中包括产品、物料、设备、人员、流程指令在内的所有制造资源及其执行状态的可视化监测与控制，为生产现场制造过程监测、控制和管理提供一个统一的工作平台。

作为企业实现智能制造的重要载体，MES 在帮助制造企业实现生产过程的自动化、网络化和智能化等方面发挥着巨大作用。

（1）MES 构造了一个基于实时数据支持的现场管理体系。通过整合数据采集渠道，集成车间中生产调度、工艺管理、质量管理、设备维护、过程控制等相互独立的系统，使这些系统之间的数据实现完全共享。

（2）MES 构造了对现场设备实时监控、动态事件触发的敏捷制造体系。MES 反映了作业人员、机器、设备、物料和工具等资源使用状态的实时信息，并就刚刚完工的作业活动向 ERP 和有关人员报告。因此，使用其中的资源状态管理功能，MES 能及时提供更翔实的资源可用量信息，以便向 ERP 提供更可行的资源计划。同时，也使有关人员及时了解作业效率、资源效率等实际状况，发现作业中隐藏的问题，改善运作效率。

（3）MES 构造了规范各种作业流程、对前后关联工序进行一体化管理、对制造过程进行追踪的体系。实现产品追溯功能，进行生产状况监视，进而实现性能与质量分析。

（4）MES 形成了一个以计划为龙头，以实绩为反馈的实时闭环系统。实现计划层和生产控制层双向通信能力，解决“信息孤岛”状态下的数据重叠和数据矛盾的问题。

（5）MES 与周边系统进行协作分工，构造了协同制造的体系。MES 是对制造企业执行层进行全方位管理的信息系统。

（6）MES 对生产过程实时事件的响应能力比 ERP 更好，并具有把生产过程的实时状况向 ERP 报告的功能。使用其中的工序详细调度功能，通过相应的作业排序或作业调度程序优化作业计划，MES 能帮助 ERP 将企业的生产作业计划制订得更细致、具有更高的可操作性，可以极大地提高生产过程的作业效率和作业性能。

（三）MES 的功能

MES 是多种生产过程控制和管理功能的软件集合，MESA 通过对其成员的大量实践进行了总结，归纳了 11 个 MES 主要的功能模块。

（1）生产资源分配与资源状态管理。根据作业任务，分配设备、工具、人员、物流、能耗及其他生产资源，以保证生产的正常进行，并提供资源使用情况的历史记录，跟踪其现在的工作状态和完工情况，以满足生产计划和调度的要求。

（2）生产工序调度。以资源和能力有限为前提，根据各工序的属性和优先级，优化生产作业顺序，减少生产过程中的准备与等待时间，提高生产效率。

（3）生产单元分配。通过生产指令（以作业、订单、工单等形式）管理生产单元间的工艺流和业务流，将物料或加工命令发送到相应的加工单元并开始加工操作。

（4）生产过程管理。通过实时跟踪监控生产全过程，采集并及时反馈生产异常情况，并向用户提供决策支持。此外，该模块还应具备报警功能。

（5）文档管理。管理、分发与生产过程有关的产品标准、工单指令、生产配方、工程图纸、工艺规程、自动控制程序、质量检验记录、工程更改通知及工序转换操作等信息，并提供重要数据查询、编辑、存储与维护功能。

（6）生产跟踪和追溯管理。根据生产批次与原料批次等信息，跟踪每个产品或组件所经历的加工工序、加工结果并进行数据记录。以此为据，向用户提供每个产品、组件或最终产品的可追溯性记录。

（7）绩效分析。将产品实际制造过程中测定的结果与过去的历史记录、企业的目标或客户的要求进行相关的比较，在线显示或者输出相应的报告，辅助管理者进行绩效的改进和提高。

（8）人力资源管理。针对不同生产岗位，实时采集作业人员的状态和相关数据（工时、出勤等），提供人员出勤率、效率、工作负荷和工时成本等分析报表，辅助管理者对作业人员的安排进行管理决策。

（9）设备管理。采取监控设备的状态、数据收集和维护指导等相关措施，保证机器设备的正常运转，提高设备利用率。

（10）质量管理。通过在线的质量检验和离线的数据分析等质量信息记录，跟踪和分析产品在加工及装配过程中各工序的质量情况，以保证产品质量在可控制范围之内，并向相关人员提供质量改进的有关建议。

（11）数据采集。通过人工、条码扫描和 RFID 自动识别等方式，对生产过程进行相应的数据采集，收集来自人员、机器、工序和物料等方面的现场数据，进行数据存储和数据分析处理，为生产管理提供信息。

第四节　制造型供应链物流信息管理

一、制造企业物流概述

1. 制造企业物流的组成部分

制造企业的物流主要包括供应物流、生产物流、销售物流、废弃物物流及回收物流。目前企业物流与社会物流的衔接主要有两种方式：一种是通过物流“外包”也就是通过第三方物流（3PL/TPL）企业来实现，这是物流管理的趋势；另一种是物流“自营”，通过企业的办事处等实施采购、销售等业务，实现企业供应物流、销售物流与社会物流的整合。

2. 制造企业的物流活动

物流活动因企业而异，取决于企业特殊的组织结构、管理层对物流范畴的不同理解，以及单项活动对运作的不同作用。对于大多数制造企业来说，物流活动典型的组成要素如下。

（1）运输。运输是物流各环节中最重要的组成部分，也是物流的关键。运输方式有公路运输、铁路运输、水路运输、航空运输等。

（2）仓储。制造企业的仓储管理不仅要负责采购物料的保管，还要负责对生产过程中的半成品及最终产成品的保管。仓储是物流各大环节中十分重要的组成部分。

（3）包装。包装可大体划分为两类。一类是工业包装，也叫运输包装、大包装；另一类是商业包装，也叫销售包装、小包装。

（4）装卸、搬运。装卸、搬运是物流各环节连接成一体的接口，是运输、仓储、包装等物流作业得以顺利实现的根本保证。

（5）流通加工。流通加工功能是产品从生产到消费过程中的一种加工活动，或者说是一种初加工活动，它是使物品发生物理变化（如大小、形状、数量等变化）的物流形式。

（6）客户服务。客户服务水平决定了产出的水平和物流系统反应的能力。物流成本随所提供的客户服务水平而呈比例上升，这样，服务水平的设定也会影响支持这一服务水平的物流成本。服务水平设定过高，会使物流成本过于昂贵。

（7）信息管理。物流信息是连接运输、仓储、包装、装卸、搬运等各环节的纽带，没有各物流环节信息的畅通和及时供给，就没有物流活动的时间效率和管理效率，也就失去了物流的整体效率。因此，物流信息管理功能为所有的物流活动提供支持，是物流活动顺畅进行的保障，是物流活动高效运作的前提，并为计划和控制提供必要的信息，是企业管理和决策的依据。充分掌握物流信息，能使企业减少浪费、降低成本、提高服务质量。

3. 制造企业的内部与外部供应链物流

制造型供应链通常分为内部供应链和外部供应链。内部供应链是指制造企业内部产品生产和流通过程中所涉及的采购部门、生产部门、仓储部门、销售部门等组成的供需网络。而外部供应链则是指制造企业外部的，与企业相关的产品生产和流通过程中涉及的原材料供应商、制造商、分销商、零售商及最终消费者组成的供需网络。内部供应链和外部供应链共同组成了企业产品从原材料到半成品，再到产成品，最后交付给消费者的供应链。可以说，内部供应链是外部供应链的缩小化。

对于制造企业，其采购部门就可看作外部供应链中的供应商。它们的区别在于外部供应链范围大，涉及企业众多，企业间的协调更困难。对于我国多数制造企业来说，首先要解决的是企业内部的供应链物流管理问题，图 6-7 所示的虚线内属于制造企业内部供应链物流范畴，在虚线以外的属于外部供应链物流范畴。

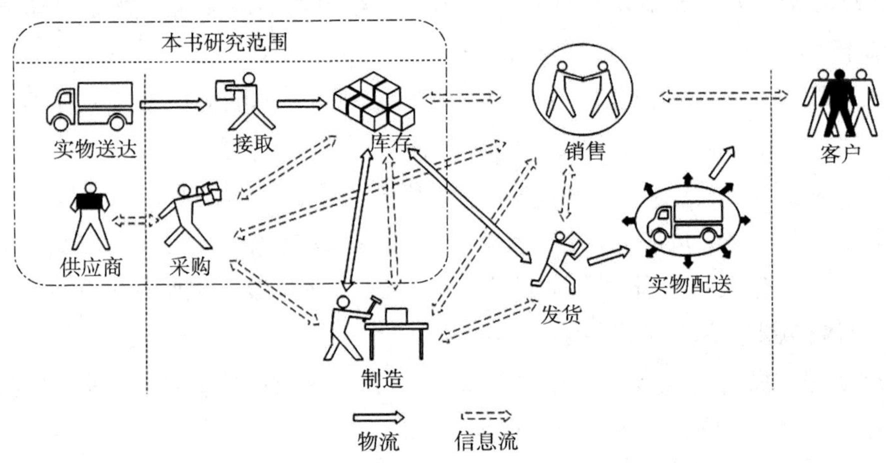

图 6-7　制造企业供应链上物流、信息流流程

从以上流程图可以看出，实物的流动远没有信息交换和共享复杂，实物只是从一个公司流向另一个公司，在一个公司内部是从一个部门流向另一个部门。而物流信息可能是多个公司共享，并且在一个公司内部也是多个部门共享，比如客户订单信息，销售部需要记录订单执行状态的信息，采购部需要客户订单信息制订采购计划，制造部需要客户订单信息指导生产，仓库需要客户订单信息决定什么时候发货等。一般情况下，同一实物的流动是单向的，而信息流是双向的。原材料在没有退货的情况下，都是从供应商处流向制造商，而信息的流动是采购订单信息由制造商流向供应商，送货信息又由供应商流向制造商，在实物送到后，制造商又把接收的信息反馈给供应商并且付款。这主要说明物流信息的管理极其重要且很复杂。在供应链管理环境下，制造企业的物流管理范围也从企业内部扩展到了企业外部，因此，物流管理的范畴和职能比以前变得更广，而处于供应链中间的制造企业的物流活动更强调和上下游企业的协作，有效整合企业外部资源。在此把企业内部与外部需要衔接的物流部分称为“边界物流”。

二、制造型供应链物流信息管理的意义

物流信息的有效管理对于制造企业的成本控制、效率提高、竞争力加强都起着重

要的作用。因此，正确认识和理解物流信息管理的重要性是十分必要的。

1. 物流信息管理有助于制造企业内部物流功能得到整合

制造企业的物流系统是由运输、仓储、包装、装卸、搬运、流通加工、配送等多个操作环节（或被称为物流功能）构成的，这些环节相互联系形成物流系统整体。在物流信息化之前，即使从观念上考虑了系统整体优化，但由于信息管理手段落后，信息传递速度慢、准确性差，而且缺乏共享性，各功能之间的衔接不协调或相互脱节。运输规模与库存成本之间的矛盾、配送成本与顾客服务水平之间的矛盾、中转运输与装卸搬运之间的矛盾等，都是现代物流系统经常需要解决的问题。解决这些矛盾，需要利用现代信息技术对上述物流环节进行功能整合，联合运输、共同配送、延迟物流、加工配送一体化等都是物流功能整合的有效形式。

2. 物流信息管理有助于协调供应链的合理运行

物流信息管理通过物流信息网络进行，物流各环节上的成员能实现信息的实时共享。处在销售终端的零售商直接面对消费者，他们充分了解消费者的需求，能详尽地记录客户的信息，中小型制造企业与分销商借助物流信息网络，几乎可以同时共享零售商所获取的市场信息及零售商的经营状况，从而迅速调整各自的生产和运营计划；同样，物流信息网络也使制造商的产品调整和销售政策能及时被其他物流成员了解，有利于他们及时调整经营策略。在这种物流信息实时反馈的网络条件下，物流各环节成员能够相互支持与协作，使得制造企业能够及时调整产品结构，更好地适应激烈竞争的市场环境。

3. 物流信息管理有助于降低物流成本

物流信息管理有助于改善企业物流系统中的时间效应和空间效应，从而降低企业物流管理的成本，为企业节约资金并提高效率。时间效应指通过商品库存消除商品生产与消耗在时间上的矛盾，使生产与消耗在时间上达到一致；空间效应指通过运输、配送等活动消除商品生产与消耗在空间位置上的矛盾，达到生产与消耗位置空间上的一致。通过快速、准确地传递物流信息，生产厂商和物流提供商能随时掌握商品需求者的需求状况，生产厂商实行准时制生产，物流提供商实行准时制配送，将生产地的库存和流通过程中的库存减少到最低程度，供应商与生产厂商或消费者之间的距离被拉近，甚至达到“零库存”或“零距离”，由此降低物流成本。

4. 物流信息管理有助于提高制造企业的快速反应能力

中小型制造企业的生产系统是以订单为基础运行的，即采用定制化生产方式，以满足消费者的个性化需求。而且，满足消费者的个性化需求必须快速反应，这既是消费者的要求，也是生产者降低成本、形成竞争优势的需要。生产系统的快速反应必然要求物流系统与之匹配，即物流系统也要快速反应。只有物流信息化才能实现快速反应。

三、面向制造型供应链的物流信息管理

物流管理信息系统（Logistics Management Information System，LMIS）作为制造企业信息系统的一类，主要通过使用物流信息技术实现对物流相关信息的加工处理，达到对物流、资金流的有效控制和管理，并为制造企业提供信息分析和辅助决策。物流管理信息系统的功能是对物流系统的各个阶段和各个层次之间的信息进行采集、存储、传递、处理、显示和分析。

信息源、信息处理器、信息用户和信息管理者构成了物流管理信息系统的概念结构。信息源是物流信息产生地，这是 LMIS 的基础；信息处理器负责物流信息的传输、加工、保存等工作；信息用户是 LMIS 服务的对象，利用所得到的物流信息进行决策；信息管理者负责 LMIS 的设计与实现，并负责系统的运行和维护。

根据处理的内容和决策层次，可以把 LMIS 划分为战略计划层、管理控制层、运行控制层、业务处理层和数据支持层等。战略计划层负责建立各种物流系统的分析模型，辅助高层管理人员制定物流战略规划，解决中长期决策问题；管理控制层负责建立物流系统的特征和评价标准，建立控制和评价模型，根据运行信息监测物流系统的状况；运行控制层负责运载工具和路径的选择及优化、仓库作业计划、库存管理等一些有关物流系统的短期决策；业务处理层负责对订单、合同、票据、报表等进行日常处理；数据支持层负责收集、加工和存储信息和数据，并提供 LMIS 检索和查询服务。还可以根据功能将 LMIS 划分为一系列的分系统，这些分系统还可以继续划分为子系统，称为二级子系统。这样，从垂直方向进行层次划分，从水平方向进行功能划分，就形成了物流管理信息系统的金字塔结构，如图 6-8 所示。

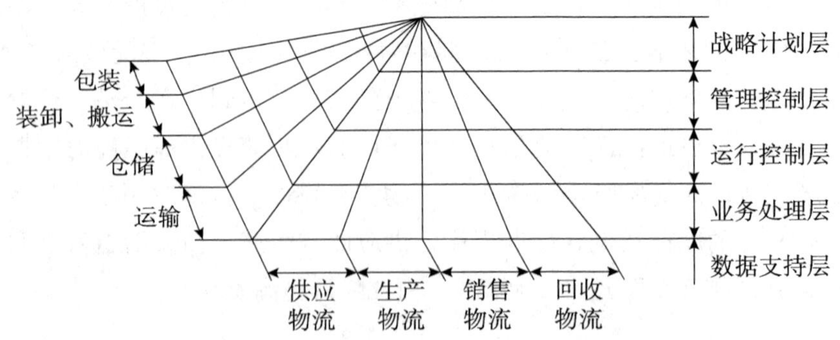

图 6-8　物流管理信息系统的金字塔结构

制造型供应链管理环境下的物流管理信息系统面临着随时与不同的节点企业的集成、业务流程和组织结构不断重组的动态特性，并且要适合跨地域异构操作系统的应用，所以对可扩展性、健壮性、易集成性提出了更高的要求。在进行现代物流管理信息系统设计时，必须遵循以下原则。

1. 系统性原则

建立物流管理信息系统要从系统性原则出发，使物流管理信息系统与物流的职能和物流组织结构相互联系。

2. 经济性原则

企业是趋利性组织，追逐经济利益是其活动的最终目的，所以企业每一次投入都会考虑产出，所以软件的开发费用必须在保证质量的情况下尽量压缩。

3. 完整性原则

这包括功能完整性和开发过程完整性两个方面。功能完整性是指根据企业物流管理的实际需要，制定的系统能满足物流管理的信息化要求。开发过程完整性是指制定出相应的管理规范，如开发文档的管理规范、数据格式规范、报表文件规范，应保证系统开发和操作的完整性和可持续性。

4. 可靠性原则

这包括在正常情况下和非正常情况下的可靠运行。正常情况下的可靠性，实际就是系统的准确性和稳定性。非正常情况下的可靠性，就是系统的灵活性，即指系统在软件/硬件环境发生故障的情况下仍能部分使用和运行。

5. 逐步发展的原则

物流管理信息系统作为一种应用系统，不可能一开始就十分完善，其建设是一个逐步发展的过程。企业应根据物流业务的发展要求和技术的升级，在已有的基础上，积极完善和改进物流管理信息系统。

6. 开发性和协同性原则

为实现物流企业管理的一体化和资源的共享，物流管理信息系统应具备与公司内部其他系统（如财务、人事等管理系统）相连接的性能。同时，系统不仅要在物流企业内部实现数据的整合、顺畅流通，还应与企业客户、外部供应链的各个环节及其他相关企业系统协同，以实现数据交换，物流管理信息系统应具备可扩展性，具有随着企业发展而发展的能力。在建设物流管理信息系统时，应充分考虑企业未来的管理及业务发展的需求，以便在原有的系统基础上建立更高层次的管理模块。

7. 安全性原则

在系统建设和应用时，需要制定统一的安全策略，使用可靠的安全机制、安全技术及管理手段。伴随电子商务的开展，物流服务的很多业务需要通过互联网实现，安全性问题对物流管理信息系统来说越来越重要。

8. 信息的集成与动态原则

物流过程涉及的环节多、分布广，信息随着物流在供应链上的流动而流动，信息在地理位置上往往具有分散性、范围广、量大等特点。因此，信息的管理应高度集成。

❖课后习题

1. 制造型供应链在生产管理中遇到了哪些问题？ERP 系统是如何有效地解决这些问题的？
2. ERP 中生产管理系统有哪些层次？每个层次都要回答哪些问题？
3. 简述主生产计划的制订流程。
4. MRP 主要解决哪些问题？
5. 简述物料需求计划的制订流程。
6. 简述制造执行系统的作用。
7. 简述 MES 的功能。

❖拓展阅读

2023 年 4 月，空中客车公司（以下简称空客公司）深化在华全产业链布局，空客公司与中国航空工业合作伙伴签署了新的合作协议。合作协议包含工业合作、新飞机采购和航空业可持续发展等相关内容。合作协议中，空客公司将在天津建设第二条生产线，进一步拓展 A320 系列飞机的总装能力。

截至 2023 年 4 月，空客公司在全球共有四处 A320 系列飞机总装设施，分别位于德国汉堡、法国图卢兹、中国天津和美国莫比尔。空客公司与中国的合作可以追溯到 1985 年。当时，中国民航华东地区管理局引进了一架 A310，这是空客公司在中国卖出的第一架飞机。此后，为了提升在中国市场的竞争力，空客公司开始尝试在中国进行零部件转包生产。此后，随着在中国市场占有率的不断提高，空客公司与中国产业链企业的合作范围不断扩大，层次不断深入。双方工业合作涵盖了从原材料采购到零部件设计与制造、大部件总装，直至飞机总装等多个领域。

2022 年 1 月，空客公司与 TARMAC Aerosave 公司及成都市政府合作，宣布成立飞机全生命周期服务中心，该中心将落地成都。2023 年 4 月，该服务中心正式成立。该服务中心占地面积为 71.7 万平方米，规划建设停放约 125 架飞机。服务中心毗邻成都市双流区的航空工业园区，航空制造和服务企业布局完善。根据规划，TARMAC Aerosave 公司将为项目提供以环保方式拆解飞机的专业技术能力。同样位于该中心的空客子公司欧航航材（Satair）将负责收购老龄飞机、交易和分销拆解后的二手可用件，覆盖飞机整个生命周期的服务范围。75%的存储飞机将进入第二个生命周期，其余飞机将采用 TARMAC Aerosave 公司独特的技术进行拆解，可实现飞机重量 90%以上的回收利用，远超行业标准。服务中心的成立标志着空客公司在中国的业务范围已贯穿整个航空产业链，从部件生产到飞机总装与交付，从机队运行到高价值零部件的拆解和循环利用，实现了全行业生命周期的闭环发展。

2022 年 6 月，空客公司宣布选址苏州，设立中国研发中心。2023 年 4 月，空客中国研发中心正式启用。根据空客公司的规划，该研发中心将利用长三角地区的航空和氢能源产业链优势，重点围绕氢能源基础设施开展研究工作。同时，空客中国研发中心将为空客全球提供先进制造、电气化、未来客舱及新技术的研究创新服务。空客中国研发中心还将对有前瞻性技术和良好市场前景的科研创新项目进行培育，孵化对于当地航空航天产业具有影响力和带动作用的科技创新企业。

第七章　平台型供应链信息管理

❖教学目标

1. 了解平台型供应链的产生背景及发展现状，掌握平台型供应链的定义及运作原理。

2. 了解平台型供应链需求的特点，掌握平台型供应链需求预测方法。

3. 掌握平台型供应链订单信息及客户信息的管理方法。

❖引导案例

海尔集团创始人张瑞敏曾说过：没有成功的企业，只有时代的企业。

海尔集团（以下简称海尔）先后经过了名牌战略发展阶段（1984—1991 年）、多元化战略发展阶段（1991—1998 年）、国际化战略发展阶段（1998—2005 年）、全球化品牌战略发展阶段（2005—2012 年）四个发展阶段。2012 年年底，为适应用户个性化需求，海尔提出正式实施网络化战略。基于“企业无边界、管理无领导、供应链无尺度”的管理思想，海尔试图颠覆以自我为中心的封闭系统，将传统组织变为互联网的网络节点，使海尔转型为面向全社会孵化的创客平台，即在互联网时代转型为平台型企业，打造并联平台的生态圈。

海尔在大数据、云计算、柔性制造等物联网技术的加持下，形成了五大产业平台，即海尔智家（智慧家庭平台）、卡奥斯 COSMOPlat（工业互联网平台）、海创汇（创业孵化平台）、盈康一生（健康产业平台）和海纳云（智慧社区产业平台）。同时，海尔的组织演变成“小前台、大中台、强后台”的平台型组织结构，构建了多个平台赋能小微企业，为用户持续创造价值，形成了“平台+小微企业”的生态新模式。截至 2021 年，有超过 4000 家小微企业在海尔的商业生态系统中栖息、生存和发展。

张瑞敏提出过一个形象的比喻——不要做海，要做云，海再大也是封闭的，云再小也是开放的。在网络化战略指导下，海尔的组织一边整合全球一流的合作资源，持续推进全球化升级，打造强大的平台竞争力；一边快速满足互联网时代用户个性化、碎片化的需求，开放用户交互，形成两头倒逼的自演进体系。

海尔数据平台建立在对用户的洞察之上，通过打通“信息孤岛”，将各个分散的数据互通互联，驱动业务更好地服务于用户。海尔通过全流程互通互联的用户数据平台和全流程并联闭环的用户体验平台，精准识别用户，带给用户极致体验；打通全网用户触点，精准识别用户 1.27 亿人，生成客户画像标签61 亿条；基于智慧服务、精准营销、便捷服务与会员关怀系统及海尔生态社群，推进海尔与用户全生态共享增长。海尔积极投入，建设多个智能化的互联工厂，通过汇聚用户个性化需求，以大数据实现大规模定制和个性化生产；自主研发了智能制造云平台，提供知识智慧化、大数据分析等服务；围绕“物联网时代智慧家庭生态平台”的定位，在行业内率先将人工智能应用到智能家电与智慧家庭等场景。

与此同时，海尔通过国际并购将海外的市场、技术、产业链等资源迅速整合，多品牌、跨产业、跨区域的全球化升级使品牌协同效应显现；在本土研发、本土制造、本土销售的“三位一体”战略指导下深入交互全球市场用户需求，进行全球化布局；搭建开放创新生态平台 HOPE，接入全球一流的设计与研发资源，吸引用户深度参与产品前端个性化设计互动；面向行业和产业发展，打造了一个全面开放的“U+”智慧生活平台，站在世界舞台与智能家居同行业者协同发展。

截至 2022 年 3 月，海尔已拥有 4 家全球“灯塔工厂”。2018 年，海尔中央空调互联工厂成为中国首批，也是空调行业第一座“灯塔”；2020 年，沈阳海尔冰箱互联工厂成为冰箱行业第一座“灯塔”；2021 年，天津海尔洗衣机互联工厂成为洗衣机行业第一座“灯塔”；2022 年，郑州海尔热水器互联工厂成为热水器行业第一座“灯塔”。这些成绩的取得离不开海尔旗下工业互联网平台——卡奥斯 COSMOPlat 的助力。截至 2022 年 3 月，卡奥斯 COSMOPlat 已经赋能 5 家灯塔工厂，被称为中国“灯塔工厂领路人”。除了对内助力海尔，卡奥斯 COSMOPlat 还对外跨界赋能助力青岛啤酒成为首家啤酒饮料行业“灯塔工厂”，成为极少数成功对外复制灯塔经验的工业互联网平台。

第一节 平台型供应链概述

一、平台型供应链

（一）平台型供应链的产生背景

随着互联网技术的快速发展及市场要求的不断提高，基于数字化技术的平台模式应运而生。工业大生产时代，企业构建能力的基础源于行业之间及产业链上下游之间的专业化分工，而数字经济时代，数据成为驱动商业增长的“新能源”。平台企业将大数据作为基础设施服务之一对外开放，让数据挣脱原有的束缚，在流动和分享中成为数字经济下最为重要的生产要素。数据可以为不同行业的不同企业提供标准化接口，使跨界融合的大规模协作取代过去泾渭分明的行业分工成为可能。从纵向上看，价值链的垂直分工不再重要，不同环节的企业可以依靠经营中产生的数据进行方向一致、步伐一致的协同行动。从横向上看，专注于某个领域的精耕细作不再是唯一核心，围绕客户消费产生的需求数据形成跨界的组合式创新有可能赢得更多的客户。从“行业分工”到“平台共享”，意味着企业能力构建基本逻辑的重建。企业开始有条件挣脱自身资源、能力的束缚，通过能力的“外部化”寻求更加开放的战略可能性，战略思考路径从以往的“我有什么，所以我能做什么”，转变为“我要成为什么，所以我需要整合什么”。

与此同时，企业间的竞争也正在变得平台化。过去，企业比较容易定义自身的竞争对手，并通过定期或不定期的动态监测，及时制定并实施针对性策略以应对竞争；但如今由数据驱动的新经济会驱使竞争对手从一些我们看不到的地方涌现，比如外卖平台崛起对方便食品市场造成的打击，出行服务平台对传统出租车公司甚至汽车公司形成的压力。

客户需求和竞争都在快速迭代，需要实时研判、快速应变，进行决策的灵活调整。平台模式为商家和客户直接提供了即时交互的界面，并为其创造极致的“时基竞争力”提供了良好的条件。很多企业借助平台的力量进行预售或试错式研发，就是应对动态环境的一种积极的微观尝试。

平台模式是一种多对多、即时互动的商业模式，即多种动态迭代的产品与服务对应多种不断迭代的需求，平台模式的出现宣告了一个无边界的、创新性的战略新时代的到来。平台模式的出现在很大程度上有效促进了很多行业的转型升级和融合发展。从新兴的电商、生鲜冷链等领域到传统的制造业领域，都开始充分运用数字化技术的先进生产力，构建数字时代的平台化商业模式，并全面推动组织的开放和平台化实践。各种着眼于实现资源共享和集成化管理的物流平台、供应链管理平台应运而生，并逐步形成了以平台为核心的供应链体系。

（二）平台型供应链的发展现状

平台商业模式借助数字技术和智能设备将人、资产和数据汇集到一起，通过大规模的实时匹配带来社会整体效益的增加。过去十年，在各行各业出现的互联网平台是通过能力数字化扩展及业务数字化相连的组织形式，它们通过打造数字网络平台，以更低的成本和更便捷的方式匹配多种产品和服务的供应商，营造供需双方的互动环境，并建立信任机制以促进交易。例如，阿里巴巴通过打破传统垂直价值链，从供应链上、中、下游的全局去思考商品交易的完整路径，通过平台商业模式，凭借具有网络规模效应的互联网，以及大数据和人工智能等数字技术，对传统物理世界的供应链进行了降维重构。

与此同时，为了突破产业增长的天花板，充分挖掘现有客户的潜力，实现数字化背景下面向未来的转型，传统产业的领导者也纷纷打破规模庞大、等级森严的传统科层组织，驱动企业在集中化的专业能力平台赋能下，以高度敏捷和精干的项目组、小微体或创业体的形式开展多样化的创新与创业，为客户提供周全、细致、贴身的需求解决方案，而不仅仅是提供单一的物化产品，从而提高客户满意度，强化客户黏性，提升客户为企业创造的价值。以华为为例，华为近年来在涉足的各个领域几乎都已实现全球领先，步入了任正非口中的“无人区”，即处在无人领航、无既定规则、无人跟随的困境。走进“无人区”后的华为战略足够简单：成就平台的平台，即聚焦信息通信技术（Information and Communication Technology，ICT）基础设施和智能终端，做“全球数字化平台的平台，全球数字化生态的土壤”。为了确保组织充满活力，华为在之前赋能式组织的基础上创建了由后台、中台、前台构成的平台型组织。这个巨大的平台型组织并不是一个静态组织，而是一个随时会跟随战略调整而调整的动态组织，但无论是收缩还是扩张，平台型组织的业务流程都能保持相对稳定。目前，华为仍走在平台化变革的路上，并提出了向分布式组织继续进化的初步设想。

未来产业链供应链将进一步平台化，表现为基于全链的数字化相连，提供端到端的优质体验和差异化服务，保持运营的效率和灵活性，同时降低供需双方的交易成本与摩擦成本。数字技术不仅能转化为更高的平台价值或更低的交易成本，还能从根本上改变了商业模式及价值的创造与分配机制。这些新的商业模式将更加依赖数据分析和智能设备，开放、流动的数字化平台将成为整个生态系统的重要部分。供应链平台化转型需要建立平台化管理模式，从商业模式、组织结构、组织关系、绩效管理、企业文化等方面对传统企业供应链进行改造。由于平台的加入，供应链结构、组织边界、运作流程等都会发生巨大变化。平台化管理将借助数字技术与工具将能力扩展到整个产业及生态圈，传统的组织边界将被打破，管理规模也将随之扩大，相应的供应链组织结构、组织关系及激励机制等都需要重新思考与构建。

（三）平台型供应链的定义

在数字化时代，企业业务的每个方面都可以通过工业 4.0 所倡导的垂直集成、水平集成和产品全生命周期端到端的集成进行改造，向完全数字化生态迈进。云计算、大数据、物联网、3D 打印、虚拟现实和增强现实等技术汇集到一起，可以实现新的业务模型、产品和服务的数字化，以及供应链上每个环节的数字化和集成。平台型供应链是在数字化技术基础上形成的数字化供应链生态系统，由互联网、物联网和社交技术将所有成员连接到一起，构成一个供应网络，通过一个中心进行监督，并通过数据分析引擎进行管理。

平台型供应链是一种以供应链服务平台为核心的网状结构，是网状数字化供应链（见图 7-1），以产品需求、服务需求为导向，以资源整合与集成化协调管理为出发点和主要目的，对物流、信息流、资金流、商流进行整合优化。供应链服务平台是整个供应链的连接者、整合者、协调者，居于供应链主导地位，通过集成服务提供方与服务需求方，整合、协调整个供应链上的资源，帮助供应链上各个节点进行产品、服务、信息或者资金的流转。

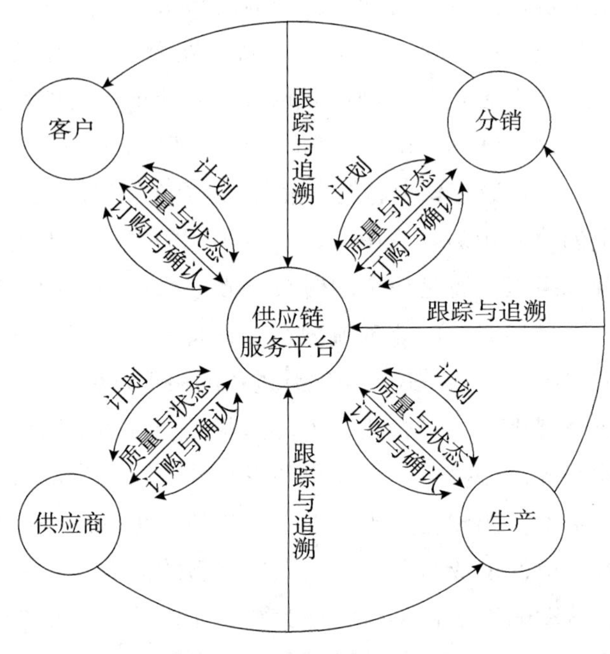

图 7-1　网状数字化供应链

（四）平台型供应链的特点

与传统供应链组织不同，平台型供应链对应的组织构建逻辑是以客户的叠变需求为核心，动态连接创新个体，即平台需要时刻以创造客户价值这一基本目标为导向，更加开放、灵活地在组织内外部随时抓取和组合自身需要的各种能力，并在极致扁平化、柔性化的基础上形成极致的应变力。

1. 柔性化

平台型供应链以满足消费者需求为中心目标，从线上线下双渠道收集消费者的行为数据并加以分析和判断，建立起由消费者需求驱动生产的逆向智慧供应链模式，打通供应链的信息流，实现渠道下沉，打造柔性供应链。基于市场消费需求的生态体系能够使供应链上游更加灵活、更具柔性，而数字化技术又能保障系统内各个参与主体的信息共享，为参与各方快速决策提供数据支持，提升数字化服务水平。

2. **扁平化**

平台型供应链以直接连接产销两端的供需关系而不需要中间商为发展目标。当供应链平台生态体系商业模式形成后，零售终端便可依托供应链所提供的完善物流服务，不通过中间商直接与品牌商联系，打通供应链两端的供需联系，实现精准匹配。这种扁平化的生态体系商业模式压缩了分销体系的生存空间、优化了整个供应链、降低了流通成本，整个供应链的盈利水平、效率水平因此得以提升。

3. **共享化**

共享化是平台型供应链最重要的特征之一。在平台型供应链商业模式中，通过搭建交互平台，供应链的参与主体能够在信息、资源及利益上共享，线上线下双渠道零售终端的库存信息、营销信息、物流信息、客户信息等能够通过大数据技术实现实时共享。资源和信息的共享会创造新的有价值的信息，这是平台型供应链的独特优势，能够保持平台的可持续发展能力。

4. **生态化**

生态化要求有能力促进供应链各个环节的有机整合，这是平台型供应链发展的终极目标。在平台型供应链中，需要一家同时具有优秀供应链管理能力、一流物流服务能力、先进技术和数据支持的公司作为核心企业，与大量商业伙伴建立广泛深入的合作机制，连接供应链网络、物流网络和销售网络，最终形成庞大的供应链平台生态圈。核心企业需要将专业的服务资源进行整合，并不断扩大服务范围、深化服务内容，为供应链的参与主体提供个性化定制、品牌孵化、供应链金融及产品营销等服务；以核心企业为轴，整合生产服务商、金融服务商、商务服务商、信息技术服务商、物流服务提供商等，打造一体化的生态服务链。

二、平台与供应链管理之间的关系

（一）平台及平台企业

平台的概念早已有之，比如证券交易所作为融资方和投资方互动的平台，历史已过百年。平台架构内包含需求方用户（Demand-side User）、供给方用户（Supply-side

User）和平台提供商（Platform Provider），且用户间存在同边和跨边网络效应（Direct and Indirect Network Effect）。平台的本质是通过构建一个通用的基础架构和规则体系，促进双边和多边客户实现更有效的联系和互动。信息技术的应用大大减少了对实体基础设施和资产的需求，在很大程度上降低了平台建设和拓展的成本，减弱甚至消除了参与者之间的摩擦，提高了捕捉、分析互动数据价值的能力，使平台成为当今商业世界中一种重要的商业模式，例如，以淘宝为代表的 C2C 购物平台，以滴滴为代表的汽车中介服务平台，以及以拼多多为代表的团购平台。平台运营者、参与互动的多边客户，以及为多边客户互动提供支持或服务的各类行为主体，构成了一个相互依赖的生态系统。

平台的意义和价值在于：让在传统模式下无法建立联系、无法实现互动的主体通过平台实现联系和互动，并通过这种联系和互动为双方创造新的价值；或者是将过去完全交由市场调节的高度分散的双边/多边客户的互动，转变为通过平台创造的相关基础设施加以聚合，通过平台构建的统一规则或标准实现互动，减少双边客户为发现对方、实现互动而需要进行的冗余投资，提升了双边客户的互动效率，降低了互动成本，为各方创造价值，同时也意味着社会经济组织方式的重构。而平台与其双边客户及其他利益相关者，超越了传统时间与空间的限制，通过互联网形成了一个交互依赖的共生共荣的生态系统。

由于同边网络效应、跨边网络效应、聚合效应的存在，平台与平台之间的竞争不再是单纯的平台型企业之间的竞争，而是围绕着每一个平台的生态系统之间的竞争。平台的竞争力来自规模经济和范围经济叠加效应基础上的网络效应和用户直接交互产生的时基竞争力。它最主要的特征是业务的无边界性，企业在实践中已经无法通过对外部环境的静态观察来规划未来的发展路线，只能通过在模糊方向上的无边界、高频率、高速度试错来确定成长的正确路径。数据成为驱动增长的新能源，让平台共享的大规模协作取代过去孤立的专业分工成为可能，能力的外部化也为平台的无边界试错提供了坚实基础。

平台型企业作为生态系统的核心，对生态系统的健康和演进方向负有重要的责任。平台型企业实现长期利益的关键在于：以持续创新支撑生态系统的自我进化，通过为成员企业提供资源支撑，促进效率提升，提高整个生态系统的竞争力，使平台架构及规则能够在稳定性与适应性之间实现恰当的平衡。

（二）供应链管理

供应链是围绕核心企业，通过对信息流、物流、资金流的控制，从采购原材料开始，到制成中间产品及最终产品，最后由销售网络把产品送到消费者手中，将供应商、制造商、分销商、零售商，直到最终用户连成一个整体的功能网链模式。供应链管理是对传统企业内部各业务部门之间及企业之间的职能从整个供应链的角度进行系统的、战略性的协调，目标是通过信息、计划和不同职能的整合，在满足客户服务水平的要求下使供应链的整体价值最大化。

随着互联网和物流智能技术的不断创新，供应链的发展日益复杂，企业可以通过优化供应链的结构从而获取核心竞争力。供应链结构优化需要重新评价企业原有供应链结构，发现其问题和不足，并提出相应的优化策略和改进措施，然后评价重构的供应链，逐步建立基于时间、成本、客户体验的供应链优化体系。科学、合理的供应链结构评价，能够反映出供应链实际运营状况，为供应链体系优化提升提供决策依据。在构建供应链的过程中，首先需要明确供应链中的核心主体。传统的供应链主体一般是某个参与实际生产或者服务的核心企业，核心企业在参与实际生产服务的同时需要兼顾供应链协调管理的工作。但随着市场竞争愈加激烈、质量要求愈加严格，核心企业逐渐将重心转移到其核心盈利点上，并将供应链管理功能外包。供应链管理服务承包商的不统一，容易导致供应链管理的分散化，这将不利于供应链的整体优化，不利于整个供应链竞争力的提升。对于供应链而言，运作活动细分，专而精才有利于提高个体及整体的竞争力，因此，在供应链链条的不断扩展及供应链管理服务要求不断提高的背景下，供应链管理应由分散化单独决策向集成化联合决策转变，在平台型供应链中，供应链服务平台作为平台型供应链的核心主体，能够有效满足供应链发展的要求。

（三）平台战略下的供应链管理

传统供应链组织结构的主要特点是多层次、多职能的层级管理制度，这种组织适合稳定的经营环境、以产品为导向的大规模的生产方式，在当今市场需求突变、经营模式发生变化的情况下，显然不适应。在平台战略概念提出后，发现传统的组织结构形式和运营模式在实施的过程中也显现出一定的不适应性。在传统的价值链整合模式下，单个企业的制造和销售资源再强，也有一定限制，但是通过平台模式整合多个资源方，平台上的供需双方形成循环促进、不断上升的网络效应，以及跨边界的整体价值增值效应。平台战略条件下的供应链结构已经不同于传统的供应链结构，它跨越了单个企业和单个行业的管理界限，从生态平台化全局和整体生态体系的角度考虑相关企业的相对关系，使供应链结构优化从一种管理运作工具提升为系统管理体系和创新的商业模式。

三、平台型供应链的运作原理

（一）基本架构

1. 以客户端为核心的即时互联全景化数据平台

平台型供应链进行一切创造的目的都在于为客户提供极致的服务。因此，构建以客户端为核心、涵盖所有生态链参与者的即时互联全景化数据平台势在必行。对客户端的数字化覆盖不仅要求能全面、深入、实时地跟踪客户的消费全生命周期，还要能支持消费轨迹实时数据化和与客户的深度互动。其基本构件包括以下内容。

（1）客户体验和购买的多点融合数字化界面。

客户体验和购买过程的数字化是构建平台型供应链过程中最基础的工作，其中包括如何构建基于电子商务的客户线上购买、咨询、体验平台，也包含如何通过智慧门店建设、VR 等技术的引入，将客户在线下的各种体验进行归集并且将购买过程实时数字化、互联网化。随着客户购买过程日益多样化和复杂化，只有建立线上线下结合、多业态深度互通的客户体验购买界面，客户体验和选购的数据才能实现深度整合，才不会出现线上线下体验存在严重落差的一系列问题。

（2）记录客户消费使用的物联网大数据平台。

通过射频识别、智能芯片、Wi-Fi 通信等实现企业与客户在使用产品间的大数据连接。这样的好处在于一方面使企业能够实时了解产品在客户使用场景中的状态，为后续的产品改善提供充足的数据支持；另一方面有助于对客户进一步了解，便于企业围绕客户需求推荐与产品相关的服务或其他的互补性产品，提高企业为客户解决问题的能力，以便形成更强的客户黏性。

（3）客户沟通、反馈的交互参与平台。

许多企业通过构建功能全面的粉丝圈或会员俱乐部，搭建客户沟通和反馈的强大数字化平台。该平台一方面使客户的推广、沟通有的放矢，大幅提升企业与客户的沟通效率；另一方面又可以引导客户直接参与产品研发、服务改善的决策环节，让客户有更多的参与感，并大幅提高产品和服务开发的精准程度。

2. 由外而内，具有自洽的智能化信息系统和智能装备

（1）前端：社会化客户关系管理（Social Customer Relationship Management，SCRM）。

随着客户需求的日渐升级与细分，企业理解客户需求的能力需要不断提升，基于社交网络的客户关系管理系统，即 SCRM 系统日渐取代传统的 MRP 系统，成为企业信息管理的核心，大量的企业通过部署 SCRM 系统，不断进行客户的标签化，并结合标签在前端实现定制化推荐，在后端实现按需定制。

（2）中端：B2B 型资源能力调用程序。

平台型供应链的一线创业体与资源中台之间的交互采用了初步模拟的市场化机制，一系列资金、产品或产能、人力要求的提出和资源的交互、排序，需要强大的、具有一定自适配功能的 B2B 型资源能力调用程序实现。

（3）后端：高度数字化的智能供应链。

快速和个性化响应客户需求的实现需要智能化的物联网和机器学习技术对装备和物料进行改造，使智能打样、智能制造、智能物流成为现实。

3. 完善的数字化底层设施和强大的数据大脑

（1）强大的云存储和云计算能力。

企业在全面应用物联网、大数据和移动互联网技术，构建从客户端到供应端的系统之后，大量结构化或非结构化数据将形成规模庞大的实时数据流，这将对传统企业的数据存储和运算能力提出严峻的挑战。构建强大的数据中心，通过云存储和云计算的方式存储数据、集成数据、分析数据，最终为整个平台生态的参与者提供完善的数据服务，才能使数据成为供应链平台的能源和动力。

（2）强大的底层云应用。

为了保持客户端的创业体组织精简和敏捷灵活，提升企业的资源投入效率，部署于企业云上的大量的底层应用变得非常必要，这些底层应用将确保大量设备、终端应用和人员产生的数据能够被识别，专业化的资源和知识能够被高效地共享和调用。

（二）运作机理

以菜鸟的平台型供应链为例。为了提升平台快递服务质量，阿里巴巴于 2013 年联合零售、地产、物流等企业，将菜鸟打造成一个科技型的供应链数字平台公司。历经多年数字化变革和重塑，从“三网”（天网——数据平台、地网——仓储物流、人网——服务网络）到今天的“一横两纵”数智化重塑，菜鸟已构建了一个超级供应链网络和数智化的供应链平台，为实现“全国 24 小时，全球 72 小时必达”搭建物流网络。从 2020 年到 2022 年，阿里巴巴连续三年登上知名机构高德纳评选的全球供应链 25 强榜单。

为了支撑复杂的阿里巴巴新零售生态，菜鸟采用人工智能、大数据、物联网等新兴数智技术构建了数智化供应链架构，如图 7-2 所示。该架构由以下三个层次构成。

（1）顶层（前台），包括人、货、场的各种业务应用。

（2）中层（数据中台），包括数据引擎和数据仓库。数据引擎包括各种画像分析、推荐引擎、智能算法可视化工具等；数据仓库包括数仓模型、数据管理和开发管理。

（3）底层（后台），它是整个架构的基础设施，包括数据采集、数据存储和数据处理。

图 7-3 描绘了菜鸟基于供应链中台构筑的平台服务能力。这些能力包括自下而上的四个层次。

（1）实体域数据架构，包括线上和线下数据的管理。

（2）数据域应用架构，包括应用模型、算法模型、供应链指标模型、指标引擎、规则配置工具、业务规则数据和规则引擎等。

（3）业务域流程编排，包括从商业关系到结算所有流程的自动编排，编排通过数据域和业务域之间的流程引擎和页面引擎执行，还包括可视化运营。

（4）角色视角，包括具有运营可视化的各种视角的工作台。

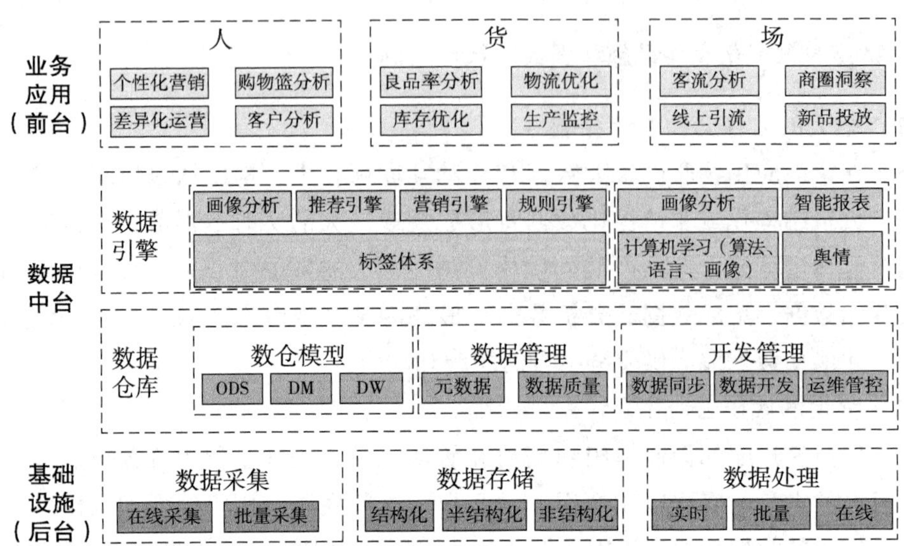

图 7-2 菜鸟的数智化供应链架构

注：本图中的 DM 是 Data Mart 的缩写，代表数据集市。

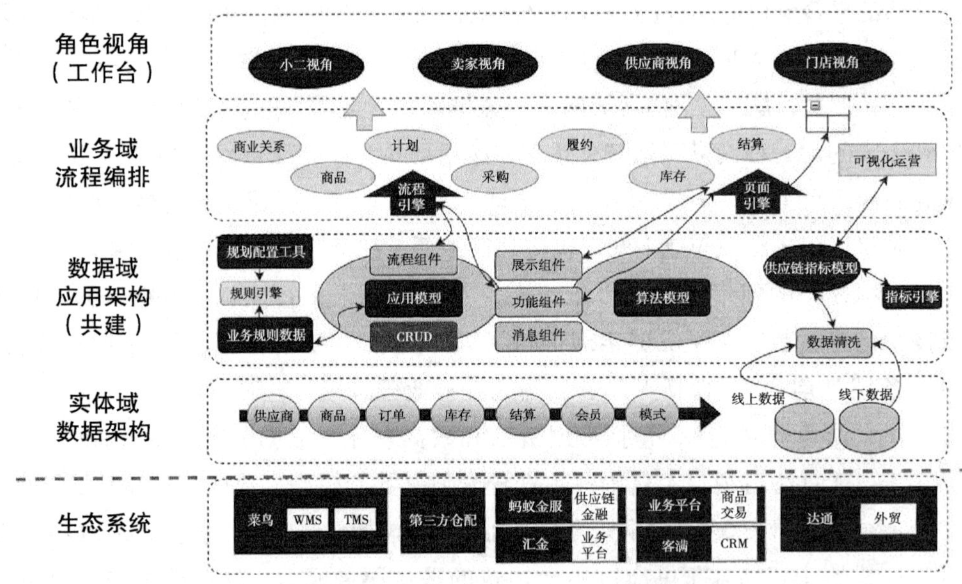

图 7-3 菜鸟基于供应链中台构筑的平台服务能力

注：CRUD 是计算机编程和数据库领域的一个缩写，分别代表 Create、Read、Update、Delete。

第二节 平台型供应链需求信息管理

随着商品供给、渠道选择的极大丰富，市场话语权已从生产者、渠道商转移到消费者手中。以消费者为中心，以消费者需求为决策的出发点，成为品牌商建立市场竞争优势的核心。在传统的链条型供应链模式下，非相邻环节的企业间很难进行信息共享，这加剧了供应链中的信息不对称，从而提高了供应链中需求预测的难度与不稳定性；而且信息在传递过程中容易发生扭曲与失真，一般情况下，层级越多、流转节点越多，需求误差的波动也就越大，到生产采购端时，企业已经很难准确地把握终端市场需求的真实变化，从而引发了“牛鞭效应”，大幅提高了整个供应链库存成本与管理成本。

而如今，随着电子商务、移动互联网、物联网感应终端、智能硬件设备、工业互联网等技术和设备在不同环节的广泛应用，各领域信息数据的获取与传递变得更加便捷。但同时，数据的多源、多维也增大了数据分析的难度，要求供应链具备更加强大的数据整合和分析能力，供应链管理正在走向数字化、平台化时代。核心企业通过搭建供应链控制塔，对接并整合需求管理、物料采购、智能制造、仓储运输、营销电商等信息系统，形成集成、可视、共享的数据综合处理中心，并将数据分析结果反馈至供应链网络中的相应智能环节，从而实现决策支持、资源调度和绩效优化。在这一控制塔中，生产商、经销商及零售商形成相互连通、协同合作的共同体，构成供应链网络体系；数据综合处理中心处于中心位置，对接供应链各个环节的信息流，以减少信息传递过程中的不对称和失真现象，缓解“牛鞭效应”，实现供应链成本及效率的优化。

一、需求管理

关于需求管理的概念有很多种说法，但其核心内容基本无异，即确定和预测客户需求以实现产品的供求匹配。本书将需求管理定义为：以客户为制造职能的驱动力，通过订单或预测等方式获取客户需求信息，进而协调制造资源，制订制造计划和实施控制，以实现供求匹配的目标。

需求管理是整个制造计划与控制（MPC）系统的入口模块。制造计划与控制系统及需求管理如图 7-4 所示。需求管理涵盖了收集市场需求信息、确定或预测客户需求、接受客户订单、承诺交货日期等内容。需求管理对企业的生产经营有着重大影响，高效的需求管理能够更好地做到需求端与供应端的完美匹配，为企业带来巨大效益。

需求管理是制造计划与控制系统的前端，是与外部市场的重要连接。图 7-4 中的双向箭头表明，一方面需求管理要将市场信息、预测的客户需求、接受的客户订单等要素输入制造计划与控制系统中，以更好地实现企业产品的供求匹配；另一方面，制造计划与控制系统要向外部市场输出相关的产品和服务信息。这种双向关系是需求管理作为 MPC 系统的一部分所具有的特性，也决定了其重要性。

图 7-4 也显示了需求管理与销售与运作规划和主生产计划的联系。需求管理

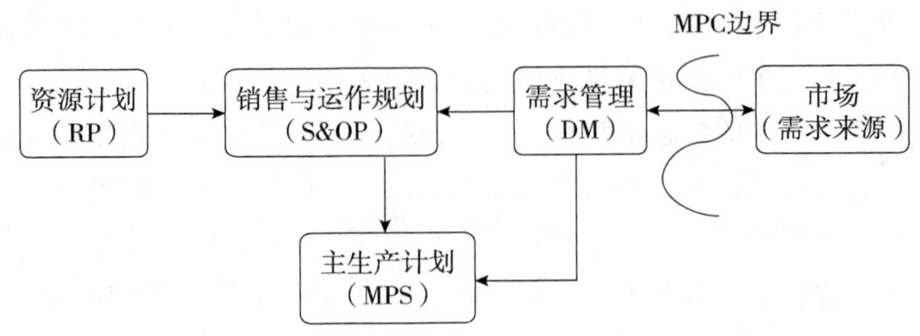

图 7-4 制造计划与控制系统及需求管理

（DM）提供的信息用来编制长期的、综合的总体销售与运作规划。同时，DM 也是 MPS 的一个重要输入，将需求信息提供给 MPS，用于制订特定产品的短期生产计划。

总之，需求管理对供求匹配起到了重要作用，同时也为 S&OP 和 MPS 提供需求信息，为制造产出计划提供了依据。

（一）制造职能在供应链管理中的作用

平台型供应链是供应链管理发展到今天的一种特殊形式，通过这种新型供应链形式可以更好地做到供求匹配，而其背后依托的依然是供应链的制造职能。制造职能是供应链的核心职能，这一论断建立在供应链管理发展历程的基础之上。

供应链管理是工业化进程发展到今天的必然产物，供应链管理的发展可以追溯到工业大革命时期。纵观工业大革命以来的以企业为核心的工业化发展历程，我们可以从供应链管理角度归结出企业的发展脉络。

第一阶段是以规模经济为主的供应链管理模式。从工业大革命到 20 世纪 30 年代，经济社会的特点是物品短缺，供给不足，需求潜力难以释放出来。在这种环境下，企业竞争的重点在制造职能上，通过扩大生产追求规模经济效应，降低产品成本，从而更好地满足市场需求。这一阶段的代表性企业是福特汽车公司。福特汽车公司采用规模经济效应显著的流水线作业方式生产单一品种的汽车，使汽车价格下降到普通家庭都能购买的水平，其也因此成为规模巨大的汽车公司。

第二阶段是以范围经济为主的供应链管理模式。从 20 世纪 30 年代到 60 年代，需求环境悄然发生变化，由供应不足转变为供应过剩，消费者对产品有了更多的选择和个性化需求。企业之间的竞争进一步加剧，这种竞争不单单体现在成本效率的竞争上，更重要的是体现在如何更好地满足消费者的个性化需求上。在这一阶段，如何设计和生产出市场上所需要的产品，以及如何把所生产的产品卖给消费者成为企业面临的最大挑战。在这一阶段，生产的规模经济效应不再是企业竞争的主要手段，产品设计和营销管理则上升到企业运营的核心地位。在这一阶段的代表性企业是通用汽车公司。通用汽车公司在艾尔弗雷德·斯隆的带领下推行了能够满足消费者多样化需求的多产品、多品牌战略，在短时间内超过福特汽车公司成为新的汽车霸主。

第三阶段是以精益制造为主的供应链管理阶段。从20世纪60年代到80年代，日本丰田汽车公司以准时制生产（Just in Time Production）的精益制造模式在保证范围经济的前提下进一步实现了成本的降低。这种模式首先在制造环节消除了多余库存、多余移动、多余等待、多余事务等各种浪费，随后又拓展到整个企业经营范围，形成一种以消除企业经营过程中的各种浪费为核心的精益思想理念。

第四阶段是以协同为主的供应链管理阶段。20世纪80年代开始，随着企业竞争的加剧和消费者要求的不断提高，企业面临着降低成本和改善客户服务水平的双重压力。然而，通过传统技术和手段降低企业自身成本的潜力已经挖掘殆尽，而客户服务水平的改善也很难再通过企业自身完全解决，一场新的革命势在必行。在这一阶段，企业开始意识到通过打破职能孤岛（Functional Silo）实现职能之间的协同可以有效提高货物周转效率，降低物流成本，并且能够给客户带来快速、准时、可靠的服务，从而给企业带来巨大的绩效改善。在职能协同的基础上，企业进一步发现，供应链上下游企业之间的整合和协调水平对绩效也有明显的影响。与此同时，全球化的浪潮也让企业通过离岸生产和外包等形式降低了生产和采购成本，使企业之间的协调更加重要。越来越多的企业尤其是跨国企业通过出色的供应链协同获得了巨大的竞争优势。苹果、戴尔、沃尔玛、Zara（飒拉）等全球知名企业都因为其出色的供应链管理水平而成为其所在行业的标杆企业。企业之间的竞争进入供应链与供应链的竞争时代。

从以上的发展脉络可以看出，制造职能是供应链管理的核心职能，其他职能更多地起到了支持作用，与制造职能的协同也成为其他职能的主要目标之一。生产制造在经济社会中的核心作用一直没有被取代。即使当今世界进入了智能时代，大部分热门的概念也是为制造业服务的，比如智能工厂、智慧工厂、透明工厂、无人车间、工业4.0等。可以说，供应链管理的发展是依托制造业向上下游拓展和整合的过程。制造、物流与供应链的关系如图7-5表示。

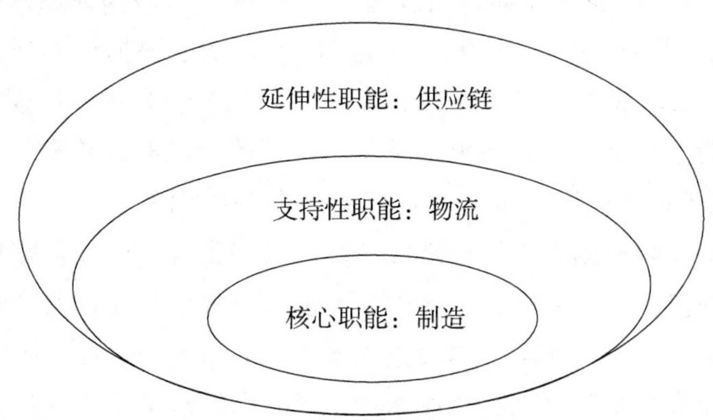

图7-5　制造、物流与供应链的关系

制造职能的运营是通过制造计划与控制实现的，而制造计划与控制的起点就是制造需求管理，整个制造计划与控制是一个供求匹配的计划与执行过程。

（二）不同运营模式下的需求管理

企业的自身规模、目标客户群体、客户需求多样化等因素决定了企业运营模式上的差异，相应的需求管理也有所不同。运营模式与客户订单分离点（Customer Order Decoupling Point）密切相关。客户订单分离点是指从独立需求到相关需求的分界点。独立需求来自市场需求，一般都是最终产品或者维修保养用的零部件。独立需求不受企业运营的影响。相关需求是根据企业运营计划和产品特征计算出来的需求，是企业可以控制的一个变量。在客户订单分离点上，由企业而不是由客户决定采购或者生产物料的时间和数量。运营模式差异的关键在于客户订单分离点在供应链中的不同位置。企业的运营模式大致分为四类，分别为按库存生产（Make to Stock，MTS）、按订单装配（Assembly to Order，ATO）、按订单生产（Make to Order，MTO）和按订单设计（Engineering to Order，ETO）。

MTS 是指企业的生产和配送决策依据企业现有库存量，根据库存量的多少决定是否安排生产计划。在 MTS 模式下，需求管理的重点是预测企业需要维持的产成品库存量，并根据库存的变动情况，制订合适的生产计划，因此订单分离点就是产成品库存。企业根据客户的订单，直接用现有库存满足客户需求。在 MTS 模式下，需要做到在正确的时间、正确的地点维持恰当数量的库存，实现对客户需求的快速反应，从而提高企业的客户服务水平。通过诸多信息技术的使用及签订合理的供应合同，企业可以实现 MTS 模式下的高效率需求管理。如一些企业可以通过实施供应商管理库存的方法，使库存能被订单及时“消耗”，快速响应客户需求。沃尔玛与飞利浦通过电子数据交换、销售点等信息技术，使飞利浦能及时知道沃尔玛货架上商品的库存情况，并及时做出补货决策，实现共赢。

我们先通过一个例子来更好地理解什么是 ATO 模式。假如你想购买一辆现有成品车辆中没有的车型，即你想定制一辆车，这时 4S 店就会根据你的要求，如车架、气缸、轮胎、座椅等要求装配你想要的汽车，这就是一种典型的 ATO 模式，这种模式在如今客户需求逐渐个性化的背景下愈加常见，典型的产品有计算机、高端手表、手机等，由此应运而生的大规模定制也成了许多企业的新生产模式。

ATO 模式是指企业根据客户订单制订最终产品装配计划，而不需要对客户需求进行预测，因此无须持有产成品库存。这种装配模式不仅降低了库存，还能使企业保持较高的客户服务水平，因此 ATO 模式受到了不少企业的青睐。在 ATO 模式下，需求管理的重点不再是产成品库存而是零部件库存。当需求管理的重点从产成品库存转移到零部件库存时，订单分离点也相应地转移到零部件上来，从而可以利用风险分担效应

（Risk Pooling Effect）降低企业对产成品预测的风险。实行 ATO 模式的企业首先要明确自身能提供的所有可能组合的产品，让客户进行选择并下达订单，企业再根据客户订单选择合适的零部件、装配组件等进行合理装配，满足客户的个性化需求。所谓装配，就是指根据企业现有的零部件进行合理的组装，而不是生产出新的零部件或产品，这是 ATO 与 MTO 的不同之处。

MTO 模式是指企业根据各种原材料、装配组件和选项等生产出满足客户要求的产品的一种运营模式。在 MTS 和 ATO 模式下，需求管理的重点分别是产成品库存和零部件库存，而 MTO 模式下，需求管理的重点则是原材料，订单分离点也相应地转移到原材料上来。企业需要根据原材料设计和生产出客户所需的产品，因此对原材料的有效管理和调配将直接影响企业的生产效率和运作效率。在 MTO 模式下，企业无法提前确定客户所要购买的产品和数量等要求，而是事先从客户那里获得产品的生产技术和标准等，然后将这些要求转化为现实的企业生产能力。此时，需求管理的任务就是协调客户所要求的产品信息和设计制造之间的关系。

ETO 模式是指企业根据客户提出的详细产品要求，包含工程设计人员、生产人员、客户甚至供应商等多方共同完成的产品生产过程的运营模式。相比 MTO 和 ATO 来说，其运营周期更长、所需要的信息更多、所涉及的人员也更复杂。ETO 模式要求企业具有很强的工程设计能力、与客户和供应商的协调沟通能力，以及灵活的生产能力。同时，由于供应商的能力会制约企业的能力，比如供应商是否能够提供企业生产所需的原材料或者零部件，因此供应商的能力在 ETO 模式下也格外重要。

上述四种运营模式对应了企业自身的能力、规模、战略定位等，企业应该根据自身的实际情况选择最适合的运营模式。表 7-1 所示是四种运营模式的比较。

表 7-1　　四种运营模式的比较

	MTS	ATO	MTO	ETO
需求管理主要任务	确定企业应持有的产成品库存，提供预测信息	根据客户订单选择合适的零部件、装配组件等	协调客户所要求的产品信息与设计之间的关系	确定企业的设计能力以满足客户需求
订单分离点	产成品库存	零部件库存	原材料	供应商

二、需求信息

（一）需求信息概述

需求管理的重要一环就是对各种来源的需求信息进行收集和整理，帮助企业做出正确的运营决策。而利用需求信息进行预测是有效需求管理的重要内容。在整个供应链中，预测尤为重要，因为它会决定后续的规划与决策合理与否。

需求信息是指与客户需求相关的能够给企业的生产预测带来正反馈的一切有用的信息集合。这里的需求信息主要是指独立需求而非相关需求。需求信息主要包括市场预测需求、订单需求、库存需求和促销需求等。

市场预测需求的主要来源是企业的目标市场。企业需要对市场上特定产品的需求信息进行收集整理，包括过去一段时间内该产品的销售量、竞争性产品的销售情况及客户需求偏好等，进而预测该产品在未来市场的需求，企业再根据预测安排生产。提前安排适量的生产，有助于企业快速响应客户需求。

订单需求是需求信息的重要来源。预测总是不准确的，而订单则是真实有效的，因此企业根据客户订单安排生产，既能够快速响应客户需求，也能大大降低库存水平。

企业安排生产活动时，除了要考虑市场客户对产品的需求，另一个要考虑的重点则是库存需求。企业的库存策略决定了企业在未来需要生产多少及何时生产。如果现有库存足够，则可以直接用现有库存满足客户订单需求，否则，需要进行生产或者采购以补充库存。ATO 模式是对零部件库存进行预测，零部件的库存状态信息也可以作为需求信息的来源并纳入企业最终装配计划。零部件库存量的多少影响到企业最终产品的数量。

促销需求偏向于市场前端，也是需求信息的来源及组成部分。促销活动有利于促进产品需求，提高销售量，因此反馈到供应链上游就需要扩大产能，增加产量。

（二）需求信息的价值

在信息时代，信息的重要性不言而喻。从供应链角度看，信息能够改变供应链有效管理的方式，能够在降低库存的同时提高对客户的服务水平。需求信息对供应链整体绩效同样具有重要作用，准确的需求信息能为供应链带来显著的绩效改善。

第一，显著减缓“牛鞭效应”。“牛鞭效应”是指越往供应链上游，需求变动性越大的现象。产生这一现象的主要原因是需求信息在供应链中无法实现有效共享，使得需求信息扭曲进而沿着供应链逐级放大，最终导致供应链整体的需求大于客户实际需求。

第二，提高供应链的稳定性。需求信息的有效共享，带来的重要优势就是风险共担，进而提高整体供应链的稳定性。供应链中若没有信息共享、良好沟通等互动行为，则容易导致形成一条孤立且缺乏柔性的供应链，某一环节的中断容易引发整个供应链的崩溃。

（三）平台型供应链需求的特点

1. 数字化

数字化技术不仅使信息对称成为可能，让客户变得“绝顶聪明”，还大幅降低了市场细分带来的边际成本，从而在理论上让“一人细分”成为可能。平台一端对接众多软件资源、硬件资源、服务资源、业务资源、研发资源和供应商资源，通过开放的生态，接入大量合作伙伴；平台另一端可以依据客户海量的消费行为、社交媒体等数据，为每一位客户打上数以万计的个性化标签。

平台型供应链使得信息和数据得以即时流转及共享，让核心企业更有能力描绘出准确的目标消费者群体画像，分析其场景化消费行为特征，研发出更符合消费者喜好的产品，并通过适当的履约体系将产品在合适的时间和成本范围内交付至消费者手中。大数据算法的应用可以帮助核心企业对市场变化做出预判，并协同供应链合作伙伴及时做出调整，推动供应链管理从“感知—反应”的推动式模式逐渐转变为“预测—协同”的拉动式模式。例如，物流企业可以在总部同时管理多地的分布式云仓，整合供应链各方信息，实现由数据驱动的库存共享，从而做好不同仓库的库内商品预测、智能自动补货及仓网仓配协同工作。

2. 网链化

平台型供应链借助数字化技术，通过供应链控制塔作为捕获、分析和使用信息的中心，集合所需的各种技术、组织（内网和外网供应链成员）和流程，做出全面的、数据驱动的决策，提升平台型供应链对需求信息的响应力。核心平台企业打破了以往供应链各环节的壁垒，将供应商、制造商、分销商及最终消费者连接起来，使供应链管理中的网络规划、智能采购、自动补货、智慧仓配等构成了一个生态化的网络结构。在企业内部，平台打破企业各职能模块之间的链条式状态，形成网状形态，使需求信息及相关数据以并行的姿态流转于各职能模块之间。数据不局限于销售需求，可以涵盖多个来源，如天气、经济事件、社交媒体数据和交通数据等。

3. 拉动式

在平台型供应链的网络架构下，可以跨供应链的多个层次，在计划和执行上做出实时响应，从而大大提高响应的速度和能力。同时，利用现代信息通信技术更加轻松、及时地捕获和共享需求数据。在合理使用预测技术的前提下，需求信号作为需求驱动预测过程的输入量，可以帮助企业更准确地预测。

三、需求预测

（一）需求预测概述

需求预测是指企业根据已掌握的历史数据资料和产品需求相关信息，考虑各种影响因素，采用适当的预测方法，预测产品在未来一段时期内的市场需求。需求预测的目的是制订合理的生产计划，满足市场需求。需求预测的准确性直接影响企业的运营效率。需求预测越准确，企业越能在降低库存的同时改善客户服务水平。如今，企业必须适应新的市场环境，关注市场需求信息的同时也要发展能给企业带来竞争优势的诸多信息技术。企业还必须根据过去的信息进行预测，以洞察未来态势，从而应对全球化带来的环境变化。在整个供应链中开展预测工作尤为重要，它能促进合理的规划和决策。需求预测是供应链运营的主要驱动力。

预测的方法从性质上可以分为两类：定量预测方法和定性预测方法。定量预测方法是根据企业已掌握的历史数据资料，运用数学统计方法，建立变量之间的规律性联系，从而预测未来发展变化的预测方法。定量预测方法主要包括移动平均法、指数平滑法和回归分析法等。定性预测方法是指相关预测人员依靠熟悉的业务知识、丰富的经验和综合分析能力，根据已掌握的历史数据和相关材料，运用个人的经验和主观判断能力，对事物的未来发展做出性质和程度上的判断，然后再通过一定形式综合各方面的意见，作为预测未来的主要依据。定性预测方法主要包括判断方法、德尔菲法、专家分析法等。

不论是定量预测方法还是定性预测方法，这些方法大多由来已久，属于传统预测方法范畴。在供应链管理领域，预测方法主要是体现了供应链成员之间的合作，这是供应链预测方法与传统预测方法的本质区别。

（二）传统预测方法

1. 判断方法

判断方法是指企业的生产决策依赖管理者个人经验和分析能力的主观判断方法。管理者会根据自己多年的管理预测经验、主观判断和诸多实际因素做出综合考虑，从而制订生产计划。管理者通常拥有更好地理解数据和创建数据的业务背景，因此他们有把握对需求做出一个相对准确的预测，进而安排相应的生产计划。现实中，许多企业依旧会听取具有丰富预测经验的管理者的建议，他们对市场需求趋势的把握及熟练的业务能力，使得他们的建议非常具有参考价值。

判断方法的优点是省时省力，流程简单高效，管理者能充分发挥其主观能动性，且往往能给企业带来意想不到的良好预测效果。许多研究表明，判断可以被视为预测的重要组成部分。在新产品预测方面，判断方法尤为常用。

判断方法的缺陷也很明显。个人的主观判断往往不具有普适性和准确性，判断预测中产生的主观偏见可能会降低预测效果，这些偏见包括乐观主义、政治倾向，以及对随机事件和猜测的过度反应等。若预测结果与实际市场需求情况大相径庭，会给企业带来严重后果。有专家认为判断方法的另一个挑战是，当评估人员由于经验、背景知识和观点不同而持有不同意见时，很难达成共识，尤其是当信息量很大时，每个成员得出的结果甚至会互相矛盾，最终难以做出结论性的判断。

2. 市场调研方法

市场调研方法是指专业人员通过对市场上消费者的行为及产品销售情况进行定性研究，预测短期内的产品需求。进行新产品市场测试和市场调研等活动十分必要。通过测试有样本代表性的一群潜在客户，可以很好地估算出新产品的预期需求，并根据他们对产品的反馈，如喜好程度、购买意愿、产品忠诚度等进行调研，能很好地预测出新产品可能的上市结果，从而避免新产品盲目投放市场带来的失败。市场调研则对新旧产品具有重要意义，通过发放问卷、客户回访、售后服务等方式收集潜在消费者对本企业产品的态度的相关数据，然后再提取出对企业产品销售有利的信息，并及时反馈到生产部门及销售部门等，使之做出相应调整，提高客户的满意度。

市场调研方法需要企业具有良好的客户关系管理能力以及市场分析能力。客户关系管理是需求管理中使用比较广泛的工具，现实中许多企业，特别是那些通过互联网建立供应链关系的生产企业，都有内部的 CRM 软件系统管理客户信息，以提高对客户的洞察力，进而对客户数据进行获取、管理和监控等，使生产企业能够得到真实的客户需求，也使预测相对准确，并有助于产品的改进和企业服务管理水平的提高。

3. 时间序列方法

时间序列方法是指使用大量历史数据，用统计学方法估计未来的预测数据，即被预测值的得出依赖于历史数据。常用的时间序列方法有许多种，每种方法都有其利弊及适合的运用背景，下面就介绍两种常见的时间序列方法。

（1）增长率法。

增长率法是指根据预测对象在过去的统计期内的平均增长率，类推未来某期预测值的一种简便算法。其计算步骤及公式如下。

一般先计算平均增长率。

$$t=\left(\sqrt[n]{\frac{Y_n}{Y_0}}-1\right)\times 100\%$$

式中，t 为 n 期内的平均增长率，Y_n 为第 n 期的实际值，Y_0 为初期值。然后再根据平均增长率 t 来估计未来某期的预测值，计算公式如下：

$$Y_{n+l}=Y_n\times(1+t)^l$$

式中，Y_{n+l} 为第 $n+l$ 期的预测值。

例：某航空公司 2011—2018 年客流量的统计资料如表 7-2 所示，试用时间序列方法预测该公司 2019 年的客流量。

表 7-2　　某航空公司 2011—2018 年客流量的统计资料

年份	2011	2012	2013	2014	2015	2016	2017	2018
人数（万人）	7867	8192	8371	8612	8993	9439	9578	10098

平均增长率 $t=\left(\sqrt[7]{\frac{10098}{7867}}-1\right)\times100\%\approx3.63\%$。

则 2019 年预测的客流量为：$Y_{2019}=10098\times(1+3.63\%)\approx10465$（万人）。

该预测方法一般用于增长率变化不大，或预计过去的增长趋势在预测期内仍将继续的场合，缺点是只使用了两个值进行预测。

（2）移动平均法与指数平滑法。

移动平均法和指数平滑法是两种常用的短期预测方法。由于其操作简单、成本低并且预测结果相对可靠，因此有许多企业使用这两种方法对产品需求进行预测。

这两种预测方法本质上都是利用历史需求数据的平均值预测未来需求，二者不同的地方在于，进行短期预测时，近期的实际数据更接近未来需求，因此移动平均法仅仅使用近期的真实需求数据值，对接下来的一个或若干个周期的需求进行预测。移动平均法根据预测时使用的各期数据的权重不同，可以分为简单移动平均法和加权移动平均法。指数平滑法使用所有的历史数据，且根据数据的新旧程度分别赋予不同的权重，数据越接近现在，则权重越大。每一个预测值是前一期预测值和前一期实际需求预测值的加权平均。

4. 因果方法

因果方法是指通过确定函数关系预测需求。被预测的数据是其他数据的函数，因果方法中最常用的是回归分析法。回归分析法利用因素之间的因果关系建立回归方程进行预测，该方法具有预测精度较高、使用方便、可以进行长期预测等特点。回归分析法也包括一元线性回归分析法、多元回归分析法和非线性回归分析法等。

5. 金字塔方法

金字塔方法是指将单一产品预测汇总成综合预测时，考虑诸如预算限制、产品线数等约束，使各部分预测的总和与整体预测值相等。同时，将需求预测分为几个层次进行，先自下而上综合，再自上而下分解，使单个产品的预测与总的经营目标计划保持一致。

图 7-6 为金字塔方法示意，该图为预测提供了分析框架。第一步先由单个特定产品预测（层次 3）向上汇总得到产品线预测（层次 2），然后再由产品线预测向上汇总得到综合经营预测（层次 1），这样经过自下而上的预测后使单个产品的预测与业务总额预测一致。层次 1 根据企业总体经营战略对总量预测进行调整后，便进行自上而下分解，使产品线和单个产品的预测与计划保持一致。

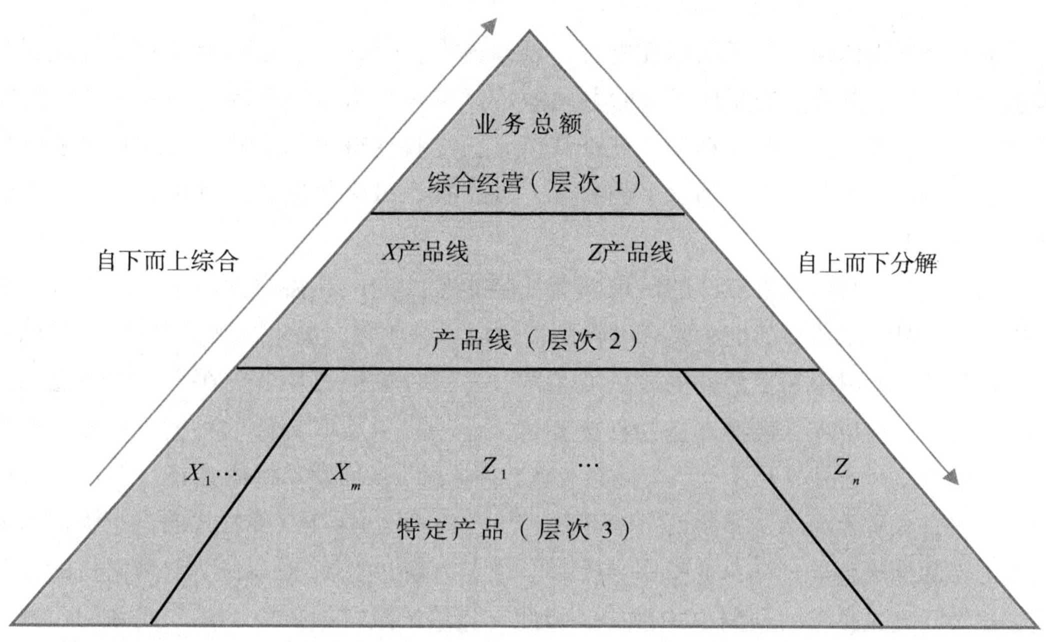

图 7-6　金字塔方法示意

金字塔预测方法考虑了诸多因素，协调了企业内外的各种需求信息、资源约束及经营目标等，是一种比较综合的预测方法，金字塔方法也被称为层次预测法。当然，在使用金字塔预测方法的过程中，也需要及时根据企业的生产计划、市场需求变化、客户需求等进行适当调整，使预测结果能很好地匹配供应链运营策略。

传统预测方法的比较如表 7-3 所示。

表 7-3　传统预测方法的比较

预测方法	判断方法	市场调研方法	时间序列方法	因果方法	金字塔方法
核心内容	预测人员或专家的主观判断	市场信息的收集和整理	基于历史数据的推算	基于变量之间的函数关系	先自下而上综合，再自上而下分解

（三）改善预测水平的途径：风险共担效应

企业可以结合自身条件选择适当的预测方法，使供应链能够更好地与需求相匹配，并因此提升企业的竞争力。但企业面临着各种不确定性，预测过程不可能准确预知未来所有情形，很有可能会因各种变化导致预测偏差。关于预测的几个基本原则如下。

（1）预测总是不准确的。

（2）预测的期限越长，预测误差越大。

（3）汇集信息能够改善预测。

前两个原则体现了预测的内在特征，难以改变，但第三个原则为我们改善预测效果提供了帮助，其背后的原理是风险共担效应。风险共担效应指的是如果对分散的需求进行汇集，那么需求的波动程度就会降低，预测将变得更加准确。风险共担效应是应对需求不确定性和改善预测水平的一个有效工具。风险共担效应对预测水平的改善主要体现在两个方面。

第一，对原材料和零部件的需求预测比特定款式的产品需求预测更加准确，因为可以通过产品需求信息的汇集实现风险共担效应。企业完成需求预测后制订生产计划。生产计划涉及原材料和零部件的采购或生产、零部件装配等环节。在大多数情况尤其是模块化生产情形下，最终产品的种类要远多于原材料或零部件的种类。例如，如果生产一辆汽车，可从 5 种车架、4 种颜色、3 种轮胎、4 种发动机中选择。假设所有组合都能组合成有效产品，那么最终就可以生产出 5×4×3×4＝240 种款式的汽车，但需要的零部件和选项种类只有 5+4+3+4＝16 种。根据风险共担效应，对这 16 种部件的预测要远比 240 种成品车的预测更加准确。因此，利用风险共担效应，对产成品的预测可以转换为对各个零部件的预测，从而改善预测水平。

第二，对市场总需求的预测比对某一特定市场需求的预测更加准确，因为可以通过市场需求信息的汇集实现风险共担效应。例如，大型跨国企业的市场往往布满全球，在全球拥有大量的直营店或经销商。Zara 在全球拥有上千家直营店，每一家直营店都会对其服务的市场进行产品需求预测，然后再向总部进行订购。同时，总部也可以对全球市场需求进行汇总预测。后者的预测则可以通过风险共担效应显著减少需求的不确定性，进而改善预测水平。

风险共担效应能很好地改善企业的需求预测水平，然而这依然属于传统预测的范畴。传统预测的不足之处主要有以下几点。

（1）库存增加。预测总是不准确的，而且对此无能为力的想法迫使公司寻找补偿不确定性的方法。大多数企业处理不确定性最常用的方法是增加库存。各部门通过建立安全库存缓冲预测的不确定性。当供应链中每个环节都建立起缓冲库存时，库存总量就会飙升。

（2）对历史数据的过度依赖。使用历史数据预测未来需要假设过去发生的模式在未来会再次发生。由于市场在不断变化，新产品、促销和分销渠道不断推陈出新，消费者个性化需求越发凸显，在此种背景下，过度依赖历史数据进行预测会使预测可靠性难以令人信服。

（3）部门之间和供应链成员之间缺乏有效沟通。如果供应链各个环节之间缺乏信息共享或沟通合作，需求信息在供应链各环节流动过程中会导致需求波动逐级增大，从而导致"牛鞭效应"。

近年来的技术尤其是信息技术的发展大大促进了供应链管理能力的改善。在预测方面，预测人员不再完全依赖历史信息，现在可以从多种来源获得预测数据，包括直接来自消费者交易的 POS 数据和来自市场的相关数据，比如销售人员可以就客户级别的销售活动提供最新反馈，库存位置和促销活动也经常提供大量可用信息。现在许多大型企业使用了数据仓库，大量数据存储在数据仓库中，而数据仓库可以挖掘相关信息，以帮助预测及协助其他过程。沃尔玛是供应链技术的领先者，它利用数据挖掘软件帮助其定位和组织管理供应链，海量的信息存储在其庞大的数据仓库中，为其节省了大量的库存成本。

总体来说，传统的预测带来的诸多问题使各部门和各企业难以按照相同的计划进行运作。田纳西大学的明泽博士等将这个问题描述为分析孤岛。分析孤岛是一种系统现象，其中一个部门或企业根据自己掌握的信息进行预测，由此产生的销售预测可能与其他部门和其他供应链成员的预测存在显著差异，这些差异会导致相互冲突的计划。因此，进一步改善预测需要供应链的协同与合作。

（四）基于供应链合作的预测

基于供应链合作的预测也称为合作预测，合作预测最初是集中于收集公司内部存在的有用信息，但这种有用信息也存在于公司外部，即供应链成员之间。客户和供应商越来越愿意共享信息，以提高供应链效率。相比于传统预测方法，合作预测具有以下几个方面的优势。

（1）整合多渠道需求信息。合作预测将企业内外部资源、数据和信息整合到一个单一的、更准确的预测环境中，得到整个供应链的支持。销售部提供来自销售领域新客户的信息及有关当前促销的信息。市场营销部门提供最新的市场趋势、新产品和产品变化等信息。生产和制造部门带来了制造能力和效率方面的专业知识。采购部门带来了来自供应商的信息。多渠道的信息使得合作预测更加准确、有效，使供应链成员能够做出正确的决策。

（2）破解分析孤岛难题。合作预测破解了分析孤岛难题，使供应链的信息流更加透明，通过信息共享和合作寻求解决方案，使整个供应链受益。在合作预测过程中，所有供应链成员都将其特定的专业知识、能力和信息贡献给最佳预测的开发。合作预测汇集和整理不同来源的专业知识和需求信息，建立共识，从而将这些输入转化为整个供应链更准确、更有效的预测输出。

（3）摆脱对历史数据的过度依赖。作为重要参考依据，历史数据仍然是预测的一个重要部分，从长期来看尤其重要。虽然长期预测确实以历史数据为基础，但预测也同时涉及市场份额、预算和促销计划等变量因素，在此背景下，合作预测的重要性就不言而喻了。合作预测有助于确保所有供应链成员使用统一的预测信息安排企业的供应链计划。许多公司已经意识到进行合作预测的重要性，并正在使用合作预测方法改善库存管理，提高预测准确性，缩短订单周期并提高客户服务水平。

供应链合作预测让供应链成员共享更多的信息和资源，对需求信息做出更准确、及时的预测。最经典的基于供应链协作的预测方法就是协作计划、预测和补货方法（CPFR）。

CPFR 由美国 VICS 协会（美国产业共同商务标准协会）提出，该协会成员大多是知名的跨国企业，如沃尔玛、宝洁、强生、可口可乐等，这些企业具有卓越的供应链运营管理能力。CPFR 旨在通过加强客户和供应商之间的沟通，改善产品的需求预测水平。该方法专注于减少单个产品的供求差异，加强客户和供应商之间的紧密合作，以合作方式提高对产品预测需求信息的理解和沟通，使企业的供应链计划与实际需求更加匹配，从而降低库存，提高企业的竞争力。不少专家设想，随着供应链流程的改进，供应链成员之间合作意识的增强，预测需求将大大减少，取而代之的是对实际需求信息的管理。

很多企业通过与供应链成员合作使用 CPFR 获得了成功，需求预测的准确性明显改善，产成品库存和交付周期大幅度减少，并提高了客户服务水平。1996 年，华纳 · 兰伯特和沃尔玛参与了 CPFR 项目的试点。在试验期间，补货提前期从 12 周缩短到 6 周。共享的信息能有效减少企业对安全库存的需求，能够更有效地向沃尔玛提供产品。摩托罗拉曾成功实施 CPFR。由于摩托罗拉缺乏对其零售商的配送中心业务的了解，导致预测误差非常大，缺货现象十分严重。在实施 CPFR 后，摩托罗拉报告称，需求预测有了显著的改进，运营质量明显改善，零售商库存减少了 30%，运输成本降低了 50%，手机促销的效果明显改善，新产品发布也得到了更好的执行。摩托罗拉的零售商报告称，配送中心的库存总量迅速降低，缺货率也降低了三分之一。

VICS 协会为有计划实施 CPFR 的公司提供了通用框架，该框架为零售商和供应商提供了共享关键供应链信息和协调生产计划的一般准则。在实施 CPFR 时，供应链合作伙伴制定统一的产品需求预测决策，需求预测可以通过合作进行，也可以由合作伙伴之一先提供初始需求预测，然后将其作为合作预测的基础。一旦完成了合作预测，供应链合作伙伴就可以基于此制订供应链计划。

CPFR 不是一个复杂的决策支持工具。它会促进供应链合作伙伴之间共享信息，通过 CPFR，一个合作伙伴生成预测，通过互联网将预测传递给另一个合作伙伴，并将其发布到一个安全的共享 Web 服务器上，合作伙伴能够接受、更改或添加评论，另一方可以看到这些更改或注释，可以选择接受这些更改或进行进一步更改。该过程将继续进行，直到双方达成协议，接受并使用最终预测。CPFR 的实施步骤如图 7-7 所示。

1 建立合作伙伴关系
2 创建联合商业计划
3 创建销售预测流程
4 识别销售预测的例外情形
5 共同应对例外情形
6 创建订单预测流程
7 识别订单预测的例外情形
8 共同应对例外情形
9 下达订单

图 7-7 CPFR 的实施步骤

建立合作伙伴关系和创建联合商业计划是成功实施 CPFR 的重要基础，也是供应链管理的核心理念。在相互信任的前提下，合作伙伴做到信息共享、协同计划和运营，追求供应链利益最大化而非自身利益最大化之后才能继续实施后面的步骤，进而实现 CPFR 给双方带来的价值。CPFR 强调的是供应链关系中各环节的密切合作，从而实现更准确的产品需求预测。

合作预测实施过程中存在的问题必须加以解决和克服。合作预测需要来自不同背景的个体共同努力，以实现可供整个供应链使用的统一预测结果。首先，合作预测过程中要谨防某一方占据主导地位。在合作预测过程中，占主导地位的一方往往可以控制预测结果，这会对预测结果产生巨大影响。因此，应该制定严格的秩序规则，避免预测过程中某一方主导预测结果。其次，妥善处理抵制变革问题。合作预测要求供应链组织的一些成员对他们过去的工作方式进行改变，因此，抵制合作的情况十分常见，这对合作预测来说是一个挑战，需要建立起一种合作文化和便于合作的机制。最高管理层的支持和参与对于克服这些变革问题至关重要。管理层对鼓励合作的承诺及与预测相关的实际激励措施的实施，是帮助组织成功实施合作预测的关键步骤。

随着技术的先进化、智能化，以及供应链成员之间共享信息的意愿增加，预测功能可能会与以往大不相同。以信息取代库存是供应链管理的趋势。在合作预测环境中，企业试图用从客户、市场、销售人员和其他来源收集的信息补充基于历史的统计信息，从而降低预测中存在的一些不确定性。

随着供应链伙伴关系和信息技术的不断发展，信息的数量和质量也将增加，最终预测功能可能会演变为需求管理角色。预测人员不再对需求进行实际预测，其职责将变为协调和对信息的管理。在这种情况下，供应链将确切地知道生产什么、何时生产及在哪里交货。这种方式被称为“零预测”环境，这一概念实质上是从独立需求向相关需求的转变。供应链的每个环节都与下一个环节共享信息，并传递其需求。由于需求是确定的，因此无须预测相关需求。随着预测过程的发展，更多的独立需求将被供应链各级的相关需求所取代。奥利弗·怀特国际公司总裁兼首席执行官解释了这一优势，在需求相互依赖的情况下，供应链中的每一级都与下一级共享其需求，如客户与其供应商共享未来计划。通过将供应链中的每一层联系起来，相关需求可以产生更好的计划。

第三节　平台型供应链订单信息管理

平台型供应链是以供应链服务平台为核心，连接从供应商的供应商到客户的客户，并由信息、物流、资金等服务提供商穿插其中的一种复杂网链结构。其以产品需求、服务需求为运营导向，以资源整合和集成化协调管理为出发点和主要目的，并对供应链上物流、信息流、资金流和商流进行优化整合。供应链运营的最终目的，就是以最低的运营成本为客户提供最好的服务水平，实现供应链整体绩效最优。在服务水平方面，企业一般会根据客户的需求定位、自身能力水平、行业水平及竞争态势等内外因素决定。企业如果具有稳定的交货能力，具有向客户做出承诺并兑现承诺的能力，并且在前两个能力基础上实现快速交货，那么就能较好地满足客户要求，提高客户满意度。而要想实现这一目标，对订单信息进行全流程实时监控就很有必要。

订单管理就是对订单整个生命周期的管理，包括订单创建、信用调整、生产制造、物流运输、客户签收、发票生成等阶段。对外需要提供实时、有效的共享订单状态，响应客户的诉求，从而使客户满意。订单信息管理实现订单从客户需求、企业承诺、实际发生的三种信息在供应链端到端的传递、共享，对订单全生命周期进行有效监控，从而起到订单异常预警的作用。同时，订单信息管理可以更好地将订单的状态和预计状态呈现给各个供应链参与主体，对供应链上的订单进行更好的管控。

一、平台型供应链订单信息的特点

（一）即时性

信息的即时传递与共享对供应链的运营起着举足轻重的作用。平台型供应链通过对人、货、场等信息数据的无缝连接，建立从空间、时间到状态同步的订单处理系统，提供集中数据服务，实现对订单全要素的实时感知监控，达到预测精准化、资源智慧化、信息透明化、运作柔性化，从而实现即时处理订单信息。

（二）快速响应

在平台型供应链系统中，货主企业可以根据不同订单的特点、不同的渠道和不同的服务要求，与提供该品类服务的物流企业进行直接合作。相较于过去只面对第三方物流企业，其运营管理更加动态、更加灵活。随着技术和外部条件的成熟，货主企业越来越倾向于通过直接采购缩短外包链条，实现成本的降低，保持企业的高度灵活性和竞争性，提高客户响应速度。

（三）可视化

平台型供应链智能控制塔结合订单自动化解决方案，探索出了订单可视化的方法，创建了订单追踪中心和自动化解决方案。企业内部销售和管理人员针对催单或者订单延迟情况，可即时在平台上查询到延迟原因及目前负责人，加速订单履约。创建订单追踪中心和自动化解决方案主要通过订单管理系统集成，基于事先制定的规则，自动完成订单初步创建，同时支持不同区域、不同终端客户类型的订单查询需求。客户可以基于自己的需求设定进行订单的实时追踪、人机工作协同，完成订单修改工作，从而大幅提升运营效率。

二、平台型供应链订单信息处理的流程

（一）订单管理

订单是信息流和物流作业的开端，正确、有效的订单管理对企业来说是关键的一步。订单管理是通过订单管理系统，实现对线上订单、线下订单及第三方订单的管理，支持订单接收、订单自动合并与拆分、自动匹配仓库、库存控制、自动匹配快递、结算与支付等订单全生命周期中的一系列协同作业。客户下订单的方式多种多样、订单执行路径千变万化、产品和服务不断变化、发票开具难以协调等情况使订单管理变得十分复杂。订单管理可被用来发掘潜在客户和现有客户的潜在商业机会。订单周期的

开始和结束都在客户，客户基于需求下订单，平台将需求信息传递给供应商，供应商接收、处理、准备并装运这个订单的产品。订单管理能更好地把个性化、差异化服务有机地融入客户管理，因此能更好地促进客户满意度的提升。完整的订单周期如图 7-8 所示。

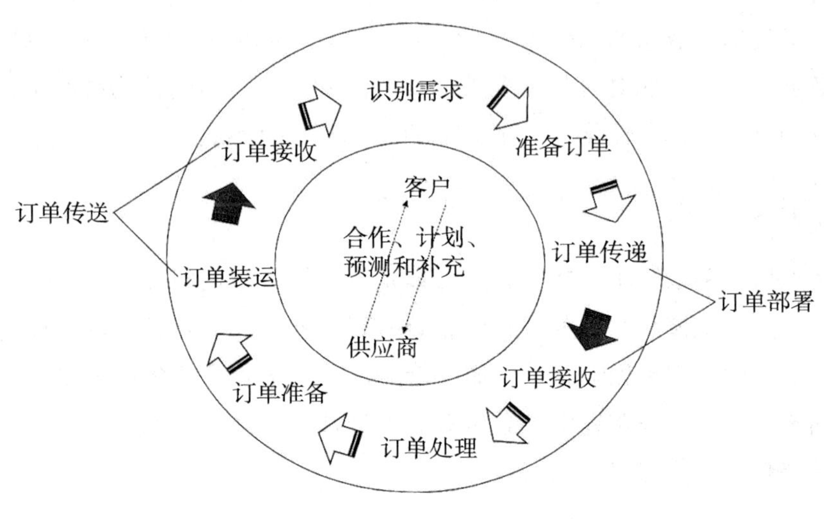

图 7-8　完整的订单周期

（二）订单整合

不同的平台有着不同的管理后台，不同平台间信息不互通，一个商家产生的订单可能在不同的平台系统中，订单信息无法实现整合，交易管理难度大。因此，针对这些商家可以建立起一套高效、准确、操作方便的订单管理系统，实现多平台订单数据的整合、更新及统计，提高商家的工作效率，降低订单管理难度。订单管理系统可分为用户管理模块、平台订单数据获取模块、平台订单分类模块、平台订单统计模块等。其中，平台订单数据获取模块主要对各平台进行订单数据获取及同步更新；平台订单分类模块主要对订单进行分类，如对订单的收货地理位置进行分类，对订单中的各类商品按用途分类等；平台订单统计模块通过多平台订单数据获取到各平台的订单，将获取后的订单进行收集和存储，统计来自同一个平台但属于不同商家的订单，以及来自同一商家但属于不同平台的订单。

（三）订单排序

企业的资源是有限的，尤其是高速发展中的企业，长期处于资源供不应求的状态，面对各类订单、各类产品和各类客户，如果不将订单进行排序，没有明确订单间的优先级，那么企业就会有计划紊乱的风险，因此，进行订单排序是平台型供应链订单信息处理中重要的一步。订单优先次序的评定可以从顾客资质、订单价值及商品满足程度三个方面考虑。顾客资质主要是指订单所属顾客的重要程度，可分为非常重要、重要、一般重要、不重要，并分别赋予 4 分、3 分、2 分、1 分。订单金额大的优先级高，反之优先级低，由平台根据金额大小赋值。商品满足程度是指是否有足够的库存满足订单的要求，以及满足的程度是多少。

（四）与供应商和销售商的对接

在传统的供应链中，客户需要花费一定的时间、人力与财力寻找合适的供应商，而在平台型供应链中，利用大数据技术，平台为客户搜寻合适的供应商和销售商，将订单数据提交给相应的企业，并在订单的执行过程中实时掌握订单的状态。利用数据交换技术，订单管理子系统也能接收来自企业内部信息管理系统产生的订单数据，同时也能将平台上获得的订单数据发送给企业内部信息管理系统。

（五）物流管理

物流服务平台提供包括仓储、运输、包装、流通加工、配送、信息服务等全生命周期的物流服务，资源提供方将资源信息标准化后存储在资源云池中，构建超大型资源信息中心，实现物流服务需求方与物流服务提供方的数据交换与统一管理，物流服务提供方在接受物流任务订单以后，将各方面的信息进行综合分析与有效整合，按一定规则对“资源—任务”进行匹配，完成物流任务的分配和配送运作过程，提供专业化的物流服务，确保订单能够及时、准确地履行。

（六）退货流程

如果用户发生退货，需要与商户进行协商，如果协商过程存在争议则由平台客服介入进行协调。如无争议，商户审核通过后告知用户退货流程及退回的收件信息，并进入退货流程，商家收到用户退货商品后，库存系统进行补回，退货入库，订单管理系统确认后进行退款，同时关闭订单。当订单中发生部分退货时，原订单的状态不变，维持待收货或交易成功状态，同时退货的那部分生成交易售后订单，剩余未退货部分仍然允许申请售后。如果退货商品在验收环节存在用户导致的问题，可以通过线下协商后，将商品重新发回给用户，或者退回部分款项。

第四节　平台型供应链客户信息管理

随着商品供给、渠道选择的极大丰富，市场话语权已从生产者、渠道商转移到消费者手中。以消费者为中心，以消费者需求为决策的出发点，成为品牌商建立市场竞争优势的核心。因此，供应链管理也必须改变思维，以始为终，将满足最终消费者的需求作为供应链变革的第一准则，将“以消费者为中心”的思维贯穿供应链管理的全流程。

在消费者不断崛起的“新消费时代”，企业不仅要以消费者为中心重新定义品牌与产品，更要以数字化思维重构从采购、生产到销售、服务的供应链全链条。对未来的企业而言，将产品交付给消费者仅仅是服务的开始，企业还需要基于产品和消费者建立持续的强联系。感知并获取消费者信息数据，是转型为以消费者为中心的数据驱动模式的第一步。企业需要全方位、立体化地感知和洞察消费者需求，形成基于消费者洞察的研发创新、智能制造、渠道管理、营销管理和仓储配送体系。

一、平台型供应链客户信息的特点

（一）碎片化

在数字化时代，品牌商与消费者间的触点出现了爆发式增长，也变得更加多元化。客户信息呈现出碎片化特征，催生了更多新兴渠道。企业需要不断围绕细分人群的不同特征，打造新产品，创造新消费场景，并在其中找到适合自己的触点，构建新的转化链路，用新产品、好体验吸引消费者。

（二）个性化

当今社会物质资源丰富，可选择的产品及品牌众多，加之互联网的信息大爆炸及资讯获取的便捷性，消费者的视野更为广阔，也更加独立自主和勇于表达自己。因此，在消费中的个性化需求更加强烈，更注重自我关照，更倾向于悦己消费。

（三）即时性

客户获取信息和商品的渠道多元，当他们搜索信息时，经常比较注重搜索所花费的时间，如果连接、传输的速度比较慢的话，他们一般会马上离开这个站点。与此同时，客户要求产品的交付也要按照客户的要求即时送达。在社群经济发达的今天，客户对产品送达时间的要求已经短到当日数小时。

（四）可导性

消费者需求的产生、发展和变化，同现实生活环境有密切关系。生产技术的发展、文化艺术的熏陶、包装和广告的诱导等，都可能使消费者的需求发生变化。

由此我们可以看出，消费者的需求是十分复杂的，既受消费者自身特点的影响，又受各种外界因素的影响。在现代，时代变迁和社会环境的变化从方方面面影响着现代消费者的需求，使消费需要的内容、形式、层次不断改变和进化，并呈现一系列新的消费趋向。

二、平台型供应链客户信息采集的方法

（一）打造全渠道市场触点

新消费时代，消费者需求日益分散、多元，消费时间与购物空间不断扩展，单一渠道业态结构在消费时间、购物空间上的覆盖能力弱，难以满足消费者需求。企业需要针对消费者开辟端到端的直连路径，打造全渠道市场触点，全方位地掌握第一手消费者数据，并与消费者建立高效、深层次的关系。

互联网电商快速发展，加快了消费者向线上渠道转移的速度，仅依靠线下实体渠道已很难满足企业发展的需要，企业需要打造包括线下实体店、平台电商、小程序、微信社群等在内的全渠道触点，覆盖并连接更多的消费者，并基于不同场景进行多渠道组合，为消费者提供“一站式”服务。例如，在电子商务的影响下，不少商超（如沃尔玛、永辉超市、华润万家等）开始上线自己的 App 或小程序，发展线上商城，并结合同城即时配送服务，开拓 O2O 业务，扩展消费者全渠道触点。

消费触点是企业与消费者之间的不同形式、不同维度的连接点或接触点，主要分为线上和线下两大类，线上包含官网、自媒体公众号、App、小程序、网店等，线下包括实体门店、自助售货机、商业广告、快递盒子、送货员等。多个触点组合成了消费触点网络，构成了企业了解消费者、与消费者交互的主要通道。在形成全渠道市场触点之后，企业需要融合线上与线下触点，为消费者提供完整、一致的消费体验。

（二）完成消费触点的数字化转型

在打造了全渠道市场触点之后，企业与消费者之间形成了线上线下多样化的触点。为了便于采集、汇总不同触点的消费数据，实现线上线下一致的消费体验，企业需要对消费触点进行数字化转型。触点数字化指通过互联网、物联网等技术，对各类触点进行数字化、移动化或智能化处理，并采集消费者行为信息、消费交易数据、商品状态等不同维度的数据，形成多维度末端链接与数据获取能力，为下一阶段洞察消费者的需求做好数据积累。

那么如何对触点进行数字化转型呢？线上渠道有互联网技术作为支撑，可以便捷地采集消费者的浏览、停留、点赞、收藏、转发、支付等行为的数据，因此，触点数字化的难点在于线下实体触点的数据采集及线上、线下触点数据的连通。要解决此问题，建立统一标签体系、应用物联网技术或设备、构建消费者数据平台是三项关键举措。

1. 建立统一标签体系

线上、线下触点数据需要实现数据标准化，以便统一数据认知、打破“信息孤岛”局面，而建立统一标签体系是实现数据标准化的重要基础。消费者数据标签可以按常规分类，划分为人口特征属性、位置属性、设备属性、会员属性、交易行为属性、支付方式属性、消费偏好属性、活动属性、内容属性、社交属性等类型；也可以按照数据源分类，划分为一方标签、二方标签、三方标签，其中一方标签数据主要为企业自有系统产生的数据，二方标签数据主要为广告投放后产生的数据，三方标签数据主要为外部合作第三方反馈或提供的数据。同时需要注意的是，数据标签并不是越全面越好，各企业应根据自身业务特点和实际场景需求，选择合适的标签。在建立好标签体系之后，不同触点的数据将以消费者为中心归集到同一后台，并按照事件或场景记录相关数据，企业可以由此清晰地看到消费者在什么事件、什么场景产生了什么样的行为。

2. 应用物联网技术或设备

线下实体触点属于物理世界，其数据的产生与采集依赖于物联网技术或设备。感应装置、摄像头、电子标签等可以将消费者的行为动作转化为数据，并通过5G、蓝牙、Wi-Fi 等技术上传至数据系统；二维码或射频识别标签可以将无生命物体编成信息系统可识别、可跟踪、可采集的触点；重力、速度及方向传感器，可以将消费者动作的速度、方向反馈给数据系统；温度、湿度传感器可以采集消费场所的环境数据；红外传感器可以检测液体产品的消耗进度，并在到达某个阈值时触发补货订单。物联网技术或设备为企业了解消费者提供了一个新的数字窗口，为企业提供了一些以前无法触及的描述性形象，从而使企业可以更全面地了解消费者的购物行为、购物偏好、消费场景。这些数据不仅能帮助企业开展更为精准有效的营销，还将反推产品研发、生产制造、配送交付等环节的优化升级。

3. 构建消费者数据平台

线上、线下不同触点在统一标签体系下产生数据，这些数据最后传送、汇总到后端的一体化消费者数据平台。消费者数据、商品数据、库存数据与订单数据联通，形成覆盖消费者全生命周期的连贯、整体的数据链路和视图，形成更加精准的消费群体画像，有利于提升品牌调性与目标人群的匹配度，支撑产品全生命周期的管控，赋能线上线下渠道运营，增强全渠道快速响应与交付能力，帮助企业构建“以消费者为中心”的核心竞争力。消费者数据平台主要发挥了三个作用：首先是打破“信息孤岛”局面，汇总多来源、多维度的数据，联通分散触点和不同部门的数据；其次是对数据进行全链路的整理与清洗，去除重复数据，拦截欺诈数据，摒弃异常数据，提高数据的整体质量；最后是通过算法模型对数据进行不同维度的分析，形成更准确、更全面的消费者洞察，并将结果与建议反馈至研发、生产、营销、交付等环节，形成数据“采集—清洗—分析—反馈—优化”的闭环，帮助企业优化消费者体验。

消费触点的数字化也有助于倒逼供应链优化升级。企业在以消费者为中心构建供应链体系时，迫切需要围绕消费者需求进行数字化布局，围绕消费者触点进行数字化整合，借助数字技术加强与消费者的连接与互动，从而收集更多真实、即时的消费场景数据和消费行为数据，并以消费者数据为基础，重构研发、生产、销售及配送等链条逻辑，实现精细化运营，支撑营收及利润持续增长。

三、平台型供应链客户信息管理的流程

移动互联网在各商业领域生根发芽，物联网技术正助力越来越多的实体终端或设备数字化转型，5G 技术及智能设备的普及正在创造更多消费场景，线上、线下全渠道融合趋势不可阻挡，消费者触点日益丰富，企业能获取的数据愈加多维。在此背景下，如何聚拢分散的数据，如何打破“信息孤岛”局面，如何利用全渠道数据构建统一、全面、多维的客户画像，如何深入地实现消费者洞察，如何建立消费者与供应链产品之间的映射关系，并进一步利用消费者信息进行网络营销和客户黏性管理便成为企业必须面对的挑战。

（一）客户画像

客户画像是对目标消费群体属性特征及需求特点的具象刻画，是企业在收集与分析客户的社会属性、使用习惯、消费行为、产品喜好等多维度数据之后，抽象出的标签化用户模型。其主要用途是帮助企业了解客户，对客户了解得越深，刻画出的画像就越准确。客户画像是客户真实世界在网络世界的映射，企业通过收集的数据，对客户进行画像，给客户贴上标签，利用客户的标签，对客户进行分类。客户画像可作为为客户提供服务的依据，从而帮助企业精准定位客户，提供个性化产品推荐，可帮助企业售前寻找目标客户、售中对客户进行个性化产品推荐及售后实现客户增值及裂变，产生最大“让客价值”。

客户画像构建流程主要包括基础数据收集、行为建模和构建画像三个步骤，如图 7-9 所示。

（1）基础数据收集。收集的数据大致分为网络行为数据、服务内行为数据、客户内容偏好数据、客户交易数据这四类。网络行为数据包括活跃人数、页面浏览量、访问时长、激活率、外部触点、社交数据等。服务内行为数据包括浏览路径、页面停留时间、访问深度、唯一页面浏览次数等。客户内容偏好数据包括浏览/收藏内容、评论

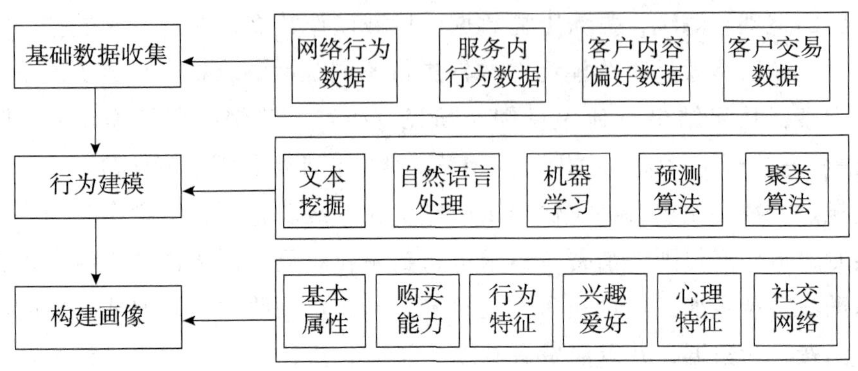

图 7-9　客户画像构建流程

内容、互动内容、生活形态偏好、品牌偏好等。客户交易数据包括贡献率、客单价、连带率、回头率、流失率等。需要指出的是，收集到的数据不会是100%准确的，都具有不确定性，这就需要在后面的阶段中通过建模加以判断。

（2）行为建模。该阶段是对收集到数据进行处理，进行行为建模，以抽象出客户的标签，这个阶段注重的是大概率事件，通过数学算法模型尽可能地排除客户的偶然行为。这时也要用到机器学习，对客户的行为、偏好进行猜测，好比一个 $Y = kX + b$ 的算法，X 代表已知信息，Y 是客户偏好，通过不断地精确 k 和 b 预测 Y 。

（3）构建画像。该阶段是第二阶段的深入，要把客户的基本属性（年龄、性别、地域）、购买能力、行为特征、兴趣爱好、心理特征、社交网络大致地标签化。关于“标签化”，一般采用多级标签、多级分类，比如第一级标签是基本信息（姓名、性别），第二级是消费习惯、客户行为。第一级分类有人口属性，人口属性又有基本信息、地理位置等二级分类，地理位置又分为工作地址和家庭地址等三级分类。

需要指出的是，客户画像永远也无法100%地描述一个人，只能做到不断地去逼近一个人的基本情况，因此，客户画像既应根据变化的基础数据不断修正，又要根据已知数据抽象出新的标签使客户画像越来越立体。

（二）大数据采集与分析

海量的数据中蕴藏着巨大的商机，但是一堆随机的数据无法产生价值。因此，需要整理、分析和挖掘数据，进而进行深入的洞察；在洞察的基础上，借助数字化平台，将消费者数据转化为供应链网络中的生产要素，改善供应链计划和执行的各个方面，打造“大数据—大洞察—大驱动”的数据洞察驱动型组织。基于机器学习、数据挖掘、人工智能等技术，使用模型算法分析现有数据，精准地分析消费者偏好与行为，推断未来事件或预测未来数据，从而可以准确地预测市场需求。

（三）建立客户与供应链产品之间的映射关系

随着客户需求的日渐升级和细分，企业理解客户需求的能力需要不断提升，基于社交网络的客户关系管理系统，即 SCRM 系统日渐取代传统的 MRP 系统，成为企业信息系统的核心，大量的企业通过部署 SCRM 系统，不断进行客户的标签化，并结合标签的前端实现定制化推荐，而后端则实现按需定制。例如，海尔的 SCRM 大数据平台收集存储了 1.4 亿用户数据，建立了需求预测和用户活跃度等数据模型。以此为基础，SCRM 大数据平台为营销及销售人员开发了具有用户交互功能的大数据产品“海尔交互宝”，可帮助研发人员更全面地了解用户痛点、受欢迎的产品特征、用户兴趣分布。这些大数据产品在日常应用中取得了显著的成效，在系统运营以来，开展了数百场基于数据挖掘和需求预测的精准营销活动，转化的销售额达到百亿元以上。

（四）利用客户信息进行精准营销

通过对客户信息的深入分析和洞察，可以帮助商家了解客户潜在消费需求，让每一件商品对应相关目标客户，进而推动电商企业更好营销，精准地在自己营销范围内推送目标客户需要的各类营销活动和商品。例如，当打开线上购物页面时，大部分人的首页推荐产品都是不同的，这表明商家在了解不同人的商品喜爱偏好以后，主要将消费者喜欢的、有购买欲望的商品推送在最显眼位置，从而更好地吸引其消费。随着客户在页面的不断点击和浏览，商家也可以运用优化推送的方式，强化购买率。在精准推送商品期间，消费者也更容易接受这一类商品，从而节约其购物时间，提高客户对商家的好评率。

（五）客户黏性管理

基于客户数据信息资源构建客户管理与服务平台，提升连接客户、服务客户的能力。基于整合资源的思想打造跨产业、多维度、满足用户需求的服务场景，为引入更多互补的社会资源或与互补的社会资源合作打下基础。对客户全生命周期进行洞察和分析，全面、深入、充分地挖掘客户在每一个节点的营销价值，实现各阶段客户的精准筛选，最终达到快速裂变传播的效果。客户全生命周期管理的建立为后续客户深度营销与开发奠定了基础。

举个例子，通过大数据分析客户的历史行为数据，实现客户全生命周期的管理与营销。从为客户提供预订机票、在机场专车接送、贵宾室候机、预订酒店等过程切入，客户如果是去旅行则提供跟团报名或自助旅游帮助，客户如果是去出差则提供专车出行接送，为客户提供食、住、行、购一条龙服务，全面管控客户的生命周期，深度挖掘客户终身价值，打造客户全生命周期服务生态圈。

❖课后习题

1. 平台型供应链的基本架构包括什么？
2. 平台与供应链管理之间的关系是什么？
3. 什么是客户订单分离点？这一概念对运营模式的需求管理具有什么意义？
4. 什么是 MTS、ATO 和 MTO？从 MTS 转换为 ATO 和 MTO 对企业有什么好处？
5. 一家计算机生产企业把运营模式由 MTS 改为 ATO，该企业拥有半成品库存，在收到客户订单后进行最终装配。半成品库存包括 6 种硬盘、7 种处理器、3 种操作系统、3 种尺寸的显示器，并提供 4 种不同的计算机颜色（同一台计算机只有一种颜色）。请问可以装配的计算机总共有多少款？
6. 请阐述关于需求预测的几个基本原则。
7. 什么是 CPFR？CPFR 的核心理念是什么？这一理念相对于传统预测和运营方式有什么优势？
8. 简述平台型供应链订单信息处理流程。
9. 平台型供应链客户信息采集的方法有哪些？
10. 如何塑造客户画像？

❖拓展阅读

没有边界的美团

美团外卖是美团体系里最令人熟知、最高频的业务，也是美团体系里的现金牛。美团外卖通过美团 App 直接导入、通过与大众点评合并实现高转化率，和腾讯的微信和 QQ 钱包合作，以及收购摩拜单车挖掘潜在用户价值，都是在用低于竞争对手的成本获得客户，布局本地生活，使得美团外卖在流量入口上比其他外卖行业的竞争对手更有优势。

美团外卖的盈利模式是“C 端收割份额，B 端收割收入”，份额是利润的基石。随着美团外卖流量提升，同时借助美团团购与大众点评的力量，美团平台上的商家数量从 2015 年的 50 多万增长至 2021 年的超 700 万。美团外卖平台给所有在美团 App 上的商家赋能，让他们利用美团平台，扩充了餐厅的物理空间，提高了翻桌率，提升了整体销售收入。而线上餐厅与外卖平台之间的关系，类似于在线商家与淘宝平台之间的关系，同属于平台分发流量，通过客流量给商家赋能，使得平台上的所有商家提升经营效率。商家付出的成本不再是租金与人工，而是给予平台的返点和购买更好的展示位的费用，商家的成本是平台的收入。

可见，美团是一个边界感虚无的公司，它每一次适应环境的变革都是在拓展一个新战场。经历过千团大战厮杀后的美团几乎垄断市场，由目睹团购行业触及顶点转战外卖行业，外卖行业的格局未稳，美团又一次大刀阔斧地进入一线城市打车市场，同时把摩拜单车收入囊中，成为城市出行行业避不开的巨头。美团选择的是围绕本地生活“高频”需求的商业模式。美团团购、大众点评、美团外卖与美团打车，很难有哪个都市人能够号称他的手机里没有以上任何一个 App，这无疑就是互联网产品的巨大成功。

第八章　供应链信息管理前沿

❖教学目标

1. 了解智慧供应链的定义与管理系统的功能架构。
2. 了解跨境供应链中信息管理的难点和流程。
3. 了解供应链信息资源的构成要素和管理过程。
4. 熟悉供应链决策支持系统的系统架构与分析功能。

❖引导案例

跨境数字供应链及多式联运平台创新案例
——跨境数字供应链和多式联运平台系统

一、案例企业简介

普洛斯供应链成立于2020年5月，注册资金人民币3亿元，是普洛斯旗下专注于供应链服务的全资子公司，致力于成为专注垂直行业品牌的“一站式”供应链服务商。该企业聚合生态伙伴资源，围绕宠物、泛母婴等消费品行业，提供“一站式”的供应链基础履约、增值和科技服务，帮助客户打造柔性、敏捷和智慧的一体化供应链体系，助力成长性品牌在中国及海外市场的业务拓展。

普洛斯供应链从跨境进口贸易起步，逐步发展迈向进出口全链路供应链综合服务平台。在过往的经营中，已经沉淀了丰富的物流运营能力及资质，同时依托普洛斯生态资源，在海外仓储、进出口关务、国际运力等方面均可为客户提供优质的服务。

二、案例项目介绍

（一）项目背景及行业痛点

近年来跨境电商的贸易规模保持高速增长态势，其中出口规模一直保持70%左右的占比。网经社数据显示，2021年跨境电商出口交易规模同比增长约18.6%。随着行业规模的持续扩大，国内外已经有越来越多的市场主体加速入场，建设跨境电商出口数字化服务平台的重要性也越发凸显。

现有跨境出口商家主要为国内品牌工厂及总代贸易商，对于他们而言，跨境出口供应链集成服务的问题主要表现在出海供应链链路太长，跨境供应链服务商分散，中间环节繁杂，信息不对称，价格不透明，供应链履约不稳定，海外仓资源匮乏，以及跨境数字贸易监管模式复杂等。

面对以上问题，普洛斯供应链提出信息化解决方案，即通过科技手段、信息能力来赋能基础履约服务，建立共享的信息数据平台，有效地遴选和评估优质的服务供应商，让合作服务商服从统一的服务标准，实现数字化管控业务风险。

（二）案例项目内容

普洛斯供应链开发跨境数字供应链和多式联运平台系统时，首先，实现跨境供应链的仓储、国际干线、关务、配送等全流程的信息化，实现可视化的“一站式”集成供应链服务；其次，系统链接各环节服务商，形成丰富的供应链服务资源池；最后，基于以上功能，为品牌、经销商、平台等不同类型客户提供服务商与服务模块的智能化选择，完成“一站式”的供应链履约交付。

1. 跨境供应链全流程可视化管控

供应链全流程可视化管控的基础是打通全流程的信息节点，实现数据的“一站式”流转。目前，由于供应链环节多且复杂，市面上多以单环节的供应链数据服务或基于服务商自身商业圈的数据流为主，缺乏供应链全流程数据服务。普洛斯供应链主动与各大船公司、第三方供应链数据服务商、拖车公司、码头及海外仓库、尾程派送商等节点相关主体进行数据对接，实现以信息化的方式将供应链全流程的履约交付实况同步至系统，从而保障客户、服务商、运营方等参与主体的供应链全生命周期运营的可视化管理。登录系统后，可查询各自权限内的供应链全链路履约进度、账单信息等。

供应链全流程可视化管控的核心是履约交付的实时跟踪与预警。系统对商品发货、装船、清关等12个环节，以及物流单证、到货通知书等10类单据，通过与服务商系统的数据交互，实现实时跟踪。以跨境清关为例，系统通过与海关总署及多个地方关区对接，实现订单、支付单、物流单、备案清单、报关单等的线上化报关，并与全国综合保税区的一体化系统对接，实现账册库存核销（或备案）的线上化管理，完成了多贸易方式全场景的关务数字化升级，并通过可视化管控的科技手段，实现清关全链路的实时追踪。一旦有异常情况即刻触发预警系统，向相关方发送预警信息，从而及时进行问题排查与解决。此外，系统基于历史履约数据及相关大数据智能风控模型，预判履约交付过程中的潜在风险点，例如出现临近截单时间清关资料尚未到位等，可及时提醒相关方进行实况确认。

供应链全流程的可视化管控一方面依赖于服务商的履约交付，另一方面记录下各服务商的实际履约情况，有助于服务商的交付能力评价。

2. 服务商的准入与绩效评估

服务商准入与绩效评估的基础是服务商的对接与履约。目前，跨境供应链包含境内揽收、国际头程、海外仓储、尾程派送等多个环节，服务商分散且专业化、信息化程度不一。普洛斯供应链分级推进服务商对接。第一，与各节点行业龙头企业进行数字化对接，以确保系统可支持普适的标准化业务；第二，依托系统对接与业务沉淀经验，定制行业通用的标准化服务 API 接口，打造行业数据流通的规范化体系；第三，通过自研标准化接口对接相对分散的中小型服务商。完成上述服务商的对接后，基于跨境供应链全流程可视化管控模块，服务商的履约信息可与系统进行实时交互、记录与沉淀。

经过以上数据沉淀后，已具备建立服务商准入与绩效评估的分析能力。在服务商准入阶段，系统对各服务商从资源能力模型、风险可控性模型、质量模型、服务模型、成本竞争力模型五个维度进行全方位的信息记录与分析，最终根据系统智能化的得分评判该服务商是否能通过，并给予相应的能力标签。在服务商绩效评估阶段，基于服务商实际历史履约交付记录，系统根据成本、时效、完成度、履约风险等多维度，通过数据模型分析给出综合绩效评估。

上述服务商的准入与绩效评估有助于系统建立服务商能力画像，以实现客户需求与服务商的智能匹配，提升客户体验与满意度。

3. 跨境供应链服务商智能选择

跨境供应链服务商智能选择的基础是服务商能力画像，依托服务商绩效评估结果，形成供应链各环节的多维服务资源池，以此支撑服务商智能选择的核心功能——智能匹配。

系统接收到客户需求后，通过人工智能技术进行需求识别和分解，将具体的需求转化为不同环节的标准化服务集合，根据客户偏好和服务商能力画像，与服务资源池进行智能匹配，并自动配置所需的物流任务、物流费用、待跟踪节点、物流单证清单以及待维护的物流履约信息等，实现快速高效的“一站式”服务商筛选和全流程解决方案定制。

在运力任务分配的过程中，需要充分对比不同承运商的履约运营指标，包括运营成本、运输时效、履约完成度、风险评价等，并在系统中实现承运商的选择、不同承运商之间的匹配与业务衔接。运营指标设定和供应商选择的算法是实现智能选择的技术难点，也是行业亟须解决的问题。普洛斯供应链 ILS 系统从产业特性和业务需求出发，不断尝试和建立智能选择算法模式，支持国际供应链“品牌出海”业务链路上履约合作伙伴之间的配合与衔接。

此外，一旦服务商履约不及时或遇到不可控风险，系统将自动触发风控预警，并根据智能模型计算，智能化推荐适宜的备用服务商，以确保顺利履约交付。例如，前段时间的俄乌冲突影响了部分中欧班列的正常运行，系统为客户推荐了其他履约服务商，从而保障了服务正常进行。

三、案例项目效益评估及价值分析

普洛斯供应链通过集成供应链端到端的优质服务商资源，搭建覆盖供应链全过程的综合性服务平台，同时利用大数据、机器学习等科技手段，对跨境供应链效率及成本进行统计分析，形成智能化组合物流链路方案，帮助客户实现“一站式”服务对接，大幅提升履约效率，降低客户总运营成本。

普洛斯供应链通过信息化系统和科技手段赋能合作服务商，不断提升合作服务商的专业度及数字化服务能力；并根据每次履约实况反馈，帮助合作服务商明确自身能力矩阵和市场匹配情况，定向化助力合作服务商的整体能力提升。

普洛斯供应链通过标准的系统对接能力，把上游供应商、合作服务商、下游客户的信息流打通，为供应链全链路数字化提供技术保障，实现物流全链路可视，各环节实时可控，推进供应链服务行业数字化升级。

普洛斯供应链跨境供应链集成服务，在ILS系统的支持下，集成十几家物流及相关服务商，并基于需求任务的分配完成整体任务的调度。目前在该系统的支持下，进口跨境供应链集成服务业务平台交易规模达到数十亿元级别，科技服务性收入达到千万元级别，并提升了整体集成服务效率，缩短了供应链端到端的物品履约交付时间。

第一节　智慧供应链信息管理

一、智慧供应链的定义与特点

近年来，随着物联网、大数据、云计算、人工智能、区块链等新一代信息技术在供应链管理领域的广泛采用，商流、信息流、资金流和物流实现高效连接，供应链正在朝着数字化、智慧化的方向快速发展。

（一）智慧供应链的定义

智慧供应链以价值创造为导向、以数据为驱动，对供应链中从最初原材料到最终产品和服务的整个业务流程进行计划、执行、控制和优化，实现智慧物流、智慧商流、智慧信息流和智慧资金流的综合集成。

1. 智慧物流

物流是实体物资（商品）的流通过程，包括货物的发送、运输、仓储和接收。物的运输和仓储都需要成本，同时物是价值载体，运输和仓储的时间越长意味着资金流动速度越慢，这对于企业来说是一种损失。

在智慧供应链中，由于信息透明度的提升，车辆、仓库等一般性物流资源在企业之间能够很好地实现共享，避免空载、回空车等现象的出现，在很大程度上避免了资源的浪费。智慧供应链的智能化系统还能够综合供应链上的所有数据，为企业选择最优的物流解决方案，保证物资能够以最快的速度安全、准确地送达目的地，整体物流效率与传统供应链相比有飞跃式提升。除此之外，企业专业化程度提升，第三方物流企业迅速发展。物流外包作为物流方案之一得到了更加广泛的应用，可以进一步提升企业绩效。

例如，某知名啤酒品牌商应用物流实时数字化平台，通过给运输车辆安装实时的IoT设备，基于物联网的实时位置信息，实时获取车辆的位置。通过将车辆运送单数字化，装入移动设备，驾驶员上下货时扫描一下条码，平台就能实时获取车上货品的信息。平台根据运送单，用路线规划算法自动计算驾驶员下一站应该去哪里送货，并且平台能够获取目的地收货的时间窗口，不是每个门店随时都能收货，它会根据门店历史上的闲忙时间段，自动挑选最适合的送货时间。这样驾驶员就按照平台推送的行驶路线、停靠站点，进行货品的配送。

2. 智慧商流

商流主要是供应链上买卖的流通过程。网络和计算机的普及改变了原有的交易方式，供应链上的成员能够通过互联网便捷、迅速地签订合同，发送订单信息。网络销售成为一种全新的销售方式，催生了线上交易渠道。在智慧供应链中，线上和线下的交易能够更好地进行联动，不同销售渠道之间从原有的发生摩擦转变为重新进行融合。

除此之外，采购寻源也与传统供应链有所不同。在传统供应链上，由于物流能力和信息透明度的限制，企业只能在自身有限的供应商库中选择相对合适的供应商。但在智慧供应链中，物流能力和信息透明化使企业进行全球战略性采购寻源成为可能，企业能够在更大范围内选择适合自己的供应商及合作伙伴，进一步降本增效。例如，当前越来越多的企业开始应用供应商关系管理系统、采购寻源系统，将企业内部的需求通过供应商门户与供应商对接。企业将需求发布到门户上，收到邀请的供应商甚至陌生的供应商可以进行需求的响应。在整个执行过程中，询价、报价、采购协议、采购订单、货品发货、发货通知单、采购接收信息等都能实时采集，极大地降低了采购执行成本，提高了效率，随着采购进程的可视化，企业能够更好地安排货品的接收、入库和上架。

在智慧供应链的销售过程中，企业能够与分销商、零售商进行深度合作和数据共享，一方面可以更加及时地收集市场需求信息，另一方面还能借助智能化的销售预测模型在计算机中以数据建模的方式寻找最优的产品组合和销售策略，以期获得更高的利润。例如，京东集团使用了经济学中的量价关系价格弹性模型，针对上百万个差异化的SKU（存储单元）做出个性化建模，动态地为商品确定最优价格。建模过程也是人工智能技术使用最多的过程。同时，企业广泛收集外部市场情报数据，其中也包括竞争对手的数据，将数据整合到价格弹性模型中，根据商品品类定义多个价格影响变量。

3. 智慧信息流

信息流是供应链全过程中相关信息的流动。信息的透明化和互联化是智慧供应链与传统供应链之间最大的区别，同时也是智慧供应链实现物流、商流、资金流优化运营的重要基础支撑。

在智慧供应链中，借助传感器、物联网等先进的科学技术手段，供应链能够实现全链状态数据的实时收集与更新，真正实现物与信息的统一。信息的高度透明化为企业实现精益管理奠定了坚实的基础。

不仅在企业内部，在供应链的各参与成员之间，信息流也是保持畅通的。企业根据与合作伙伴之间的合作关系决定对其开放的数据权限，既保证自身数据安全，同时又能够实现与供应链成员之间的信息共享。这种共享不仅在于供应链某一个环节发生波动时其他供应链成员能够及时做出调整，更在于企业能够借助共享的多元化信息完成深层次的信息挖掘和数据分析，从而更好地控制风险，提升企业盈利能力。

4. 智慧资金流

在智慧供应链中，企业已经实现了完全电子化交易，供应链上资金周转速度更快，可以提升企业盈利能力与绩效。由于资金流动和交易都在线上完成，供应链系统信息的安全性也面临挑战。在智慧供应链中，完善的信息安全保障措施能够为企业网络交易安全提供强有力的保证。

例如，华为应用区块链技术进行收入确认，实现一步完成“人货址”自动鉴权，手持移动终端设备可以自动触发开票和收入确认。相较于传统的纸件方式，不仅减少了纸张打印和运输、管理的流程，同时减少了专人复核环节。企业通过区块链技术，可以同步完成“人货址”的鉴权，并同步触发开票和收入确认。

（二）智慧供应链的特点

1. 数据驱动

智慧供应链遵循数据从产生、管理、分析到应用的通用路径，全面采集、处理、传递、存储供应链上下游关键环节的数据，通过建模分析最大限度挖掘数据价值，实现供应链可预测、可追溯、可实时响应，提升供应链管理透明化和智能化水平。

2. 业务连续

智慧供应链以新一代信息技术连接供应链上下游的关键利益相关方，实现计划、采购、生产、交付、退回等业务活动全流程对接和端到端集成，及时、有效地感知、评估与应对供应链潜在波动和风险，以保障供应链整体业务的连续性和稳定性。

3. 供需平衡

智慧供应链基于多元化、个性化客户需求的及时获取和精准预测，敏捷调整并改善供应链计划，实现供应链供给端和需求端的精准对接，以及物流、资金流、数据流的高效协同，实现在复杂多变的外部市场环境下的供应链系统整体动态平衡。

4. 开放生态

智慧供应链以打造共创、共利、共赢、共享的供应链开放生态为目标，构建供应商、制造商、运输商、经销商及客户（消费者）等不同主体组成的生态体系，深化多主体间资源、能力和业务的协同，实现多方共赢、机会共生和价值共创，促进供应链生态体系整体价值的最大化。

二、智慧供应链管理系统的功能架构

智慧供应链管理系统是支撑供应链计划、执行、控制和优化的平台化的软件工具和业务系统的总称，是企业开展供应链数字化、智慧化管理的载体，该系统的功能架构如图 8-1 所示。

（一）数据层

智慧供应链管理系统的数据层主要采集、汇聚、传输供应链智慧化管理的相关数据资源，相关数据如下。

（1）需求数据：如市场需求、客户特征、销售情况、产品定价、产品质量和规格要求等信息。

（2）计划数据：如采购计划、生产计划、物流计划的责任主体、完成时间、数量要求等信息。

（3）采购数据：如供应商的企业资质、信用等级、质量评价等基础信息，以及采购品类、采购周期、采购价格、物料安全库存、仓库实有物料数量等数据。

（4）生产数据：如生产工艺工序信息、物料数据、车间生产能力数据及生产进度信息等。

（5）订单交付数据：如客户订单数量、交付周期、库存水平、货物运输数量、货

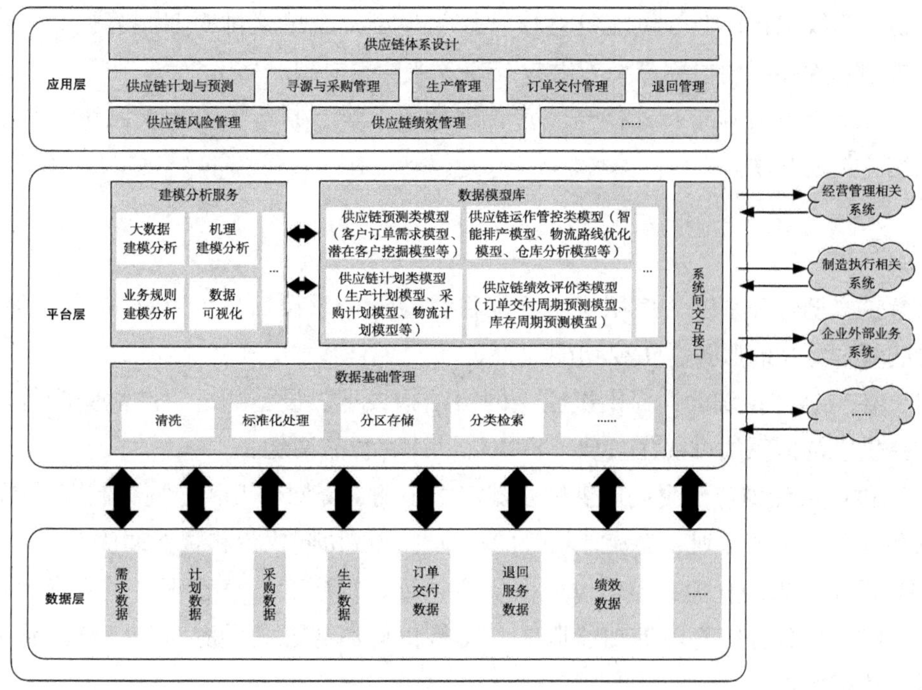

图 8-1　智慧供应链管理系统功能架构

物运输周期、货物运输成本、货物运输线路等数据，以及第三方物流服务商的企业资质、信用等级、物流能力等基础信息。

（6）退回服务数据：如产品故障情况，质保维修周期，产品保养、维修、更换速度，售后服务资源调度情况等数据。

（7）绩效数据：如订单交付周期、准时交货率、供应链整体运营成本降低率、市场占有率、客户满意度等绩效指标数据。

（二）平台层

智慧供应链管理系统的平台层主要提供供应链数据基础管理和建模分析服务，并部署供应链数据模型库和系统间交互接口，主要功能如下。

（1）数据基础管理：提供供应链数据清洗、标准化处理、分区存储、分类检索等服务。

（2）建模分析服务：提供供应链大数据建模分析、业务规则建模分析、机理模型分析、数据可视化等服务。

（3）数据模型库：集成供应链预测、计划、运作管控和绩效评价类模型。主要包括客户订单需求模型、供应链风险预测分析模型、潜在客户挖掘模型等供应链预测类模型；生产计划模型、采购计划模型、物流计划模型等供应链计划类模型；智能排产模型、物流路线优化模型等供应链运作管控类模型；订单交付周期测算模型、运营成本测算模型、库存周期预测模型等供应链绩效评价类模型。

（4）系统间交互接口：支持与经营管理相关系统、制造执行相关系统及企业外部业务系统的集成互联。

（三）应用层

智慧供应链管理系统的应用层主要提供供应链体系设计、供应链计划与预测、寻源与采购管理等功能服务，主要功能如下。

（1）供应链体系设计：提供供应链网络结构设计、设施选址、产能分配等功能服务，支持供应链体系的可视化呈现、模块化设计和智能调优。

（2）供应链计划与预测：提供供应链需求预测、资源分析和计划编制等功能服务，支持采购计划、生产计划、物流计划等的自动生成、协同执行和智能调优。

（3）寻源与采购管理：提供供应商资质认证、供应商信息管理、供应商评价、采购执行跟踪、采购合同管理等功能服务，支持供应商寻源、供应商分级分类管理及采购全过程执行监控。

（4）生产管理：提供自动排产、生产运行调度、生产过程监控等功能服务，支持产能的监测、管控和平衡调度，可集成智能排产模型算法，并支持产能规划的自动制定、精准执行和智能优化。

（5）订单交付管理：提供订单管理、仓储管理、物流路线规划及第三方物流服务商管理等功能服务，支持订单交付全过程跟踪，以及物流资源在线查询、动态调度和预测优化。

（6）退回管理：提供退换货管理、售后服务管理等功能服务，支持产品运行状态监控、售后服务快速响应和售后服务资源动态调度。

（7）供应链风险管理：支持供应链风险感知预警、评估诊断和应急防控，提供供应链风险识别诊断和防控建议等功能。

（8）供应链绩效管理：能够对供应链关键绩效指标进行统计分析和可视化展示，提供绩效预测评价和改进建议等功能。

（四）系统集成交互

智慧供应链管理系统需实现与企业内外部相关业务系统的交互集成，主要内容如下。

（1）经营管理相关系统：可对接企业商业智能、ERP、财务管理、人力资源管理、绩效管理、销售管理等信息系统，实现供应链数字化管理与企业决策管理、财务管理、员工绩效管理、固定资产管理、销售管理等业务集成。

（2）制造执行相关系统：可对接 MES 等系统，支持生产计划自动编排和下发、物料仓库数量监控，实现产能精准预测、物料数量精细化管理等需求。

（3）企业外部业务系统：可对接供应链上下游合作伙伴的供应链管理、ERP、MES 等系统，并与相关工业电子商务平台、工业品超市等外部系统互联互通。

三、智慧供应链管理系统构建方法

（一）全量全要素线上化

沿着从供应商到客户这张物流的网络，把所有的业务进行数字化处理，包括业务对象、业务规则、业务过程和结果的数字化处理，导入数据湖。同时，把相应的流程和 IT 进行微服务化的改造，使整个流程和 IT 可以进行自由编排。在这两个基础上，实现供应网络从供应商到客户端到端的数字镜像。

（二）算法嵌入流程

通过算法设计，把算法内嵌到流程和业务场景中，就实现了业务的智能化，实现了物流、信息流、资金流三流畅通和协同，形成企业面向各种价值创造的场景。

（1）供需的精准匹配。通过双向的模拟，快速找到供需平衡的相对最优解。例如，针对海量订单，用算法进行分配，通过不断地仿真、模拟，得到一个相对最优解，即“及时、准确、优质、低成本”地满足供需平衡的解。

（2）流程的智能编排。通过流程重构，减少业务的活动和流程的节点，实现流程的极简。例如，原来一个仓库里收货、入库、进货位至少需要三个动作、三个人。数字化处理之后，收货就入库，入库完成后，马上就结合未来一天/一周/一个月的订单量进行供需模拟，系统就知道物料在未来的一天/一周/一个月之内到底属于高频次使用的物料还是低频次使用的物料，高频次使用的物料放置在便于存取的位置，低频次使用的物料进高架仓，存拣分离，所以这种方式就使流程变得极简。

（三）构建智慧云脑

通过智慧云脑面向业务的场景，整合生态网络中的各种生产要素，构建一个共生共赢的供应智能体。

第二节 跨境供应链信息管理

随着跨境电商产业的发展壮大，跨境供应链服务需求也随之增加。尽管新冠感染疫情对其有短暂影响，但是在经济复苏和消费升级的长期趋势下，跨境供应链市场整体依然处在上升趋势。由于跨境供应链中“牛鞭效应”逐渐扩大，信息管理逐渐成为跨境供应链核心竞争力的关键所在。在跨境供应链的各个节点，需要根据上下游信息合理安排生产、库存、物流和销售等作业，使生产数量与市场需求实时同步，提升国际跨企业业务功能整合与业务流程协同水平，更好促进合作、互利、共赢的跨境供应链纵深发展。

一、跨境供应链及信息管理

跨境供应链是生产资料的获得、产品生产的组织、货物的流动和销售、信息的获取都是在全球范围内进行和实现的供应链，是一个承载着信息流、物流、资金流的功能网链服务结构。它以跨境电商平台企业为核心，由国际供应商、国际制造商、国际零售商、国际消费者、国际物流等构成，可实现全球资源高效利用，为消费者提供成本更低、质量更好、品种更丰富的产品。相比境内供应链，跨境供应链链条更长、涉及环节更多、资金周转更慢、信息流更复杂。

在目前“互联网+”背景下信息爆炸式增长的大数据时代，运营过程中产生的信息逐渐成为跨境供应链核心竞争力的关键所在，它是国内外各节点企业共同协作的依据，决定着企业的战略布局、规划和运营。随着加入跨境供应链的企业数量不断增加，“牛鞭效应”进一步扩大，海量数据和信息不断产生并流动，迫切需要有效的信息管理推动信息的多维传递与广泛覆盖，进而消除误解、统一规范，有效改善需求预测的准确性，为跨境供应链的构建提供数据驱动。

跨境供应链信息管理是指在跨境商品从供应商、生产商、分销商直至消费者的过程中，供应链中各实体要素充分利用现代化技术，整合跨境供应链上下游节点企业的活动，汇聚供应商、生产商、制造商提供的供给信息，以及分销商和零售商提供的需求信息，管理各节点的资金流、信息流、物流和商流，按照共享的数据合理安排其生产、库存、物流和营销等作业，为跨境采购、跨境运输、跨境支付、海关业务、国内外物流活动（仓储、运输、分拨、配送）等提供支撑，最大限度降低不必要的成本消耗及资源浪费，帮助供应链企业实现需求和供给的匹配，达到提高整体供应链绩效的目的。

二、跨境供应链中的信息技术

新兴信息技术的有效应用可以保证供应链中信息流的快速畅通，提高跨境供应链活动的效率，增强整个供应链的经营决策能力。从国家层面而言，可以利用移动互联网、物联网、云计算和大数据等技术，重点打造综合信息服务平台和跨境供应链商务服务平台，全面提升信息服务水平，助力企业“走出去”，开展国际化经营。

在跨境供应链中，企业之间充分利用大数据和AI分析，了解联盟企业的信用等级，精确掌握供应链客户端数据，在增加节点信任、提升供应链的整合协作能力的同时，提高信息的规范性和准确度，最大限度降低不必要生产所造成的资源浪费。

在商品追溯方面，供应链融合区块链、云计算等新兴技术，追踪每个产品的运作状态和流通进程，使产品踪迹有处可依，并且及时将消费者需求传递到有权限的每条链条上，保持信息的实时协作。

在海关运输方面，运用智能合约技术使多个节点可以提前实施作业，及时反应，提出有效对策。同时使用ERP、JIT等信息手段，促进供应链作业流程的整合革新，提升跨境供应链的整体核心竞争力。

三、跨境供应链信息管理的难点

对于跨境供应链而言，跨境贸易中货物运输路途遥远，影响运输过程的因素较多，成员间不仅在业务操作规范、企业组织结构方面存在差异，还在文化背景、语言、经营理念方面有所不同，可能导致供应链运营过程中出现各种难点。

第一，投入成本高。特别是在云计算、大数据背景下，获取跨境电商平台掌握的交易数据、潜在需求信息和客户信息需付出较大的代价。跨境电商往往需要更大批量采购以降低物流成本，而且常常被要求预付款，待货物抵达消费者手中才可收回货款，且面临商品积压的高风险。

第二，信息不对称。跨境供应链面临的国际政治、经济环境变化多端，不同国家的企业在信息的收集、分析与利用过程的规定上具有差异性，上下游不同环节在信息共享时考虑的因素复杂多样。相对于传统供应链，跨境供应链增设了海外仓储、通关、商检、结汇等环节，参与交易的主体增多，出现信息滞后和信息偏差的概率大大提高。

第三，品控难度大。第三方数据报告显示，跨境消费过程中，消费者最为关心的问题是产品的品质问题。在跨境供应链中，由于货物跨境核验难度高，且跨境物流环节多、时间长，可能会导致货物质量难以保障、货物流通的信息不透明、物流缓慢、退换货时间长等一系列难题。

第四，市场需求变化大。跨境商品消费者注重生活品质，对商品的敏感度高，需求变化大，跨境供应链链条长导致品牌方对需求变化不敏感。同时，由于各国进出口通关环节、关税、汇率等会因国际政治、自然条件等外在因素而变化，从而引起供需的不确定，使跨境供应链信息管理非常困难。

四、跨境供应链信息管理的流程

发展跨境供应链应当紧跟科技创新步伐，将各类业务标准化、流程化，建立起多对多的网络拓扑结构，将功能主体业务流程数字化并实时分享给多级关联业务端，将信息流、商流、物流及资金流进行整合，实现信息的互联互通与实时共享。一方面引导业务流程快速推进，另一方面依据多方动态信息对企业决策柔性化调整，形成信息驱动的供应链同步化共享协同体系。下面主要从跨境供应链中的订单处理、物流作业、申报通关和数据分析环节，对跨境供应链信息管理展开介绍。

（一）订单处理

订单是需求方向供给方发出需求的信息载体，是跨境供应链信息流的重要组成部分。传统的订单处理一般是需求方直接面对供给方，两方之间中间环节相对较少，物流环节简单。而跨境供应链订单，因中间环节较多，订单类型多样，对订单处理要求更高。跨境供应链信息管理过程中的订单处理模块应针对客户需求，做好订单分类，以订单贯穿始终，实现各个环节的协同、高效处理，提高客户满意度，提升企业竞争力。

（二）物流作业

物流作业主要包括运输、仓储、配送、装卸、搬运、流通加工等方面，物流作业质量的高低不仅影响跨境物流的时效性，还会对供需双方产生间接影响。针对跨境供应链中物流作业信息化水平低、信息采集不足的问题，应加强各物流作业环节的信息化水平，逐步引入先进的智能物流作业设备，结合实际选择适用的自动识别技术，实现物流全方位信息采集自动化；加强对物流作业各个环节的监控力度，逐步实现跨境供应链全程监控，最终实现对跨境物流的全过程、全方位掌控，提升物流作业质量，提升跨境供应链整体服务水平。

（三）申报通关

目前，大多数跨境供应链中待通关产品需要凭借进出口报关单、进出境载货清单、运输仓单等表单才能进行通关申报，进出口报关单内容繁多，往往需要耗费大量的时间和精力进行填写。应加强信息关联录入，节省填写时间，提高准确率。申报通关在跨境供应链中占有重要地位，其最大的特点是手续繁杂，而各国的通关手续不统一，存在重复办理通关手续的现象。针对该问题，应简化申报通关流程，提高跨境通关效率。为加强各国间的经贸合作与国际生产要素的流通，应积极推广一单制申报，促进跨境供应链服务水平。

（四）数据分析

数据贯穿于整条跨境供应链，是跨境供应链建设与管理的重要依据。对于跨境供应链各个环节采集到的原始数据，要充分利用大数据分析、云计算等新兴技术，实施数据聚合、计算、挖掘等，加强数据分析，提升数据价值，获得更深层次的数据信息，用以指导跨境供应链的进一步完善和改进，提升跨境供应链的整体服务水平。

第三节 供应链信息资源管理

随着社会经济的不断发展，企业之间的竞争已经转向供应链之间的竞争，而信息资源是供应链上最大的竞争资源，它能够支持业务流程创新、减少供应链中需求的变动性、更好地进行市场预测、协调企业内部供应链各环节关系、创造新的客户价值、缩短提前期，对供应链参与者具有非常重要的作用。大数据时代供应链信息资源管理必须紧密契合大数据时代发展的特征，满足供应链运营中的信息提取、整合与优化利用等要求，及时、有效地获取与分析具有价值的信息，提高供应链运营管理的效率与效益，促进其信息价值创造能力的形成与提升。

一、供应链信息资源的概念与来源

供应链信息资源是供应链活动过程中在各供应链参与者之间传播和共享，各供应链参与者自有、可以促进供应链高效运转的有序信息，主要包括供应链参与者的基础信息、产品信息、资源信息、能力信息、各自的内部信息及各种隐性信息等。

供应链信息资源管理以信息资源为对象，旨在结合供应链信息资源共享的程度，满足供应链中各个环节企业的信息资源需求，从而增强供应链环节之间的信息交流与协作。依托信息资源的利用效率和效益，发挥信息资源利用所创造的经济价值和社会价值，增强信息资源在现代供应链运营中的价值创造能力。

大数据时代供应链信息资源范围广泛，信息种类繁多。供应链信息聚合的进程及信息来源与供应链运营管理的原材料采购信息、产品的生产制造信息、最终产品的销售信息等丰富的信息资源密切关联。供应链信息资源的来源大致包含如下三种。

一是供应链成员的信息资源。供应链运营管理相关的供应商、制造商、分销商、零售商、客户等节点组织的信息资源是供应链信息的重要来源。供应链信息管理中，需要注重有限需求信息中的供应链协调策略，加强供应链预测信息的共享等。多类别的供应链节点企业或组织等，既向供应链运营体现着信息资源的需求，其自身也向供应链提供着相应的信息资源，成为供应链信息的重要来源。

二是大数据时代的网络信息资源。供应链信息聚合的来源，包括 Web 3.0 等新网络时代特征中的各类信息资源的收集、整理与分析，实现 Web 3.0 中的网站信息与其他相关信息之间的沟通与利用。Web 3.0 是大数据时代供应链信息管理可以有效依托的网络信息平台，可以对互联网信息数据资源等进行有效整合与利用。

三是供应链运营相关的信息资源。供应链运营相关的信息资源包括网络平台信息以外的信息资源，不局限于网络资源的范畴，而是从多渠道、多维度对接供应链运营发展中的各类信息需求，注重信息聚合中的服务模式设计与分析，尤其注重与供应链客户、供应链节点组织等信息需求的对接，实现大数据时代大范围的供应链信息资源聚合，增加了供应链信息的来源渠道，能获得更好的供应链信息聚合的整体效应。

二、供应链信息资源的价值

信息资源的利用是供应链企业生存和发展的基础，是系统环境内的主导型信息活动，供应链信息资源的有效利用可以支持供应链企业业务流程创新、减少供应链中需求的变动性，更好地进行市场预测，协调企业内部供应链各环节关系，创造新的客户价值。

通过信息资源管理，供应链经营可以较为及时地获取有价值的信息资源，在不涉及商业秘密、不违背市场规范竞争的前提下，主动根据供应链运营中的相关节点组织与客户的信息需求，以及供应链环节的经营要求，对市场经营中的大数据进行有目的、有针对性的梳理，对接供应链运营管理自身需要与供应链客户的信息需求，对大数据进行信息提取、信息整合与优化利用，从而提高供应链信息聚合的经济效益，实现供应链信息资源管理中的价值创造。供应链信息资源的价值具体表现为以下四个方面。

一是供应商使用信息资源提高供应能力。通过共享供应链中的各种信息资源，“牛鞭效应”产生的影响减弱，供应商对订单的响应时间缩短，下游企业的订单满足率提高。同时原材料供应活动更有计划性，为满足不确定性订单而保有的库存量大幅度减少，进而实现供应成本的降低，从而在供应链源头上削减了大量成本。

二是生产商使用信息资源提高生产能力。生产商拥有包括客户需求在内的供应链信息资源，使产品更适合市场和客户的需求，对订单的响应速度大大加快。由于能按照需求信息安排生产进程，订单满足率大幅度提高，原材料和产成品库存减少。通过掌握上游供应信息，增加生产的灵活性和柔性，满足客户个性化定制需求的能力提高，进而降低生产成本，增加收入。

三是分销商使用信息资源提高分销能力。分销商掌握上下游信息，能更快地响应下游订单，提高订单满足率，减少自身库存量。分销商拥有客户需求信息，可以更好地进行决策，减少滞销现象，提高获利能力，降低运作成本。

四是零售商使用信息资源提高零售能力。由于拥有供应和需求信息，缺货率大大降低，滞销现象、库存量和资金占用减少，资金使用效率提高，进而降低零售运营成本，扩大获利空间。

三、供应链信息资源管理构成要素

（一）供应链信息资源管理主体

供应链是围绕核心企业，从零部件到最终产品，最后由销售网络将产品送到消费者手中，由供应商、制造商、销售商和最终用户连成的一个整体的功能网络结构。因此，供应链信息资源管理的主体包括供应商、制造商、分销商、零售商和最终用户等。

（二）供应链信息资源管理本体

信息是供应链信息资源管理的本体，随着供应链的运作而不断产生。供应链信息资源的有效管理能够及时在供应链中传递需求和供给信息，提供准确的物流、资金流、信息流等相关信息，帮助供应链企业获得实时信息，从而形成统一的供应链管理计划并准确执行，为顾客提供良好服务。

（三）供应链信息资源管理客体

供应链企业是供应链信息资源管理的客体。通过信息资源管理可以协助供应链参与者获得运营过程中的必要数据和信息，进而创新业务流程，减少供应链中需求的变动性，更好地进行市场预测，协调企业内部供应链各环节关系，创造新的客户价值，缩短提前期。

（四）供应链信息资源管理技术

应用加密系统理论，将供应链信息资源管理过程所涉及的交易主体、交易过程信息等实行链上传输；采用动态加密与智能合约，结合私有和公有区块链的特性，实现交易信息的平台或链上存储、访问及权限分配；应用区块链技术，构建供应链交易平台，承担追溯交易日志、所有权及资产属性变化的任务，突破供应链的信息不对称瓶颈，提高交易数据库的准确性和透明度。

（五）供应链信息资源管理平台

供应链信息资源管理平台基于供应链中的货物进行信息收集，服务于整个供应链，配合供应链中各实体的业务需求，使操作流程和信息系统紧密配合，做到各环节无缝连接，形成物流、信息流、单证流、商流和资金流五流合一的领先模式，实现整体供应链可视化、管理信息化、整体利益最大化、管理成本最小化。

四、供应链信息资源管理的过程

供应链信息资源管理的过程主要包括分散的信息资源形成过程和有序的信息资源

增值过程，遵循数据产生资源、资源产生价值的信息资源价值实现一般机制。具体包括信息资源获取、信息资源价值转换、信息资源价值最大化等阶段。

（一）信息资源获取

信息资源获取阶段通过对数据进行收集和分析处理形成信息资源。这里的信息资源不仅包括与客户需求相关的信息资源和供应链各参与者的信息资源，还包括政策环境等对供应链运作起促进或限制作用的信息资源。

获取信息资源需要依据信息资源的分布情况，以及从大量数据中获取信息资源的基本理论。原始数据需要从客户及供应链各合作伙伴中获取，主要包括客户需求数据、供应链合作伙伴能力数据及各自所处的政策环境数据等。

（二）信息资源价值转换

通过信息资源的合理、有效配置，将合适的信息资源分配给各供应链参与者和客户。供应链各参与者和客户通过使用信息资源，实现对信息资源的合理共享，进而产生价值，完成信息资源价值的转换，主要包括信息资源的配置过程和信息资源的共享应用过程。在信息资源的配置过程中，按照供应链各参与者和客户对信息资源的使用权限及需求进行信息资源的合理配置，为信息资源的共享应用提供基础；在信息资源的共享应用过程中，信息资源通过在供应链参与者中的应用，实现对信息资源的高效共享，产生供应链参与者能力提高的共享效果，即产生信息资源的普遍性价值。

要实现信息资源的价值转换，一方面要进行数据处理和决策，对原始数据进行分类、分析，舍去没有价值的数据，得到有价值的数据。另一方面要进行信息资源配置，将信息资源按照需求及信息使用权限进行分配，以保证信息资源的合理使用，同时防止信息资源在供应链参与者和客户处出现冗余现象。

（三）信息资源价值最大化

供应链信息资源价值最大化体现在客户价值的实现上。从供应链客户关系管理角度分析，就是帮助客户实现价值，这是供应链的最终目标。供应链信息资源价值实现具体表现为：客户可以在期望的时间和地点得到具有期望功能和质量的商品，且价格比较低廉，即客户的期望得到了充分满足。

要实现信息资源价值最大化，首先需要对信息资源进行共享应用，在对信息资源进行有效配置的基础上，供应链各参与者通过建立信息资源共享机制、运用适当的信息资源共享技术，实现信息资源共享，将信息资源应用于经营运作。客户共享与自己的需求相关的信息资源并进行分析和决策。最终供应链参与者通过共享应用实现了信息资源价值，即满足客户需求、促进客户成功及促进各参与者自身的发展。

第四节　供应链决策支持系统

一、决策过程与决策支持系统的框架

决策是为了实现一个或多个目标而在两个或两个以上可供选择的行动方案中进行选择的过程。决策决定着供应链管理的成败，是供应链管理中最重要的活动之一。

（一）决策过程

西蒙（Herbert A. Simon）认为决策过程是整个管理过程的同义词，决策过程涉及四个阶段：情报阶段、设计阶段、选择阶段和实施阶段。

1. 情报阶段

情报阶段首先确定与关注问题相关的组织目标（如销售管理或库存管理等），并确定是否实现了这些目标。在这一阶段，决策者尝试确定问题是否存在、确定其症状、确定其严重程度并明确定义问题。许多复杂问题可以分为子问题，解决简单的子问题可能有助于解决复杂问题。情报阶段以正式的问题陈述结束。

2. 设计阶段

设计阶段包括寻找、开发和分析可能的行动方案，其中包括了解问题并测试解决方案的可行性。

计算机化决策支持的基本思想是对模型进行分析，而不是对真实系统进行分析。模型是现实的简化或抽象表示。因为现实太复杂，无法准确描述，而且很多复杂性实际上与解决特定问题无关。建模涉及对问题进行概念化，并将其抽象为定量或定性形式。例如，两个变量之间的关系可能被假定为线性的，即使在现实中可能存在一些非线性效应。由于需要权衡成本与效益，必须在模型简化程度和其现实表现效果之间取得适当的平衡。更简单的模型可以降低开发成本、更容易操作，还能更快得出解决方案，但它对实际问题的代表性较弱，也可能产生不准确的结果。

3. 选择阶段

选择阶段是做出实际决定并遵循某一行动方针的阶段。设计阶段和选择阶段之间的界限通常不明确，因为在这两个阶段都可以执行某些活动，而且决策者可以频繁地从选择活动返回到设计活动（如在对现有活动进行评估时生成新的备选方案）。选择阶段包括搜索、评估和推荐模型的适当解决方案。

4. 实施阶段

实施阶段是将推荐的解决方案付诸实施。在决策过程中，有许多通用性的实施问题需要重视，比如对变革的抵制、高层管理人员的支持程度及用户培训等。实施还必须包括收集和分析数据，从之前的决策中学习，并改进下一个决策。

整个决策过程是一个连续的流程，但在任何阶段，都可能返回到前一个阶段（反馈）。决策过程从情报阶段开始，在这个阶段，决策者检查现实情况，识别和定义问题；设计阶段构建了代表系统的模型，这是通过做出简化现实的假设实现的；选择阶段为模型选择建议的解决方案，对该解决方案进行测试，以确定其可行性；最后一个阶段是实施阶段，成功实施会解决真正的问题，失败会导致返回到流程的早期阶段。

（二）决策支持系统的框架

加里·戈里（Gary Gorry）和斯科特·莫顿（Scott Morton）在 20 世纪 70 年代早期创建并使用了计算机化决策支持的框架，然后这个框架演变成一种新技术，称为决策支持系统。

决策支持系统的早期定义将其确定为一个旨在半结构化和非结构化决策情况下支持管理决策者的系统。决策支持系统是决策者的附属品，可以扩展他们的能力，但本身并不提供决策结果，只是在决策过程中提供相关的帮助。该系统基于计算机，以交互方式在线运行，具有图形输出功能。

Gary Gorry 和 Scott Morton 结合结构化程度和控制类型两个维度提出一个 3×3 矩阵的框架，决策支持系统的框架如表 8-1 所示。

表 8-1 决策支持系统的框架

决策类型	控制类型		
	操作控制	管理控制	战略规划
结构化	监控应收账款 监控应付账款	分析预算 短期预测 人事报告 制造或购买	管理财务 监控投资组合 定位仓库 监控分销系统
半结构化	生产调度 库存控制	评估信用 准备预算 规划工厂 计划项目 设计奖励系统 分类存货	建立新工厂 规划并购 规划新产品 规划薪酬 提供质量保证 建立人力资源政策 规划库存

续　表

决策类型	控制类型		
	操作控制	管理控制	战略规划
非结构化	购买软件 批准贷款 操作帮助台	谈判 招聘高管 购买硬件	规划研发 开发新技术 规划社会责任

西蒙认为，决策从高度结构化的程序化决策到高度非结构化的非程序化决策构成连续谱系。结构化过程是常规的、典型的重复性问题，存在标准的解决方法。非结构化过程是模糊的、复杂的问题，没有现成的解决方法。非结构化问题是指问题的表达或解决方法本身可能是非结构化的。在结构化问题中，获得最佳（或至少足够好）解决方案的过程是已知的。无论问题涉及找到合适的库存水平还是选择最佳投资策略，目标都是明确的。共同的目标是成本最小化和利润最大化。半结构化问题介于结构化问题和非结构化问题之间，有一些结构化元素和一些非结构化元素。

安东尼（Richard N. Anthony）的分类法定义了涵盖所有管理活动的三大类别：战略规划（定义资源分配的长期目标和政策）、管理控制（获取和有效利用资源以实现组织目标）及操作控制（运营控制，高效和有效地执行特定任务）。

Simon 和 Anthony 的分类法结合为九单元格矩阵。该矩阵的最初目的是为矩阵中的不同单元提供不同类型的计算机支持。例如，Gary Gorry 和 Scott Morton 提出，对于半结构化决策和非结构化决策，传统的管理信息系统（MIS）和管理科学（MS）工具是不够的，需要融合人的智慧和对计算机技术的应用。在矩阵中，更结构化、面向操作控制的任务通常由较低级别的管理人员执行，而非结构化、面向管理控制和战略规划的任务则由高层管理人员或训练有素的专家负责。

自 20 世纪 60 年代以来，计算机一直支持结构化决策，主要是那些涉及运营和管理控制的决策，如财务和生产（即运营）管理方面。反复遇到的结构化问题具有高度的结构化，因此，有可能对它们进行抽象、分析，并将其划分为特定的类别。例如，对于资本预算、资源分配、采购、计划和库存控制的决策，都能够对应开发一种易于应用的规定模型和解决方法。许多结构化问题的解决方案可以完全自动化。

标准的计算机化方法只能部分支持非结构化问题，通常需要利用现代通信和计算机支持的协作技术、机器学习和人工智能技术开发定制的解决方案和系统。

解决半结构化问题需要结合标准的解决程序和人的判断。管理科学可以为决策问题的结构化部分提供模型。对于非结构化部分，决策支持系统（DSS）可以提高决策所依据的信息质量，例如，DSS 不仅提供单一解决方案，还提供一系列替代解决方案及其潜在影响。这些能力有助于管理者更好地理解问题的本质，从而做出更好的决策。

二、供应链决策支持系统的发展历程

图 8-2 展示了自 20 世纪 70 年代以来决策支持系统在企业和供应链管理方面的发展历程。

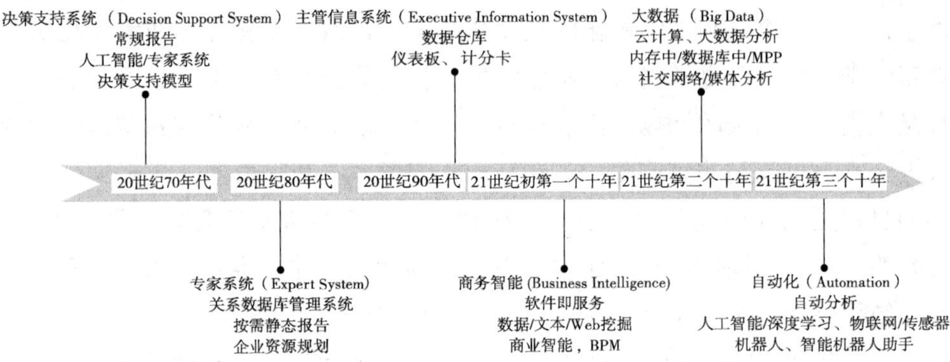

图 8-2　决策支持系统在企业和供应链管理方面的发展历程

20 世纪 70 年代，决策支持系统的重点是提供结构化的定期报告，告知决策者上一时期（如日、周、月、季度）发生了什么，以便管理人员做出决策。虽然知道过去发生了什么很有用，但管理人员还需要了解更多不同粒度级别的各种报告，以更好地理解和处理业务不断变化的需求和挑战，这些通常需要管理信息系统的支持。在数据分析的早期，数据通常是通过手动过程（即访谈和调查）从领域专家那里获得的，以构建数学或基于知识的模型以解决约束优化问题，基本思想是用有限的资源做到最优。这种决策支持模型通常被称为运筹学（Operations Research，OR）。对于过于复杂而无法通过优化（使用线性或非线性数学规划技术）解决的问题，可以使用模拟模型等启发式方法来解决。

在 20 世纪 70 年代末和 80 年代初，除了在许多行业和政府系统中使用的成熟 OR 模型外，出现了基于规则的专家系统（Expert System，ES）。这些系统以计算机可以处理的形式（通过一系列 if-then-else 规则或启发法）获取专家的知识，就像领域专家识别结构化问题并得出最可能的解决方案一样。

20 世纪 80 年代，企业获取业务相关数据的方式发生了重大变化。之前的做法是，为获取不同组织单位或职能（如营销、财务、制造）的交易数据，定制了多个各自孤立的信息系统。在 20 世纪 80 年代，这些系统被集成为企业级信息系统，现在通常称之为企业资源规划系统。顺序化和非标准化的旧数据表示模式被关系数据库管理系统（Relational Database Management System，RDBMS）所取代，RDBMS 可以改进数据的收集和存储及组织数据字段之间的关系，同时显著减少信息的复制。使用 ERP 系统，企业各个部门的所有数据都被集成到统一的数据库中，这样企业的每个部门或个人都可以在需要的时候根据授权访问这些数据。

20 世纪 90 年代，由于需要更全面的报告，主管信息系统（Executive Information System，EIS，专门为行政人员及其决策需要而设计和开发的决策支持系统）得到了进一步发展。这些系统被设计成图形化的仪表板和计分卡。在此阶段，数据仓库的建立很有必要，数据仓库是决策数据的存储库，可以支持业务报告和决策制定。在很短的时间内，大多数大中型企业都将数据仓库作为企业范围内决策的平台。仪表板和计分卡从数据仓库获取数据，不会妨碍业务交易系统的效率。

2000 年开始，数据仓库驱动的 DSS 被称为商业智能（Business Intelligence，BI）系统。随着数据仓库中数据量的积累，有必要对企业数据进行挖掘，以发现新的有用的知识，从而改进业务流程和实践，因此才有了数据挖掘（Data Mining）和文本挖掘（Text Mining）。随着数据量和种类的增加，对更多存储和处理能力的需求出现了。虽然大公司有能力解决这个问题，但对中小型公司来说，在财务支出上压力较大，这种需求催生了面向服务的体系结构、软件和基础设施，即服务分析业务模式，使规模较小的公司可以根据需要获得分析功能，并且只为他们使用的功能付费，并不需要在硬件和软件资源上进行高额的投资。

2010 年以来，因为互联网的广泛使用，新的数据生成媒体（如射频识别标签、点击流网络日志、智能家居设备、可穿戴健康监测设备及 Web 2.0）出现了，企业数据获取和使用方式发生了又一次范式转变。影响最大、最具挑战性的是基于 Web 2.0 的社交网络/社交媒体产生了大量非结构化数据（大数据），这些数据包含丰富的信息内容，但对这些数据的分析给计算系统带来了软件和硬件方面的重大挑战。为了应对大数据的挑战，硬件（如具有超大计算内存的大规模并行处理和高度并行的多处理器计算系统）和软件/算法［如具有 MapReduce（映射—化简）功能的 Hadoop 和 NoSQL、Spark 等］都取得了进步。

2020 年以来，流媒体分析和传感器技术使物联网成为可能。人工智能正在改变着 BI，通过深度学习实现分析图像的新方法，而不仅是传统的数据可视化。深度学习和人工智能也在帮助语音识别和语音合成的发展，产生新的技术互动接口。由于大数据的爆炸式发展和数据思维不断深入人心，越来越多的公司正在让他们的员工掌握商业分析的专业知识，以提高他们日常决策过程的有效性和效率。数据驱动的决策方法比以往任何时候都更容易为管理人员所接受，帮助决策者在全球供应链竞争中做出更好的决策，通过使用数据和分析构建更好的产品、改善客户体验、提高客户参与度来降低成本、增加收入。

三、供应链决策支持系统的系统架构及分析功能

（一）供应链决策支持系统的系统架构

供应链决策支持系统由数据管理子系统、模型管理子系统、用户界面子系统和知识管理子系统等组成。供应链决策支持系统示意如图 8-3 所示。

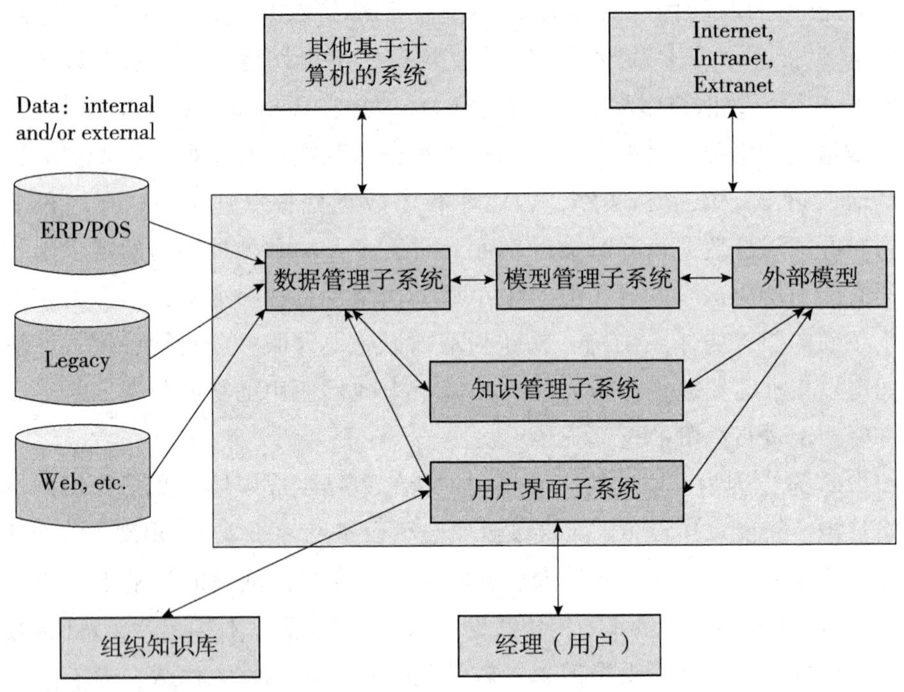

图 8-3　供应链决策支持系统示意

注：internal 表示内部的；external 表示外部的；internet 表示互联网；Intranet 表示内联网；Extranet 表示外联网；Legacy 表示传统 BIOS 启动方式；Web 表示万维网。

1. 数据管理子系统

数据管理子系统由数据库管理系统（DBMS）进行管理。数据管理子系统可以与企业数据仓库互连，数据库是企业相关决策数据的存储库。通常，数据通过数据库 Web 服务器存储或访问。数据管理子系统由以下元素组成：DSS 数据库、数据库管理系统、数据目录和查询设施。许多 BI 或描述性分析应用程序的优势来自数据管理子系统。

2. 模型管理子系统

模型管理子系统是包括财务、统计、管理科学或其他定量模型的组件，这些模型提供系统的分析能力和适当的软件管理，还包括用于构建自定义模型的建模语言。这

种软件通常被称为模型库管理系统（MBMS）。模型解决方案和管理系统在Web开发系统（如Java）中实现，在应用服务器上运行。模型管理子系统由以下元素组成：模型库、MBMS、建模语言、模型目录、模型执行、集成和命令处理器。

由于DSS经常处理半结构化或非结构化问题，经常需要使用编程工具和语言自定义模型，常用的工具包括NET框架语言、C++和Java等。联机分析处理（OLAP）软件也可用于数据分析中的模型。Arena等模拟语言和R语言等统计软件包也提供了使用专有编程语言开发的建模工具。对于中小型DSS或不太复杂的DSS，通常使用电子表格（如Excel）。

3. 用户界面子系统

用户被认为是系统的一部分，用户通过用户界面子系统与DSS进行交互。2000年开始，Web浏览器为许多DSS提供了一致的图形用户界面（GUI），推动了管理驾驶舱和数字仪表板的发展，它们是许多决策支持系统的前端。

智能手机和平板电脑等便携式设备的爆炸性增长也开始改变DSS的用户界面。一些DSS利用自然语言（即人类语言中的文本）或图形处理技术，使用户可以轻松地以有意义的方式表达自己。例如，亚马逊的应用程序允许用户在商店（或任何地方）拍摄任何商品的照片，并将其发送给亚马逊官网。亚马逊官网的图形处理算法将图像与数据库中的真实产品进行匹配，并向用户发送一个产品信息页面，允许用户实时进行价格比较。

语音识别功能也可用于DSS，并集成到智能便携式设备中。苹果的Siri（智能助手）应用程序和谷歌的Google Now（谷哥即时）服务就是可用于通用DSS的语音输入的例子。

4. 知识管理子系统

许多用户界面的开发都与知识管理子系统的新进展密切相关。知识管理子系统既可以作为一个独立的组件，也可以支持任何其他子系统。许多人工智能技术已经应用在知识管理子系统中，并且很容易集成到其他DSS组件中，如IBM的Watson（沃森）是广为人知的基于知识的DSS之一。

（二）供应链决策支持系统的分析功能

根据运筹学和管理学研究协会（INFORMS）的说法，分析是计算机技术、管理科学技术和统计学的结合，用以解决实际问题。例如，当销售额在某一时间段内超过或低于某一水平或某一特定产品的库存不足时，可以在特定设置中产生警报；下一层次的分析功能模块可能需要进行统计分析，以更好地理解模式；然后进一步优化预测模型，预测客户可能对特定的营销活动或正在进行的服务/产品产生的反应。

通过查看所有数据，了解过去发生的事情、正在发生的事情、将要发生的事情，以及如何充分利用这些数据的想法等商业分析，也被 INFORMS 概括为三个层次的分析。这三个层次被确定为描述性（Descriptive）分析、预测性（Predictive）分析和规范性（Prescriptive）分析。商业分析的三个层次如表 8-2 所示。

表 8-2　　商业分析的三个层次

商业分析	描述性分析	过去和现在发生了什么	商业报告 商业智能仪表板 计分卡制 数据库	明确的商业问题和机会
	预测性分析	为什么会发生？ 会发生什么	数据挖掘 文本挖掘 网络/社交媒体挖掘 预测	对未来事件和结果的准确预测
	规范性分析	该做什么？ 为什么要这样做	最优 模拟 决策建模 专家系统	最佳的商业决策和行动

描述性分析是指了解组织中过去和正在发生的事情，并了解一些潜在的趋势和发生这种情况的原因。首先，这涉及数据源的整合及所有相关数据的可用性，其形式可以实现适当的报告和分析。通常，这个数据基础设施的开发是数据仓库的一部分。这个数据基础设施可以使用各种报告工具和技术实现报告、查询、警报和趋势预测。可视化技术已经成为这个领域的关键角色，使用市场上最新的可视化工具，我们现在可以在组织的运作中形成强大的洞察力。

预测性分析的目的是确定未来可能发生的事情。这种分析基于统计技术，以及其他最新开发的机器学习技术，这些技术属于数据挖掘的一般类别，这些技术的目标是能够预测客户是否有可能转向竞争对手（流失）、客户接下来可能会买什么和买多少、客户会对什么促销活动做出反应及客户是否有信用风险等。在开发预测分析应用程序中使用了许多技术，包括各种分类算法。例如，可以使用逻辑回归、决策树模型、随机森林、支持向量机和神经网络深度学习等技术预测一部电影的票房表现；还可以使用聚类算法将客户划分为不同的组群，从而能够针对他们进行特定的促销活动；可以使用关联挖掘技术估计不同购买行为之间的关系，即如果一位顾客买了一种产品，他还可能买什么？这样的分析可以帮助零售商推荐或推广相关产品，例如，在京东或当当等在线购物网站搜索任何产品，网站也会提示顾客可能感兴趣的其他产品。

规范性分析的目标是认识到正在发生的事情及可能的预测，并做出适合的决策以实现可能的最佳绩效。这类分析往往是在运筹学或管理科学的框架下研究的，通常旨在优化系统的性能，提供一个决策或对具体行动的建议，这些建议的形式可以是一个问题的具体决定、一个具体的金额（如特定物品的价格或机票价格）或一套完整的生产计划。这些决定既可以在报告中呈现给决策者，也可以直接用于自动决策规则系统（如航空公司定价系统）。

供应链决策支持系统使用以上分析功能解决从供应链战略决策到运营管理中各种各样的问题，具体如下。

（1）物流网络设计。物流网络设计包含仓库和工厂的选址，以及给仓库分配零售商或顾客。

（2）需求计划。需求计划包括需求预测和需求调节。需求预测是基于历史数据及市场需求进行预测；需求调节是制订各种营销计划，进行产品、市场选择或市场渗透。

（3）物料需求计划。MRP 系统是用产品物料单及零部件前置时间规划某特定产品何时开始制造。

（4）供应计划。供应计划包括供应链战略计划、库存计划、分销计划、采购计划及运输计划。例如，库存管理 DSS 利用运输和持有成本信息，结合前置时间及预测需求，提出库存政策以帮助决策者达成低成本、高水平顾客服务的目标；运输计划综合考虑费率结构、速度及可靠度等不同因素进行运输方式的选择。

（5）生产排程。有效地配置制造资源以适应下游生产或市场需求等。

为实现以上分析功能，供应链决策支持系统主要使用如下分析技术。

（1）统计分析。统计分析包括描述性统计分析和推断性统计分析。

（2）联机分析处理（Online Analytical Processing，OLAP）工具。联机分析处理工具提供了一种方法去查看储存在数据仓库里的数据。OLAP 工具在常用的企业整体层面上对数据进行描述性分析，以易于理解的方式显示一些数据给决策者。可以使用的工具包括：报告（Report）、图表（Graph）、电子表格（Spreadsheet）、动画（Animation）和特殊的图形格式，如地理信息系统。地理信息系统是一个整合计算机中地图与空间的数据库管理系统，提供强大的功能以储存数据、管理及展示分析相关地理位置上的各种业务数据。

（3）数据挖掘（Data Mining，DM）。数据挖掘是从大量的、不完全的、有噪声的、模糊的、随机的实际应用数据中，提取隐含在其中的、人们事先不知道的、但又是潜在有用的信息和知识的过程。其主要特点是对商业数据库中的大量业务数据进行抽取、转换、分析和其他模型化处理，从中得到辅助决策的关键知识。

（4）模拟研究。很多半结构化和非结构化问题都带有随机的成分，这些随机成分使分析更加困难。在这种情况下，模拟研究是一种有效的工具。

（5）人工智能（Artificial Intelligence）工具。人工智能工具可以分析 DSS 的输入数据，如使用智能代理机器人协助决策，特别是协助实时的决策。

❖课后习题

1. 简述智慧供应链管理系统功能架构。
2. 简述跨境供应链信息管理的含义。
3. 供应链信息资源来源有哪些?
4. 决策过程分为哪几个阶段?
5. 简述结构化、非结构化和半结构化决策。
6. 简述供应链决策支持系统的发展历程。
7. 简述供应链决策支持系统的分析功能及使用的分析技术。
8. 简述供应链决策支持系统的系统架构。

❖拓展阅读

中国外运长江有限公司：智慧供应链平台（i-SCP）打造企业数字化竞争力

一、企业简介

中国外运长江有限公司（以下简称外运长江）是中国具有领先地位的综合物流供应商——中国外运股份有限公司（以下简称外运股份）的核心成员企业。

公司业务机构遍布江苏沿江主要港口和经济发达城市，以及安徽、江西等长江沿线重要区域，是长江流域唯一集长江支线承运、船货代、仓储、租船、海外服务、国内陆运、液晶/半导体精密设备物流、供应链物流、工程项目物流、保税物流、速递服务等为一体的综合物流服务供应商。

公司拥有广受客户认可的“中国外运”“中国船代”“蔚蓝通道”“阳光速航”“阳光速递”“阳光好运”等服务品牌。

公司拥有几十年行业发展历程，积累了丰富的运营经验，拥有一整套以客户为中心、设计科学的标准化操作程序，确保服务的准确性与高效率。2012 年 10 月，通过了 DNV-GL（挪威非营利性基金组织）的 ISO 9001 质量管理体系、ISO 14001 环境管理体系、OHSAS 18001 职业健康安全管理体系认证，标志着外运长江各项管理系统达到了国际标准。

凭借外运股份强大的系统资源和 100 多家海外战略合作伙伴，公司在长江流域主要经济发达城市与重点口岸构建了成熟的服务网络，可为国内外客户提供全方位一体化的综合物流服务。

二、项目背景

随着产业革命的蓬勃兴起和现代科技的迅猛发展，经济面貌日新月异，商业模式推陈出新，跨界竞争如火如荼，在市场的风云变幻和企业的共生竞合中，我们已进入资源整合至上、平台运营为王的共享经济时代。作为国内行业领先的综合物流企业，如何破解成长命题，拓展发展空间，在市场竞争中立于不败之地，外运股份知势致远、因时而变，顺势而为、主动求变，做出了向全程供应链转型、打造智慧物流、推进平台化建设、迈向世界一流的战略决策。

在此背景下，外运长江启动了i-SCP智慧供应链平台的开发建设工作。i-SCP平台是外运长江坚决贯彻外运股份业务转型战略，顺应企业平台化发展趋势，以创新的管理理念和先进的信息技术整体规划、全新设计、量身定制并倾力打造的平台化业务运营管理系统。该平台立足苏皖赣核心物流区，针对长三角地区物流资源分散、业务碎片化运营、商业模式复杂等问题，以平台化运营、精细化管理、数字化驱动、标准化操作为基本原则，由外运长江组织力量精心设计自主研发。

三、建设内容

建设智慧供应链平台旨在打造物流信息化平台，深化与其他物流企业及物流平台的业务合作与业务整合，形成物流业务及物流信息的互联互通、物流要素的互动衔接，实现基础设施、产业需求、物流服务功能三者的平衡发展。

建设智慧供应链平台旨在引导本企业提升服务档次，迅速调整共享经济盛行的互联网趋势下企业发展方向，探索适合企业自身和行业趋势的全新发展之路，并帮助其他物流企业实现用最低的成本享有先进信息技术的成果。

（一）平台架构

智慧供应链平台由结算管理中心、操作管理、订单管理、基础管理和面向客户的公共服务五项功能组成。采用Google AngularJS（构建用户界面的前端框架）产品实现业务逻辑与元素解耦，代码可维护性高，页面响应式布局，自适应多分辨率，前后端统一校验，精细化的数据权限控制，系统安全性极高，数据表格化编辑，界面响应速度快。

（二）功能介绍

平台技术先进、功能强大，具有集成化、标准化、自动化、可视化、便捷化的特点。它以管理创新为核心、以流程优化为手段、以体系运营为主线、以技术突破为先导，聚焦变革创新，构建智慧物流。

1. 基础管理模块

标准化是数字化的基础。平台建设之初，首先梳理了基础数据标准和标准业务环节定义，将标准化管理流程在平台中进行功能落地和固化。制定规范、明确流程、组建团队三管齐下，实现了基础数据的集中管理、集中维护和各家引用。例如，对港口规范优先采用国际规范，如无国际规范则采用国内规范，如无国内规范则采用行业规范，如无行业规范则进行企业级定义。

目前，平台集中定义了业务类型、客商数据、费用类目、状态定义、港口设施等基础数据。集中管控模式提高了基础数据的管理效率，为业务操作、商务管理和数据分析夯实了基础。

2. 订单管理模块

平台设置订单管理模块，涵盖各种业务类型。规范合同管理模块，形成标准化的合同细节字段，据此校验对比订单；根据历史交易数据记录评定客户信用等级，形成客户信用报告，在业务环节（如放单放货等）进行引用；设置合同有效期限、操作要求、危险品控制等关键字段，订单进入平台即自动校验数据，有效提高了工作效率、控制了业务风险。

平台支持订单任务配置，根据规则自动生成任务，推送给业务操作环节对应人员，全程跟踪订单执行状态；同时接入外部港口、码头、海关、商检等第三方平台数据，对订单进行预警和提醒。

平台支持内部单位互相委托与结算订单，促进跨业务单元合作，提升了公司的整体运营能力，扩大了市场份额。

3. 操作管理模块

平台引入任务驱动、异常预警和动态跟踪机制，方便工作人员随时掌握业务进程和物流状况，关键指标一目了然；拥有具备技术独创性和强大解析能力的“智慧”式可配置规则引擎，轻点鼠标即可完成船公司的复杂业务逻辑要求；集成订舱、拖车、报关报检等功能模块，可同时处理多业务环节操作，有效支撑了供应链的全程物流服务。

4. 结算管理模块

结算管理模块主要由费用管理、发票管理、账款管控和信用管理组成。费用管理支持自动计算、运费导入、手工录入、补收补付等；发票管理主要包含应收应付发票关联；账款管控包括银行水单管理、收款核销、付款计划、执行与核销功能；信用管理主要包括客商信用评级、信用记录、催收催付及扣单扣货等功能。

结算管理模块的成熟依赖于流程标准化，它的上线有力支持了商务结算管理工作，通过明确的商务数据节点管控，在系统中固化操作、动态计算、提醒催收及 KPI 考核，提升了商务操作管理的效率，优化了统计模型，促进了业财数据匹配。

四、价值分析

i-SCP 平台建设从项目启动到全面部署，走过了一段不平凡的历程，其间不乏挑战，在外运股份发展战略的有力指引和外运长江决策层的正确领导下，平台研发人员和广大一线用户肩负破旧立新、创新发展的重任，勇于担当，敢于争先，不畏艰难，挑战自我，矢志创新，勠力前行。全体平台建设者齐心协力、锐意攻坚，仅用一年半就实现了试点单位的成功上线。2017 年 9 月，项目一期建设工作圆满完成。2018 年 6 月，项目二期如期上线。2019 年下半年，随着项目三期的如期完成，i-SCP 平台已完成了覆盖外运长江全部下属分子公司的部署目标，截至 2020 年 6 月，上线单位达 88 家。在项目推进过程中，i-SCP 项目组发扬开拓创新、不畏艰难的拼搏精神，不断追求卓越和自我超越，持续改进和优化 i-SCP 平台。平台功能日益完善，整体效能不断提升。随着下属分子公司的全面上线，平台的综合管理效应逐步呈现。

管理价值一：彰显品牌价值，构建标准化服务体系。

标准化是服务创新的基础、管理进步的保障、平台赋能的基石。i-SCP 平台秉持技术创新与管理进步相结合的理念，践行“概念产品场景化、成型产品标准化、标准产品全网化、全网产品常态化”的产品开发原则，强本固基、提质增效。通过制定统一标准、实施规范流程，提高运营质量、优化服务产品，构建面向客户的标准化服务体系。

统一的客商管理标准、精确的服务定义配置、规范的操作结算流程，为数字化运营奠定了坚实基础。平台以客户为中心，不断升级网上服务功能，发挥线上优势，改善服务体验，通过推出在线订舱、网上对账、消息订阅等一系列标准化、便利化、实时化的在线服务，满足客户的个性化需求，实现了线上线下服务的有机融合和优势互补，打造出客户满意的“一站式”服务产品，重塑了企业品牌价值。

管理价值二：推进流程再造，开发自动化规则引擎。

i-SCP 平台致力于将精益管理运用于企业的变革创新，用技术手段实现流程再造，通过对服务环节、运营体系、平台架构的最优化设计，不断改变碎片化的业务流程和操作模式，提升了物流业务全程作业效率和整体运营效能，增强了企业核心竞争力。

持续的流程优化和技术改造极大提高了系统自动化水平。通过引入任务驱动、异常预警和动态跟踪机制，工作人员随时掌控业务进程和物流动态，关键指标尽在把握。

i-SCP 平台坚持创新制胜，为铸造平台的“智慧之心”，研发人员主动挑战、攻坚克难，经历了无数次失败，最终成功打造出具有技术独创性的“智慧”式可配置规则引擎，其强大的执行能力，使得复杂的业务逻辑通过轻点鼠标即可转瞬实现。极大增强了系统的易用性、管理的便捷性和操作的高效性，平台智慧化水平大幅提升。

管理价值三：延伸管理半径，实现全方位风险防范。

i-SCP 平台聚焦风险管控，注重过程管理，以精细化管理、规范化操作提升企业的全面风险防范能力。着重从客商管理、合同执行、信用评价三个维度，针对风控难点完善系统功能、强化过程执行、实现闭环管理。通过建立客商管理规则、健全数据质量保障机制，客户信用管理体系日益健全，数据质量稳步提升。

以合同的全生命周期管理为突破点，解决合同管理中评审与执行相脱节的顽疾，运营效果显著改善。i-SCP 平台构筑了全方位的风控管理体系，通过客商管理规范化、信用评级数字化、商务结算精细化，延伸了管理半径，丰富了管理手段，实现了质效提升，有效控制业务经营的系统性风险，全面保障企业的健康发展。

管理价值四：促进资源整合，布局一体化平台运营。

在外运长江向全新商业模式发展转型的变革过程中，i-SCP 平台以先进的信息技术建立起覆盖全域的计算机网络和快速灵活的 EDI 电子数据交换系统，将外运长江下属企业、上下游业务伙伴及客户供应商连成一体，通过跨区域的整体协同，实现了物流要素的优化配置和快速重构，推进了扁平化管理和集约化经营，将分散于长江沿线的物流资源、服务能力全面整合，彻底改变了外运长江有点无网、缺乏协同的被动局面，为一体化运营打下了坚实基础。

i-SCP 平台以“小前端、强后台”的组织形态，发挥区域管理中心的整体资源配置优势，聚力“后台”，赋能“前端”，激活业务单元的内在能动性和个体创造力，让企业在面对瞬息万变的市场环境时，既获益于统一营销、统一运营、统一品牌的平台效应，又增强了机动灵活的市场应变能力，以便始终在激烈的竞争中赢得主动、把握商机。

管理价值五：优化产品体验，加强可视化技术应用。

i-SCP 平台注重发挥信息技术的示范引领作用，通过数据挖掘、商业智能和状态跟踪技术的综合运用，把数据可视化技术成功融合到供应链管理的关键环节中，在业务动态监控、物流状态跟踪、桌面看板提醒和管理驾驶舱的数据呈现方面，可视化技术极大提升了 i-SCP 平台的数据可用性、用户友善性、功能易用性和系统敏捷性，在提高工作效率的同时给用户带来了更好的使用体验。可视化技术的成功运用，使 i-SCP 平台的自动化、智能化、智慧化水平不断提升，深入挖掘大数据的商业价值，充分彰显了信息技术对管理创新的驱动作用。

管理价值六：迈向智慧物流，制胜数字化创新之巅。

在外运股份发展战略的有力指引下，i-SCP 平台以技术为先导，以变革为核心，坚持自主创新，矢志开拓进取，聚焦数字物流，通过自动化、可视化、大数据、云计算技术的广泛应用和平台体系的精心构建，有力推动了企业的快速发展和战略转型，外运长江从传统的综合物流企业向技术驱动型的平台化智慧物流企业快速迈进、阔步向前。

五、经验总结

科技、社会及市场三位一体的快速发展，催生了不断增加的关联方。为了最大程度地满足他们的服务需求，外运长江在建设“船货一体化”集运体系的过程中，精心构建有序、立体的 i -SCP 平台，在标准化、智能化和可视化方面探索出一条成功道路，值得在行业内推广和分享。

用标准化的信息字典，进行“完美”的数据铺垫。统一客商管理，使用唯一的代码给客户和供应商备案；统一业务子类别，规范各分公司的业务定义；统一操作环节，用标准的业务环节规范货代操作流程和岗位配置；统一状态定义，在规范操作环节后，对每个环节产生的外部状态和内部状态进行定义；统一电子化审批流程，把i-SCP平台与办公自动化系统无缝集成，从办公自动化系统中接收合同审批、放单审批、放货审批等结果，并配置在对应的操作环节中，用标准数据为智能化进行“完美铺垫”。

用“火眼金睛”的任务驱动，进行精密的过程管控。标准化的操作形成规则引擎，驱使平台主动在各业务环节分配订单任务（以下简称任务驱动），平台自主运行流程，操作人员只需解决任务驱动预警的异常情况。同时，规则引擎设定了与各业务环节匹配的合同条款及多维度信控要求，一旦发生不符情况，规则引擎即刻触发，“火眼金睛”的平台立即根据风险的强弱程度禁止操作或报警提示，操作人员可据此发起与移动应用绑定的审批流程，极大提升了管控力度和时效性。此外，任务驱动还通过操作中心、申报平台与客户、船方、海关、商检等各关联方进行即时信息交换，同时接入外运股份“物流在线”状态池，并与手机应用集成，提供物流信息定制服务，系统的智能高效得到了各方的一致认可。

用物流节点可视化构建全程可视化。标准化的任务驱动让订单在各物流节点自动运行，主动记录任务节点启动和结束的轨迹，用状态池和数据看板直观呈现完整的时间链和业务商务数据。如果任务驱动智能预警，物流状态和任务还能得到即时修正。多节点和不同维度构成的整体物流过程被直接“看见”，费时费力电话问询的方式逐渐成为历史。

用全程可视化链接业务体系建设。标准化的操作、精细化的业务管理和智能化的全程可视收获着便捷高效和关联方赞誉的同时，也为提升运营效率夯实了统计基础。外运长江研发出i-SCP平台的“管理驾驶舱”，在仪表盘上集成实时的业务和商务数据，支持各级管理者进行有效的数据分析、流程优化和决策制定，从而推进了集运体系的航线优化及转运中心和通道建设，大幅提升了沿江口岸公司的控货能力与市场竞争力。在系统的支持下，增签了与船公司的订舱协议和CCA（空闲信道评估）协议，拓展了口岸覆盖面；创新了服务产品，开辟了特色精品航线，科学地满足船公司和客户日益提高的服务要求；加密了内外贸航线，2020年，内外贸箱量超89万标准箱，同比增长2.61%；深入推进了太仓、南京、武汉转运中心和苏昆太、锡澄张、合肥南京、昌九通道建设。经过不懈努力，外运长江的口岸订舱量稳步增长，连续六年稳居长江公共支线承运人第一。

六、未来展望

设计先进、功能完善、理念超前的i-SCP平台对外运长江的综合物流业务进行了全面的管理变革和持续的流程再造，将精细化的业务管控要求融入系统的流程设计和功能实现之中，优化了作业流程，提高了管理成效，为企业的创新发展注入活力。

央企是社会责任的代名词与承担者。外运长江未来将在致力于自身发展的同时，不忘行业责任的担当，在提升自身实力的同时，积极对外共享物流服务，实践行业价值。

借助智慧供应链平台对内打造集运体系，提升自身实力。一方面依托i-SCP平台，深入开展涵盖集中订舱、航线运营、转运中心、通道建设，以及跨业务线商务结算的“船货一体化”集运体系建设，以创新模式持续吸引口岸公司加入集运体系，增强体系实力；另一方面不断积累平台资源，借助对沿江各口岸货量的汲取，通过事业部与口岸公司的协同共享，发挥资源聚合效应，推动总体箱量、船队规模及运力控制的稳步增长，收获航线升级和口岸利润增长的双赢。

借助智慧供应链平台对外共享物流服务等社会公共资源，实践行业价值。在增强自身实力的基础上，外运长江积极响应政府“进一步开发长江黄金水道，加快推动长江经济带发展”“健全智能服务”“推进信息化与产业融合发展”的号召，聚集“船货”两个方面的服务功能和要素，用“互联网+物流”促使i-SCP平台向着连接船公司和客户、聚合外运长江内外物流服务的社会公共资源的方向发展，助力政府构建现代综合交通运输体系。

参考文献

[1] 保罗·迈尔森. 供应链精益管理：技术赋能，打造低成本、高效率供应链体系 [M]. 徐钰，译. 北京：人民邮电出版社，2020.

[2] 张莉莉. 供应链管理中的信息流模式研究 [D]. 长春：吉林大学，2005.

[3] 张盛. 供应链信息协同及组织间协调问题的研究 [D]. 厦门：厦门大学，2009.

[4] 张士华. 基于云计算的供应链信息共享与商务协同研究 [J]. 物流科技，2014，37（11）：100-102.

[5] 马费成，宋恩梅，赵一鸣. 信息管理学基础 [M]. 3 版. 武汉：武汉大学出版社，2018.

[6] 美国供应链管理专业协会，布赖恩·吉布森，乔·汉纳，等. 供应链管理综合实战战略实施、信息协同、流程优化与绩效评估 [M]. 吴梦如，译. 北京：人民邮电出版社，2021.

[7] 崔忠付. 中国物流与供应链信息化优秀案例集 [M]. 北京：中国财富出版社有限公司，2020.

[8] 谢京辞，孟庆春，赵培忻. 供应链物流管理 [M]. 北京：经济科学出版社，2021.

[9] 刘华猛. 基于供应链系统优化视角的采购管理研究——以汽车行业 C 公司为例 [D]. 上海：华东理工大学，2013.

[10] 罗静. 实战供应链：业务梳理、系统设计与项目实战 [M]. 北京：电子工业出版社，2022.

[11] 俞文锦，赖志标，刘凯. 供应链信息系统应用：过去、现在和未来 [J]. 物流技术，2006，25（3）：154-156+179.

[12] 赵晓保. 项目管理在企业供应链管理中的作用 [J]. 企业改革与管理，2017（19）：29-30.

[13] 马俊鹏. 大型企业供应链物流管理系统规划研究 [J]. 物流技术，2014，33（12）：360-362.

[14] 张泉伟，廖加发. IE 在家电制造业供应链系统研究案例 [J]. 价值工程，2012，31（2）：11-13.

[15] 唐隆基，潘永刚．数字化供应链：转型升级路线与价值再造实践［M］．北京：人民邮电出版社，2021.

[16] 付登坡，江敏，任寅姿，等．数据中台：让数据用起来［M］．北京：机械工业出版社，2020.

[17] 唐隆基．数字化供应链控制塔的理论和实践［J］．供应链管理，2020，1（2）：60-72.

[18] 张旭，戴丽，阊赛华，等．数据中台架构：企业数据化最佳实践［M］．北京：电子工业出版社，2020.

[19] 陈晓华．丰田的“1+1+1=27”［J］．中国质量，2023（9）：74-76.

[20] 徐飞．一汽丰田的“百万”梦想［J］．世界汽车，2022（4）：44-49.

[21] 程控，革扬．MRP Ⅱ/ERP 原理与应用［M］．3 版．北京：清华大学出版社，2012.

[22] 陈启申．ERP：从内部集成起步［M］．3 版．北京：电子工业出版社，2012.

[23] 张涛．企业资源计划（ERP）原理与实践［M］．北京：机械工业出版社，2020.

[24] 党争奇．智能生产管理实战手册［M］．北京：化学工业出版社，2020.

[25] 党争奇．智能供应链管理实战手册［M］．北京：化学工业出版社，2020.

[26] 江支柱，董宝力．汽车智能生产执行系统实务［M］．北京：机械工业出版社，2018.

[27] 饶运清．制造执行系统技术及应用［M］．北京：清华大学出版社，2022.

[28] 林森，晏致涛，王俊洲．制造执行系统（MES）的功能与实践［M］．北京：人民邮电出版社，2021.

[29] 王志新，金寿松．制造执行系统 MES 及应用［M］．北京：中国电力出版社，2006.

[30] 李清．制造执行系统［M］．北京：中国电力出版社，2007.

[31] 王爱民．制造执行系统（MES）实现原理与技术［M］．北京：北京理工大学出版社，2014.

[32] 刘卫静．基于 ESI 的英杰公司采购信息系统开发［D］．上海：复旦大学，2011.

[33] 陈科．制造型供应链绩效建模分析研究与实践［D］．天津：天津大学，2009.

[34] 孟钢．面向成本领先的制造型企业供应链优化［D］．天津：天津大学，2013.

[35] 周林．中小型制造企业物流管理信息系统的研究与开发［D］．成都：四川大学，2005.

[36] 杜婷．空客持续布局中国航空市场［J］．大飞机，2023（4）：30-34.

[37] 大卫·辛奇-利维，菲利普·卡明斯基，伊迪斯·辛奇-利维．供应链设计与管理：概念、战略与案例研究：第 3 版［M］．季建华，邵晓峰，译．北京：中国人

民大学出版社，2010.

[38] 托马斯·E. 沃尔曼，威廉·L. 贝里，D. 克莱·怀巴克，等. 制造计划与控制：基于供应链环境：第5版［M］. 韩玉启，陈杰，袁小华，等，译. 北京：中国人民大学出版社，2008.

[39] 刘绍荣，夏宁敏，唐欢，等. 平台型组织［M］. 北京：中信出版社，2019.

[40] YU B, GUO Z, ASIAN S, et al. Flight delay prediction for commercial air transport: A deep learning approach [J]. Transportation Research Part E: Logistics and Transportation Review, 2019, 125: 203-221.

[41] PETROPOULOS F, KOURENTZES N, NIKOLOPOULOS K, et al. Judgmental selection of forecasting models [J]. Journal of Operations Management, 2018, 60: 34-46.

[42] LAWRENCE M, GOODWIN P, O'CONNOR M, et al. Judgmental forecasting: A review of progress over the last 25years [J]. International Journal of Forecasting, 2006, 22 (3): 493-518.

[43] JANUSCHOWSKI T, GASTHAUS J, WANG Y Y, et al. Criteria for classifying forecasting methods [J]. International Journal of Forecasting, 2020, 36 (1): 167-177.

[44] 华为公司数据管理部. 华为数据之道［M］. 北京：机械工业出版社，2020.

[45] 霍艳芳，齐二石. 智慧物流与智慧供应链［M］. 北京：清华大学出版社，2020.

[46] 何慧. 我国出口跨境电商供应链运作现状及优化对策分析［J］. 对外经贸，2019（12）：76-78.

[47] 田少卿，姜帆，黄崇利. 自贸港供应链信息补偿机制与服务平台构建［J］. 海南大学学报（人文社会科学版），2022，40（3）：47-57.

[48] 彭焘，史恩义. “一带一路”背景下跨境供应链协同模式优化［J］. 商业经济研究，2021（2）：130-133.

[49] 杜卫萍，王静，邓彩屏，等. 大湄公河次区域跨境物流供应链构建研究［J］. 铁道运输与经济，2019，41（4）：63-69.

[50] 施先亮，张文杰. 基于价值网的供应链信息资源价值研究［J］. 中国流通经济，2008（5）：20-23.

[51] 陈永平，蒋宁. 大数据时代供应链信息聚合价值及其价值创造能力形成机理［J］. 情报理论与实践，2015，38（7）：80-85.

[52] 陈永平. 供应链信息资源优化及其价值创造能力提升——以农产品物流业为例［J］. 商业经济与管理，2014（10）：5-14.

[53] 刘雪峰，霍明奎. 供应链企业信息资源利用效率实证研究——基于信息生态视角［J］. 情报科学，2016，34（6）：109-115.

[54] 盛守一. 基于区块链技术的供应链信息资源共享模型构建研究［J］. 情报科学，

2021, 39 (7): 162-168.

[55] 拉姆什·沙尔达，杜尔森·德伦，埃弗雷姆·特班. 商务智能与分析：决策支持系统：原书第 10 版［M］. 叶强，徐敏，方斌，译. 北京：机械工业出版社，2018.